PRAXISBUCH
GARTENGESTALTUNG

Gabriella Pape · Isabelle Van Groeningen

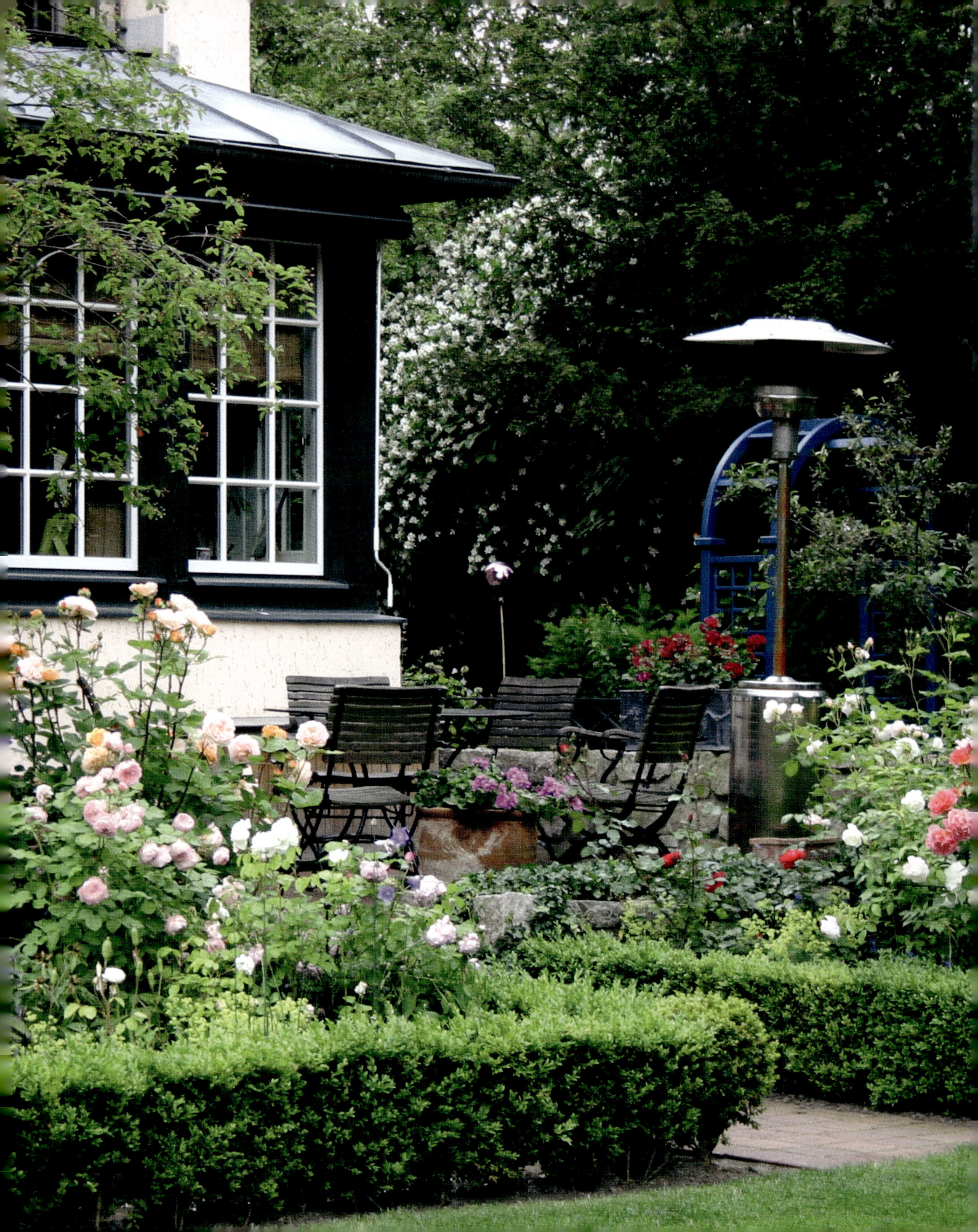

PRAXISBUCH GARTENGESTALTUNG

Gabriella Pape · Isabelle Van Groeningen

DK

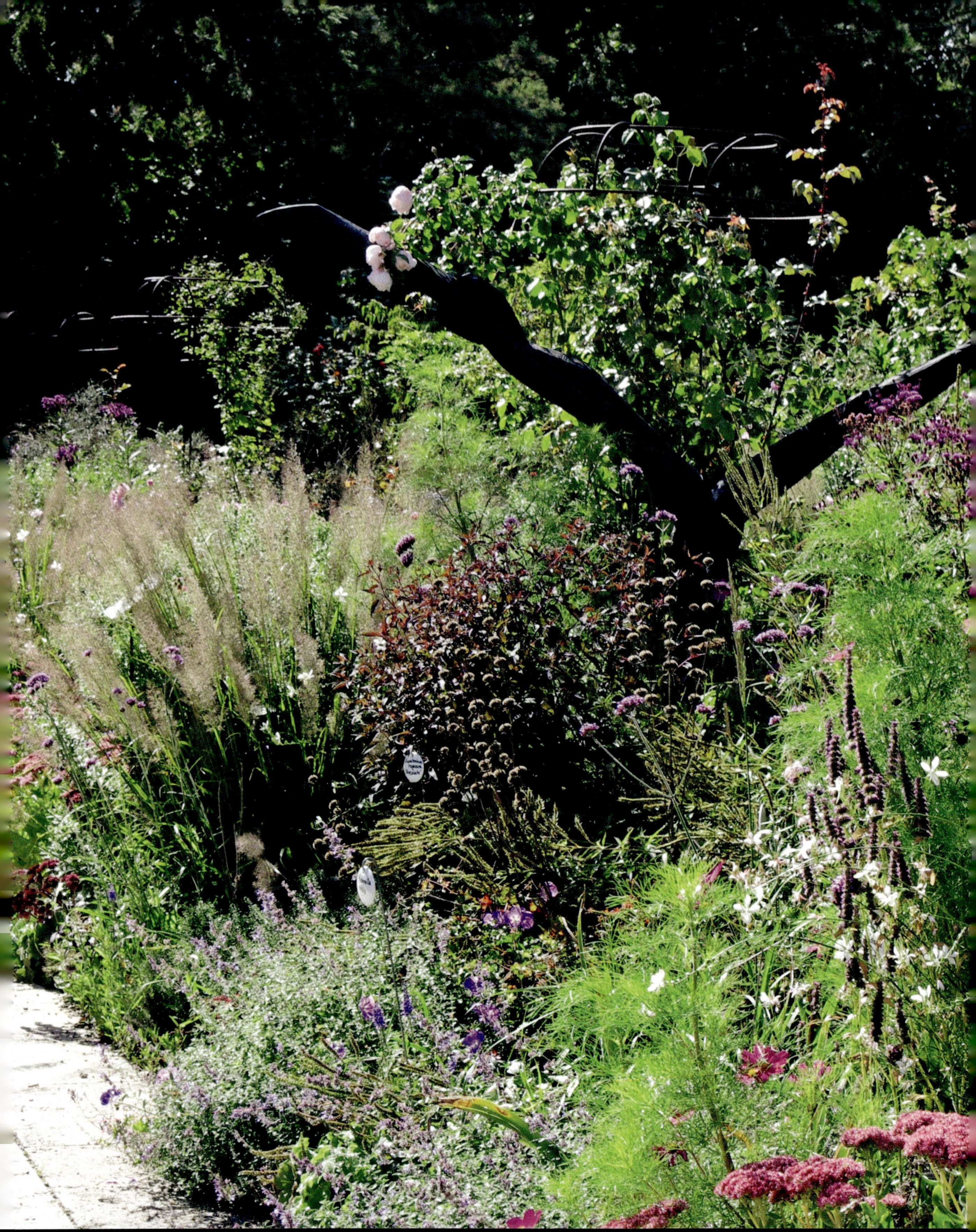

Inhalt

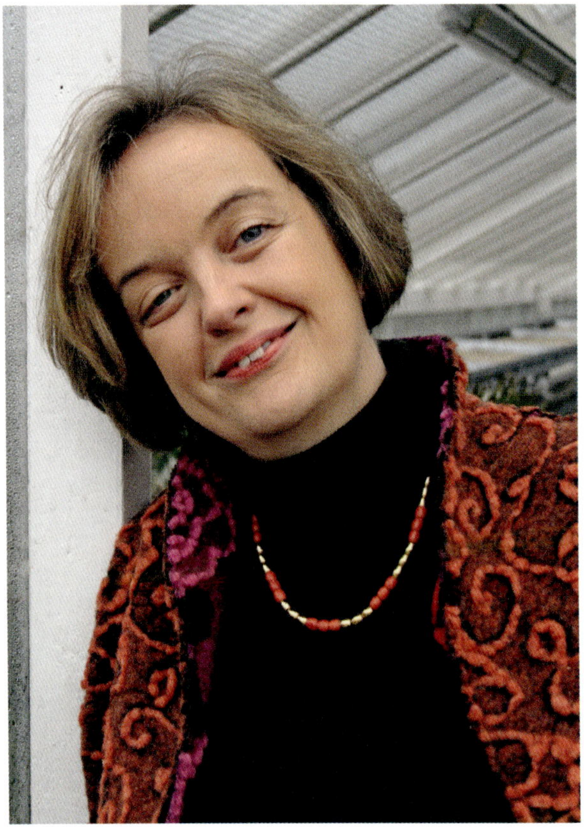

▲ Isabelle Van Groeningen

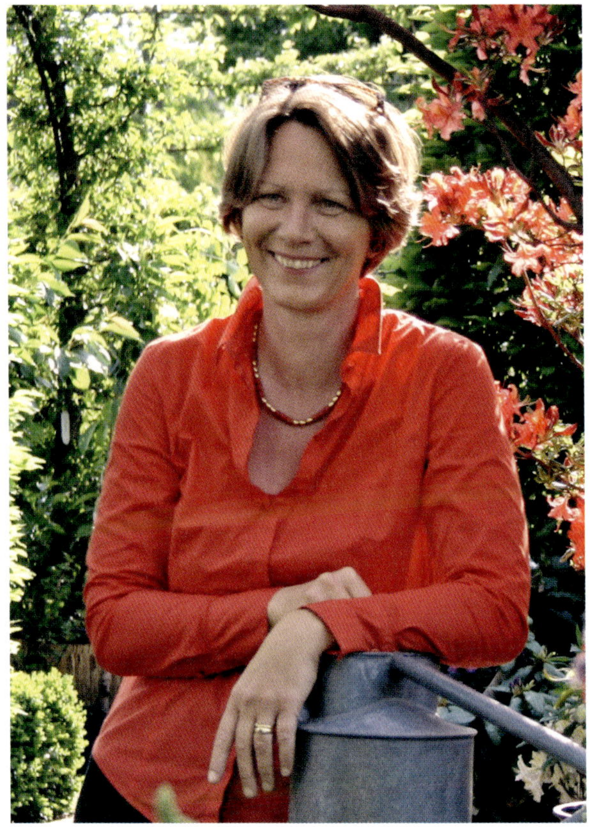

▲ Gabriella Pape

Vorwort

Im Laufe unserer langjährigen beruflichen Tätigkeit als Gartendesignerinnen stellte sich immer deutlicher heraus, dass die meisten von Fachleuten gestalteten Gärten nicht den Wünschen und Sehnsüchten der Besitzer entsprachen, sondern den Vorstellungen der Gartendesigner.

Uns liegt besonders am Herzen, dass der Gartenbesitzer seinen eigenen Garten bekommt, und das ist nur möglich, wenn er sich von Anfang an auch damit beschäftigt. Dass er sich überlegt, was er mag beziehungsweise was er nicht mag, denn all das kann der Designer nicht erahnen.

Dieses Buch ist als kreatives Arbeitsbuch zu verstehen: Schritt für Schritt nähern wir uns Ihrem Traumgarten. Wir fragen nach Ihren Sehnsüchten und Wünschen und bitten Sie, eine Collage von Bildern zu erstellen, die Ihren Geschmack und Ihre Vorlieben spiegeln. Sie erkunden, vermessen und fotografieren Ihr Grundstück und lernen es auf diese Weise gründlich kennen.

Sie zeichnen einen maßstabsgerechten Plan Ihres Gartens, der nun ganz nach Ihren Vorstellungen umgestaltet werden kann. Eine kurze Übersicht über verschiedene Gartenstile und die Grundregeln der Gartengestaltung sowie Tipps für die Auswahl von Materialien und Pflanzen helfen, sich in der Fülle der Möglichkeiten zu orientieren und seinen eigenen Stil zu finden.

Unabhängig davon, ob Sie das gesamte Grundstück umgestalten oder nur einen Teilbereich: Wir möchten, dass Sie Ihren ganz besonderen, individuellen, eigenen Garten bekommen. Und keinen Garten, der nur einer Mode folgt. Und wir möchten Ihnen beweisen, dass es wirklich jedem Grundstücksbesitzer gegeben ist, sein kleines oder großes Stück Land in eine bezaubernde grüne Oase zu verwandeln, in etwas ungeahnt Schönes, das Leichtigkeit, Sinnlichkeit und Zuversicht ins Leben bringen kann.

Ihre Gabriella Pape und
Isabelle Van Groeningen

Die Königliche Gartenakademie

»Wer Träume verwirklichen will, muss wacher sein und tiefer träumen als andere.« *Karl Foerster*

Durch meine Arbeit in verschiedenen europäischen und außereuropäischen Ländern wurde ich auf etwas aufmerksam, das ich das »deutsche Phänomen« genannt habe, nämlich die Tatsache, dass in Deutschland Gartenkultur lediglich als ein historischer Begriff gebraucht wird: Gartenkultur ist kein

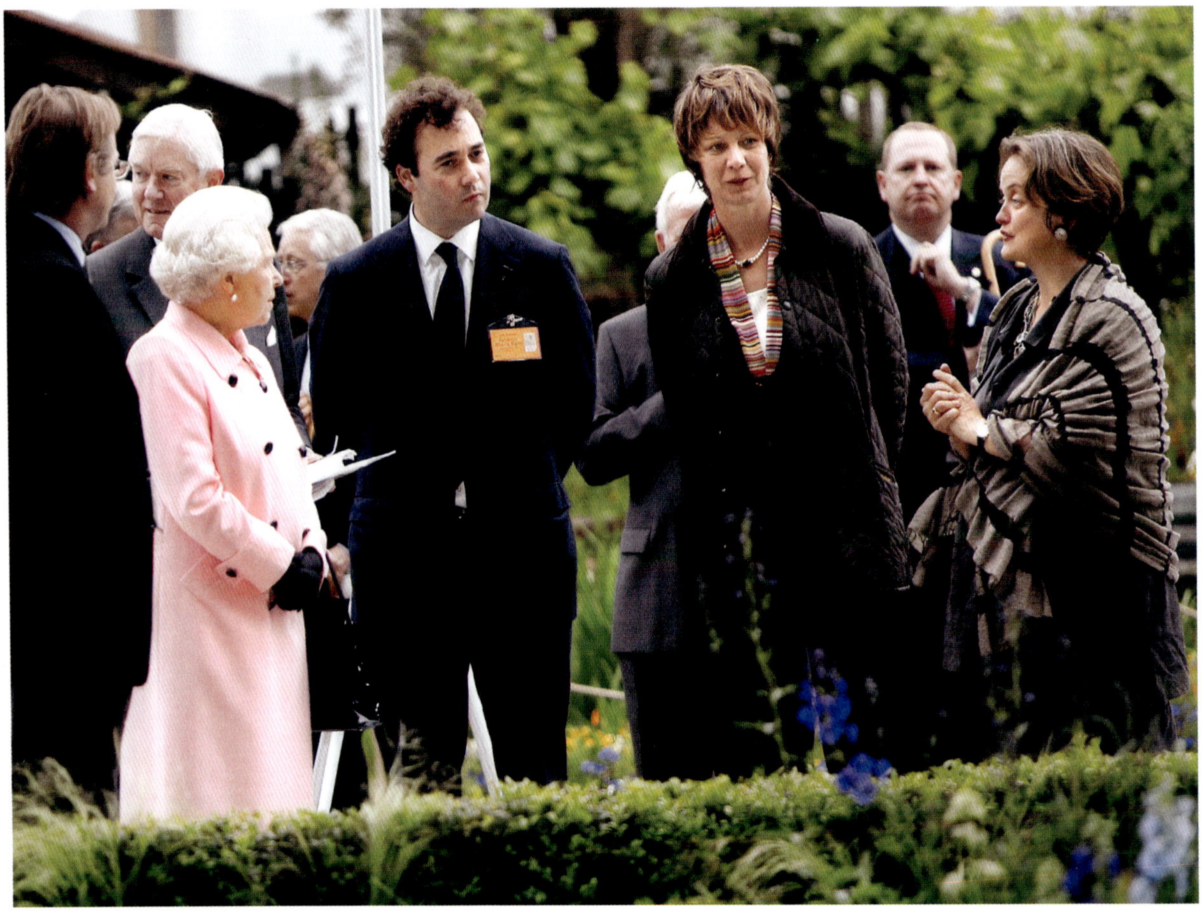

▲ Königin Elisabeth II. mit Gabriella Pape und Isabelle Van Groeningen im preisgekrönten Garten auf der Chelsea Flower Show 2007

Terminus aus der Gegenwart oder der Zukunft, sondern gehört in die Vergangenheit. Mit Gartenkultur wird im Allgemeinen beschrieben, was einmal vorhanden war, in der Gegenwart aber leider verloren gegangen ist. Und ich fragte mich immer wieder, wo die Gartenkultur geblieben ist, was geschehen ist, dass sie nur noch in der Vergangenheit lebt, und vor allem, was getan wird, um dies zu ändern?

Um 1900 stand die Gartenkultur in Deutschland noch in voller Blüte. Gartenkultur wurde gelehrt und gepflegt. Heute hingegen gibt es in Deutschland weder Studiengänge, mit Ausnahme einer Universität in Hannover, die diese Bezeichnung tragen, noch Schulungen oder Kurse, die deren Inhalte lehren. In den meisten europäischen Ländern wird die Vokabel *horticulture* als Beschreibung der hohen Gartenkunst und

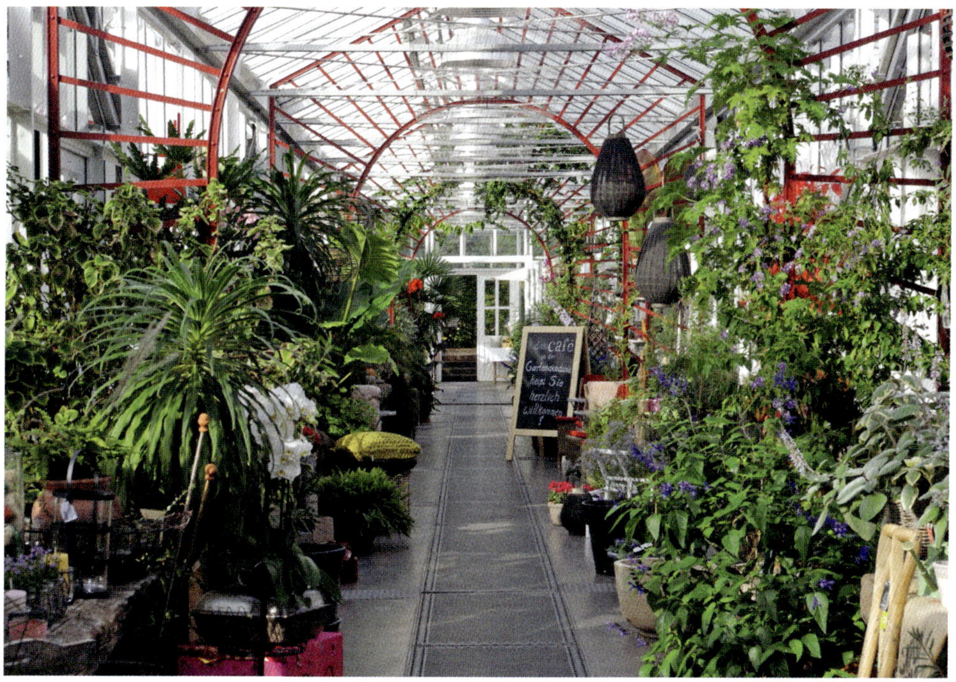

◄ Eines der restaurierten Gewächshäuser führt zum Café der Gartenakademie.

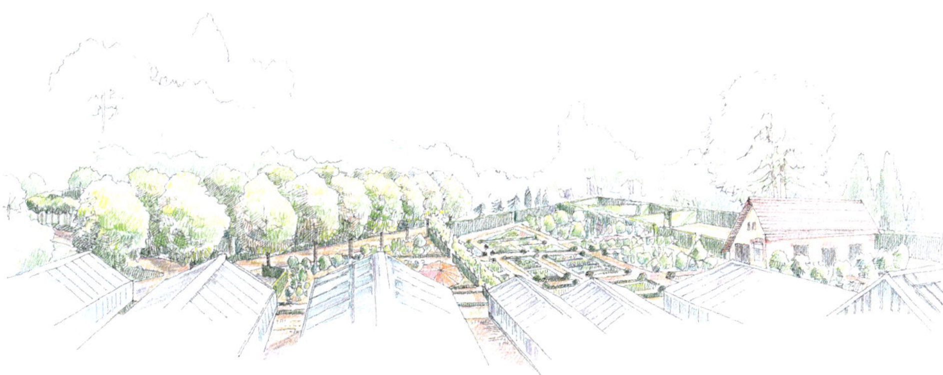

◄ Vogelperspektive der Außenanlage an der Gartenakademie

ihrer Kultur noch gebraucht, nur im deutschen Wortschatz kommt das Wort Gartenkultur kaum mehr vor.

Das soll sich nun ändern, denn ich habe in der ehemaligen Königlichen Gärtnerlehranstalt in Berlin-Dahlem ein Projekt ins Leben gerufen, das ich »Königliche Gartenakademie« nenne.

Die Idee zu dem Projekt entwickelte sich im Laufe der Jahre, die ich bereits in England lebe und arbeite. Meine Ausbildungen erfolgten alle in England: zuerst in biologisch-dynamischer Landwirtschaft, gefolgt von Gartenbau (*horticulture*), dann am Botanischen Garten Kew Gardens in London, bis ich zuletzt das Studium der Landwirtschaftsarchitektur in Greenwich absolvierte.

▼ Gewächshäuser um 1910 ▼▼ Königliche Gärtnerlehranstalt um 1907

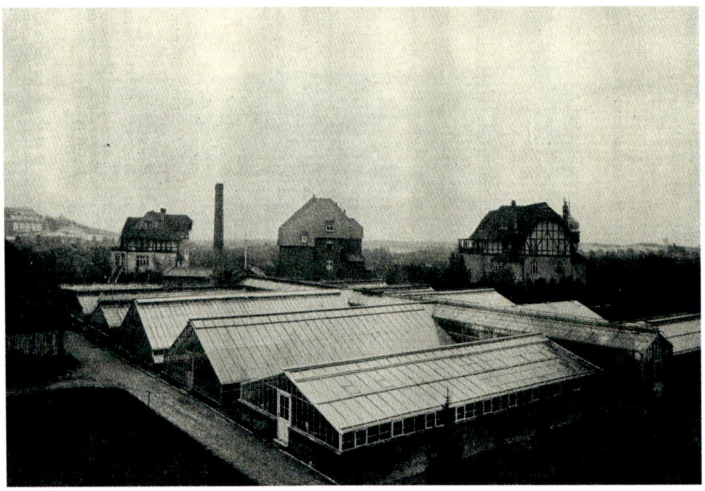

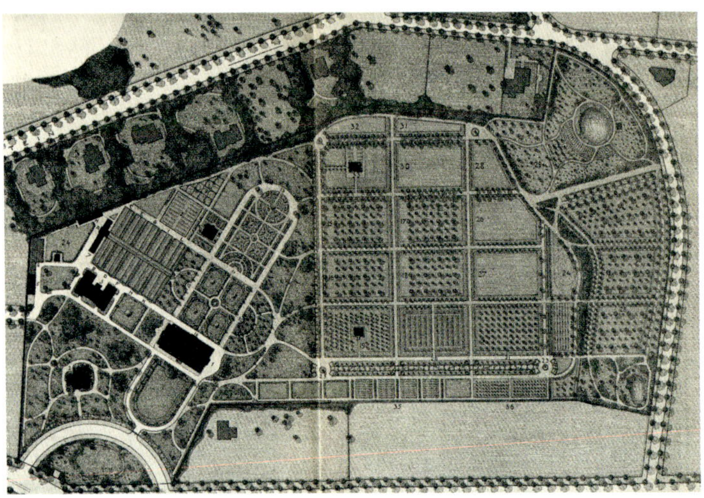

Die Vortrefflichkeit und die breit angelegte Wissensvermittlung der Ausbildung in Kew Gardens, so stellt es sich mir im Rückblick dar, stehen möglicherweise dem Studium an der ehemaligen Königlichen Gärtnerlehranstalt in Berlin-Dahlem in nichts nach. In Kew Gardens erfährt man neben dem Erwerb von praktischem und theoretischem Wissen vor allem, dass Gartenkultur eine lebendige Kultur ist.

Die Geschichte der Königlichen Gärtnerlehranstalt

Die ehemalige Königliche Gärtnerlehranstalt in Dahlem, eine der ältesten Gartenkulturstätten Europas, hat noch immer eine ganz besondere Ausstrahlung, die interessierten Menschen kaum entgehen wird. Hier wurde Gartengeschichte geschrieben.

Die Anfänge einer institutionellen Gärtnerausbildung liegen in den ersten Jahrzehnten des 19. Jahrhunderts. Bis dahin war das Gärtnerwesen eng mit der höfischen Gesellschaft verbunden, denn an den fürstlichen Höfen bildeten Hofgärtner den Nachwuchs aus. Es handelte sich dabei um eine sehr praktisch ausgerichtete Ausbildung. Kompetente Gärtner wurden um die Jahrhundertwende nicht nur vom Adel gesucht, auch das höhere Bürgertum verlangte mehr und mehr nach geschultem Gartenpersonal.

Peter Joseph Lenné erkannte die veränderten Anforderungen an den Gärtnerberuf und regte eine Erweiterung und Perfektionierung der Ausbildung an. Ganz dem Aufklärungsgedanken verbunden, dass das Schöne mit dem

Nützlichen zu verknüpfen sei, plante er die Einrichtung einer Gärtnerlehranstalt in Verbindung mit einer Landesbaumschule.

Die Gärtnerlehranstalt bot dabei eine Weiterbildung für Gärtner an, die bereits eine praktische Lehrzeit absolviert hatten. Die Ausbildung war praktisch, wissenschaftlich und künstlerisch ausgerichtet, die Ausbildungsschwerpunkte lagen auf der Gartengestaltung, dem Gemüseanbau sowie der Obstbaumzucht und -pflege mit Sortenkunde und Fruchtverwertung.

Darüber hinaus wurden im Fach Gartenkunst Geschichte und Theorie vermittelt sowie Stillehre, Kunstgeschichte und Technik der Gartenkunst gelehrt. Weitere Fächer, wie Entwurfslehre und Zeichnen, standen ebenso im ambitionierten Lehrplan wie Botanik, Chemie, Physik und Mathematik. Die Absolventen der Königlichen Gärtnerlehranstalt erfuhren also eine umfassende Ausbildung, die alle Bereiche der Gartenkultur beinhaltete.

Mein Projekt – die Königliche Gartenakademie

Um den hohen Wert der Gartenkultur widerzuspiegeln, soll das Gelände der ehemaligen Königlichen Gärtnerlehranstalt »königlich« bleiben. Entstanden ist hier aber eine neue Institution, die sich an den heutigen, veränderten Bedürfnissen und Wünschen von Gartenbesitzern ausrichtet: eine Gartenakademie.

Hier geht es jetzt – im Gegensatz zur früheren Gärtnerlehranstalt – um alle Themen rund um den Garten für jeden Gartenintessierten, nicht nur um die Weiterbildung von Gärtnern und Fachpersonal. Daher trägt diese neue Institution den Namen »Königliche Gartenakademie«.

Zunächst wurden sechs der zehn Gewächshausflügel und der 38 Meter lange Mittelgang restauriert. In zweien der Gewächshäuser habe ich meine Vision von der Gartenakademie in die Realität umgesetzt: In einem entstand eine Gartenschule nach englischem Muster für meine Kunden. Hier können Gartenbesitzer in Anfänger- und Fortgeschrittenenkursen alles Wissenswerte rund um den Garten lernen, wie zum Beispiel über Rosen- oder Heckenschnitt, Staudenverwendung, Farbthemen und Gartengestaltung.

Geplant ist, zukünftig auch einen ganzjährigen Kurs in Gartendesign für besonders engagierte Kunden und Gartenbaufirmen anzubieten, der mit einem Diplom oder Zertifikat abgeschlossen werden kann.

In den Außenanlagen der Königlichen Gartenakademie, die als Schaugarten mit Trendbeeten und unterschiedlichen Materialien für die Weggestaltung angelegt sind, kann sich jeder Gartenbesitzer viele umsetzbare Ideen mit nach Hause nehmen.

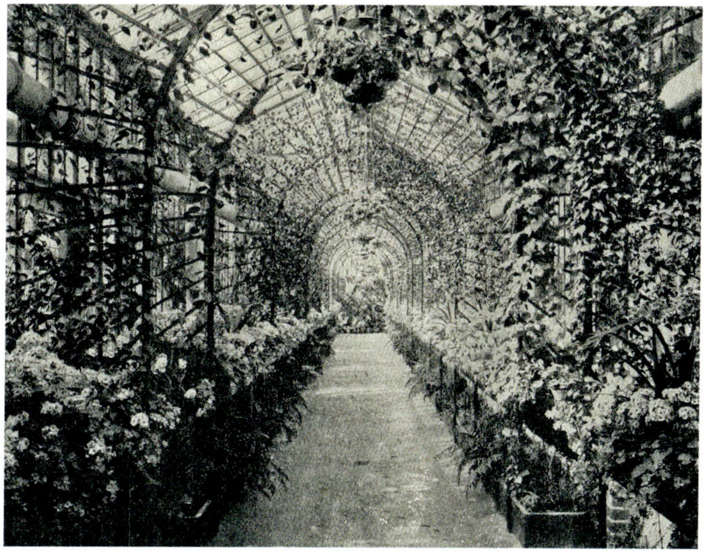

▲ Mittelgang mit Rankbögen und exotischer Bepflanzung

Die anderen vier restaurierten Gewächshausflügel sind verpachtet. Hier findet man Firmen, die gartenbezogene Leistungen anbieten, um das Gesamtkonzept der Gartenakademie zu stützen. Eine renommierte Baumschule und eine Staudengärtnerei stehen den Kunden für ihre Fragen zur Verfügung. Die im Schaugarten gezeigten Pflanzen können dort gegebenenfalls für den neu gestalteten Garten erworben werden. Und wer sich seine Staudenrabatten lieber selbst anlegt, kann einen Kurs an der Gartenschule buchen.

Der interessierte Gartenkunde findet in der Fülle der Angebote auf dem Gelände der Königlichen Gartenakademie sowohl verschiedene Gartenaccessoires als auch Gartenmöbel und kann sich im Café Lenné bei einer Erfrischung – im Sommer auch draußen – erholen. Die Errichtung der Königlichen Gartenakademie in Berlin-Dahlem ist ein Versuch, der Gartenkultur wieder den Stellenwert zu geben, den sie in Deutschland bis ins frühe 20. Jahrhundert einmal hatte – und damit eine große Kulturtradition und altes, wertvolles Wissen wiederzubeleben.

▼ Das großflächige Außengelände hält jede Menge Anregungen für Gartenbesitzer bereit.

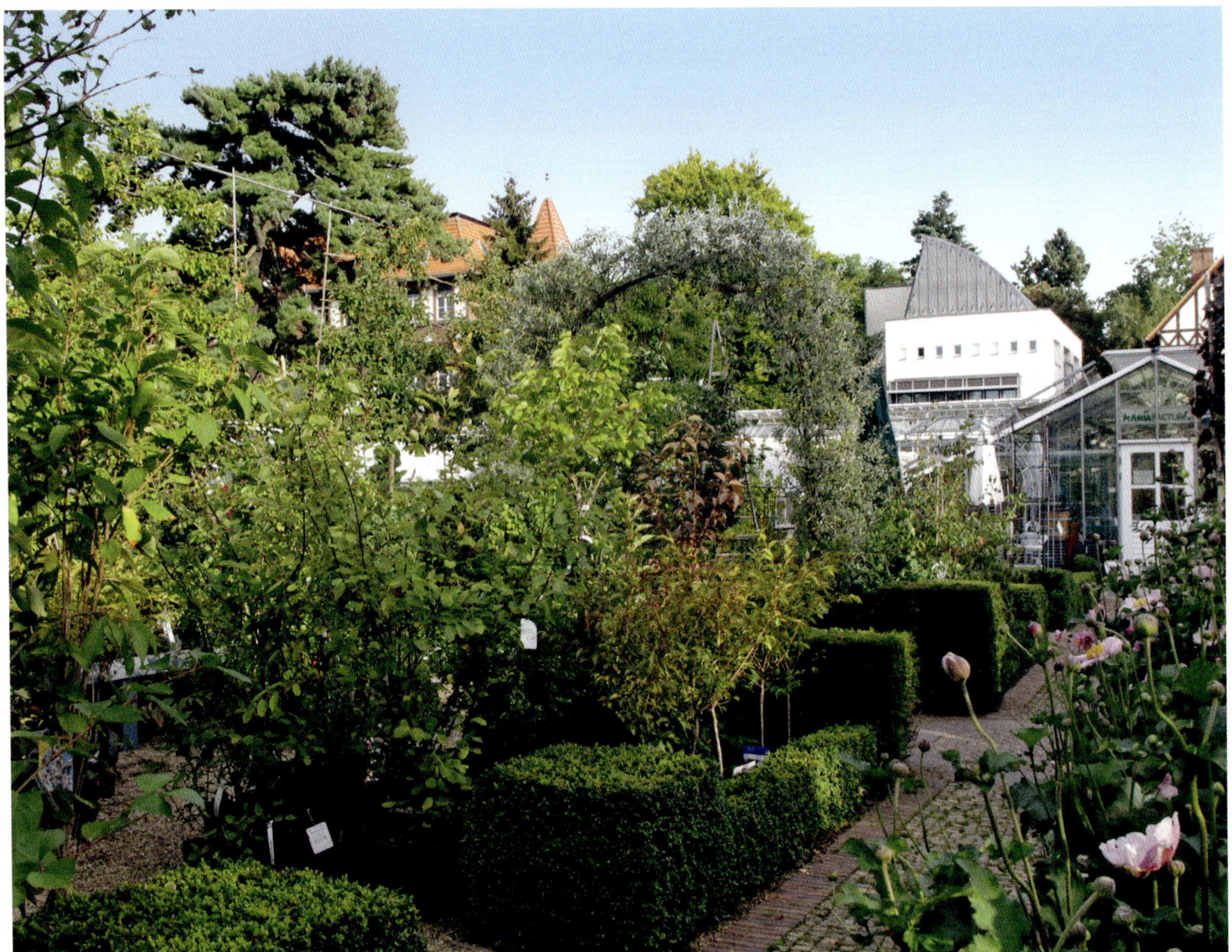

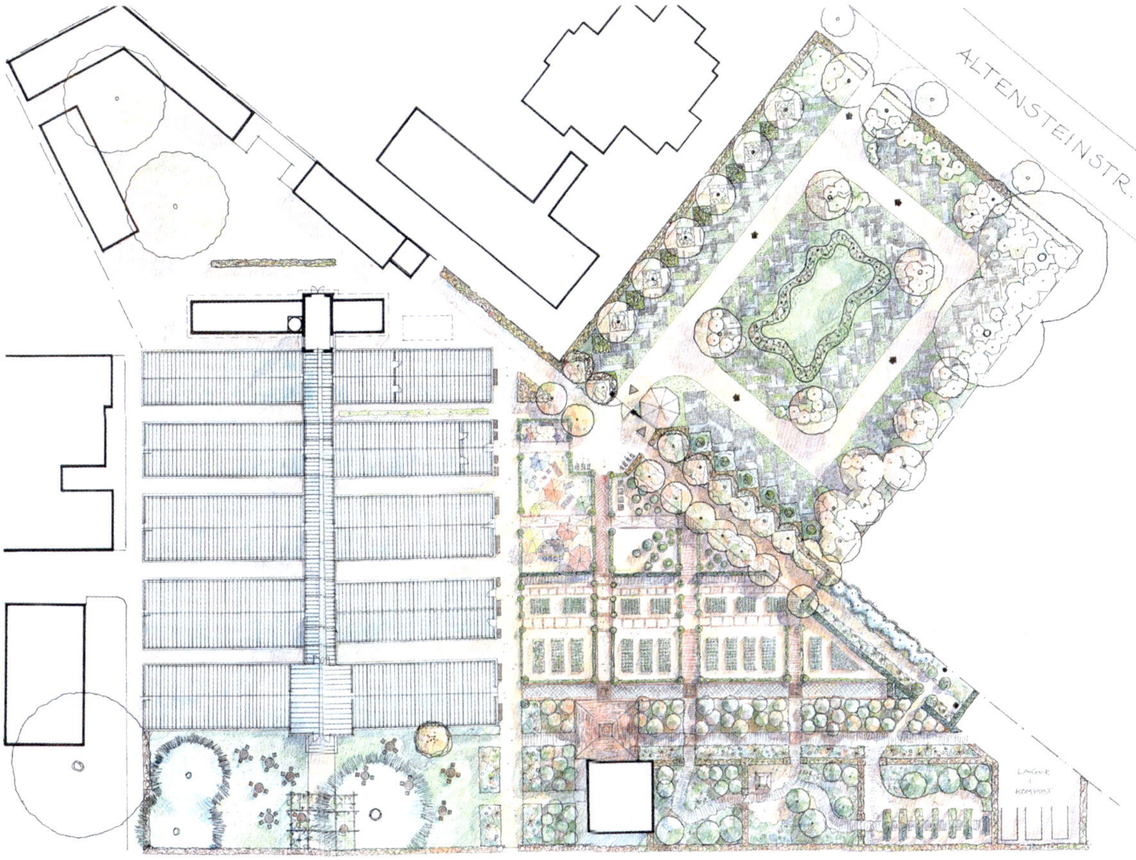

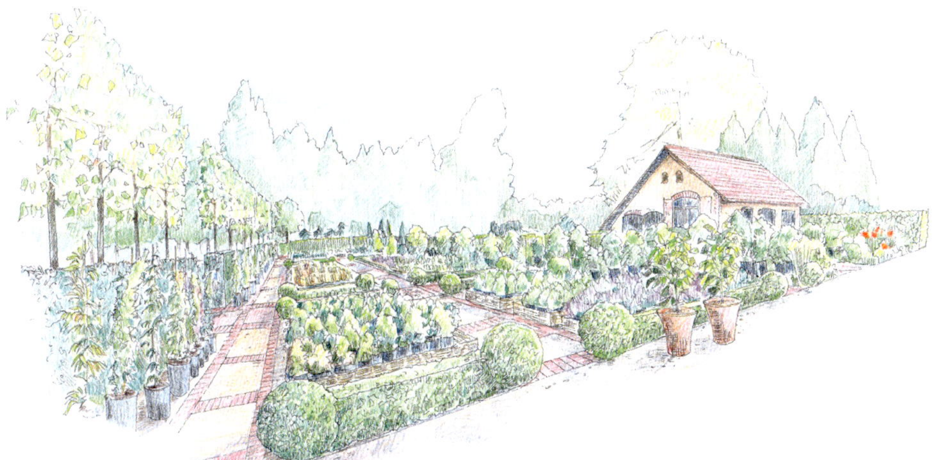

▲▲ Masterplan der Gesamtgartenanlage mit einer Fläche von 9000 Quadratmetern ▲ Staudenbereich und Wurzelhaus

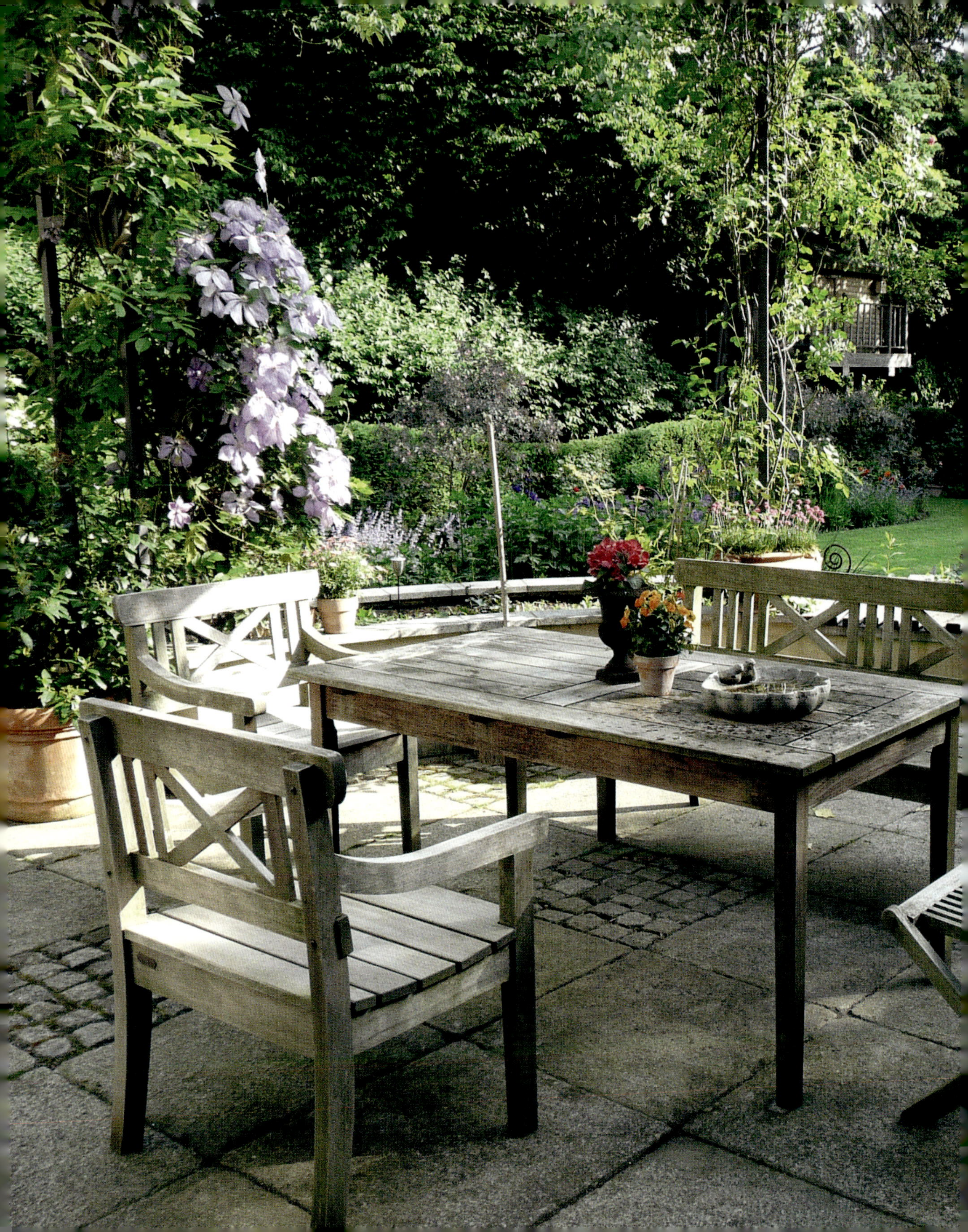

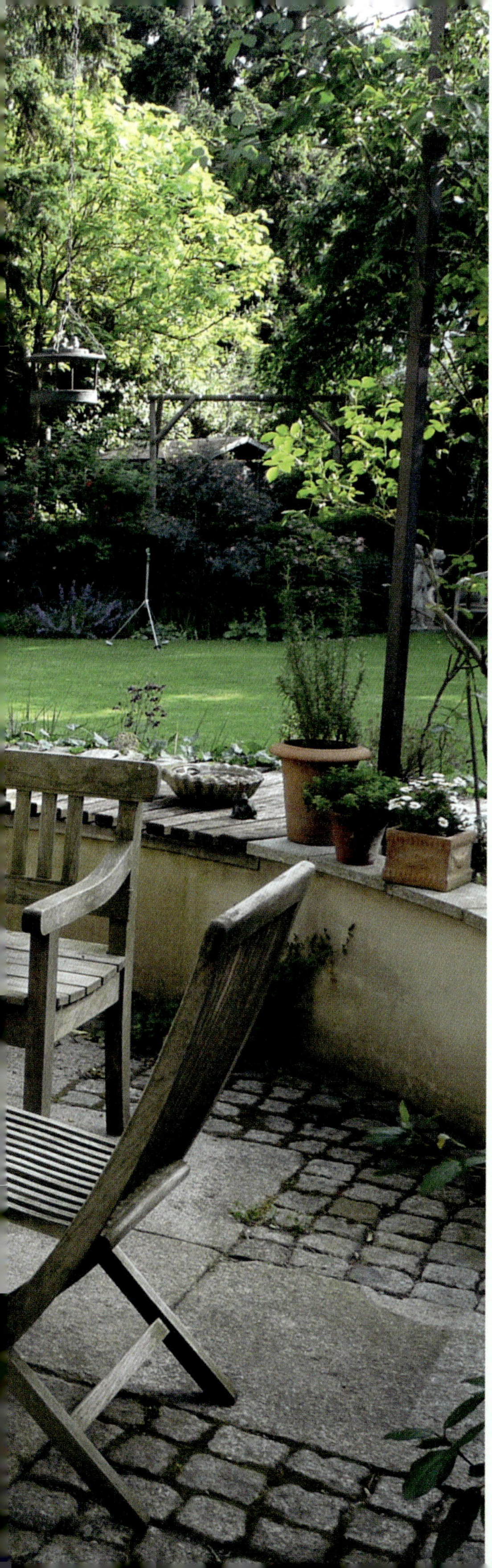

Richtig planen

Um den perfekten Gartenraum zu erschaffen, ist es hilfreich, sich zunächst einen Überblick über die verschiedenen Gartenstile zu verschaffen und seine eigenen Vorlieben auszuloten. Im Anschluss werden einige Grundregeln der Gartengestaltung vorgestellt.

Schritt für Schritt zum Ziel

Während der vielen Jahre, die ich in England verbrachte, habe ich mich oft gefragt, worin eigentlich der Unterschied zwischen einem deutschen und einem englischen Gartenbesitzer besteht.

Haben die Engländer im Großen und Ganzen den grüneren Daumen? Haben sie die schöneren Gärten? Die Antwort wurde mir erst allmählich bewusst und sie ist recht einfach: Ja. Denn die Engländer scheinen ein anderes Interesse für den Garten zu haben und dieses tiefere Interesse führt zu größerem theoretischem und praktischem Wissen.

Ein englischer Bauherr, der einen Garten plant, ist daher ein sehr informierter Bauherr. Ein weiterer Unterschied

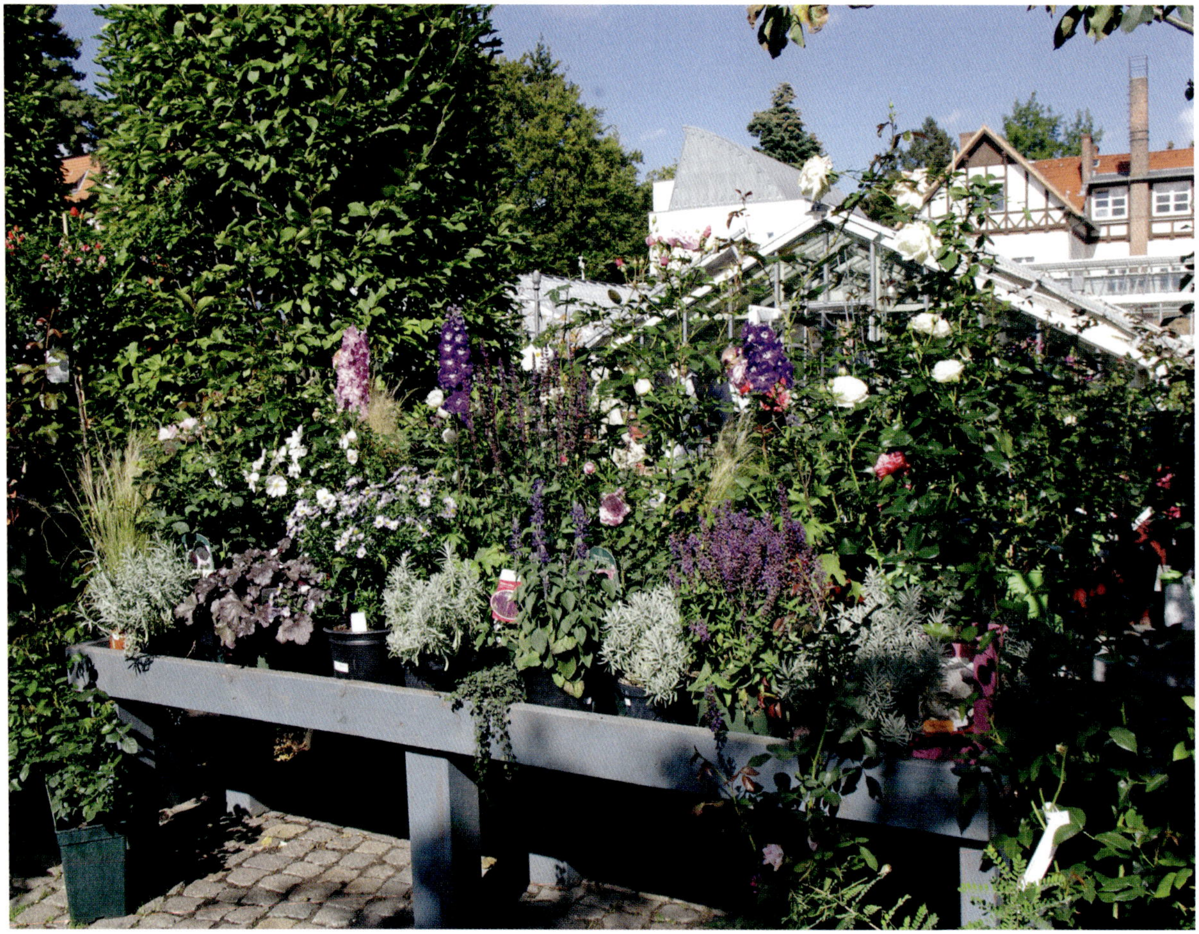

besteht auch in der Tatsache, dass Engländer sich selten aus Prestigegründen einen Garten anlegen oder anlegen lassen, sondern um Lebensqualität zu gewinnen. Sie haben erkannt und durch die vielen frühen Reisen in andere Länder gelernt, dass das Paradies nicht nur in Indien oder Afrika zu finden ist, sondern dass die Grundlage für ein Paradies vor der eigenen Haustür liegt. Sie haben gelernt, dass man »Atmosphäre« verpflanzen kann.

Diese Haltung möchten wir auch in diesem Buch vermitteln. Es ist an zweierlei Lesergruppen gerichtet. Zum einen an die, die ihren Garten komplett selbst planen und entwerfen wollen. Zum anderen ist es als Vorbereitung für alle gedacht, die einen professionellen Gartengestalter beauftragen, aber relativ viel Vorarbeit selbst leisten möchten. Der Leser wird ermutigt, sich über seine Anforderungen und Wünsche an seinen Garten bewusst zu werden, seine Geschmacksvorlieben in einem Moodboard zum Ausdruck zu bringen, und er führt eine Vermessung des bestehenden Grundstücks durch.

Für mich als Gartengestalterin war es eine immer wiederkehrende Erschwernis bei meiner Arbeit, dass ambitionierte und professionelle Gartengestaltung nur einem kleinen Anteil der Gartenbesitzer offensteht, obwohl sie doch für alle zugänglich und erschwinglich sein sollte. Jedem, der ein Stück Land besitzt oder gepachtet hat, möchte ich diese Möglichkeit bieten. Denn nicht die Größe des Gartens ist ausschlaggebend, sondern das, was man aus der Fläche macht. Ich biete dafür ein neues Designkonzept an und berate meine Kunden für »1 Euro pro Quadratmeter« ihres Gartens. Meiner Idee liegt dabei der Gedanke zugrunde, dem Gartenbesitzer den Zugang zu professioneller Beratung und Unterstützung für den Garten zu erleichtern sowie seine Schwellenängste gegenüber dem Gartengestalter (die oft darin begründet liegen, dass dessen Honorare für den Kunden zu unübersichtlich sind) zu verringern oder sogar aufzuheben. Mein Konzept sieht deshalb eine neue Form der Zusammenarbeit zwischen mir als Gartengestalterin und meinen Kunden vor, bei der der Gartenbesitzer ganz konkret mitarbeitet und bestimmte Aufgaben zu erfüllen hat.

Aber auch wer seinen Garten völlig eigenständig umgestalten oder neu entwerfen möchte, kommt mit der in diesem Buch beschriebenen Vorgehensweise ans Ziel. Schritt für Schritt werden die nötigen Grundlagen erklärt, damit Sie die richtigen Entscheidungen treffen können, um Ihren Traumgarten zu realisieren. Das Design Center in der von mir eröffneten Königlichen Gartenakademie in Berlin-Dahlem kann dabei eine wichtige Funktion übernehmen. Denn dort werden künftig Informationen über neueste Gartentrends, über Pflanzenverwendung und Gartendesign für jeden zugänglich gemacht werden.

Egal ob Sie Ihre Anlage selbst planen oder einen Gestalter beauftragen, ich und Isabelle Van Groeningen möchten Ihnen mit den Informationen in diesem Buch bei Ihren Wünschen nach Änderung, Umgestaltung oder Neuanlage Ihres Gartens mit professioneller Unterstützung zur Seite stehen. Einige Aufgaben müssen Sie dabei selbst erledigen. Diese werden wir Ihnen in diesem Buch genau erklären – und Sie werden sehen, dass diese Aufgaben auch Spaß machen!

◄ Staudentische an der Gartenakademie als Beet dekoriert

Gartenstile

Die Kenntnis verschiedenster Gartenstile hilft bei der Findung des eigenen, ganz persönlichen Stils.

Mit den Gartenstilen ist das so eine Sache. Da gibt es manchmal klare Aussagen wie: »Ich möchte einen Japanischen Garten.« Die meisten Menschen wissen sofort, was damit gemeint ist, und sehen geschnittene Koniferen, Steinlaternen, geharkten Kies und liebevoll in die Landschaft gestellte Felsen vor ihrem geistigen Auge. Doch alle anderen Stilbegriffe sind nicht so einfach in den Griff zu bekommen. Oft höre ich, dass meine Kunden keinesfalls einen formalen Garten möchten. Sie lieben es informal, sagen sie, und beschreiben im gleichen Atemzug, wie schön sie Sissinghurst finden. Nun ja, Sissinghurst, der Garten von Vita Sackville West, wirkt zwar sehr romantisch und verwunschen, ist aber in seiner Grundstruktur höchst formal. Er zählt in England zu den Cottage-Gärten, was hier aber oft als Bauerngarten fehlinterpretiert wird.

Definitionen und Beispiele

Es ist sehr wichtig, dass wir uns über die Terminologie der Gartenstile einig werden. Denn auch die Aussage »Ich möchte gerne einen modernen Garten zu meinem modernen Haus« beinhaltet für mich als Gestalter nicht unbedingt, dass Sie nur große Terrassen und Rasen wollen. Wie definiert sich das Wort modern im Garten? Viele Grässlichkeiten werden heutzutage um schöne moderne Architekturprojekte angelegt, damit der Architekt seine Kreation aussagekräftig fotografieren kann – ob der Besitzer sich damit wohlfühlt, ist hier oft zweitrangig. Abhilfe können in solchen Fällen nur Umgestaltungen schaffen.

Häufig werde ich mit den Stilrichtungen »romantisch«, »natürlich« und »schön« konfrontiert, die alle an sich nichts über den tatsächlich gewünschten Stil aussagen. Deshalb habe ich das Story- oder Moodboard als aussagekräftiges Instrument entwickelt, denn dort erkenne ich auch meist die Stilrichtung der Grundstücksbesitzer. Und sehr oft ist es keine konkrete Stilrichtung, die der Gartenbesitzer vor Augen hat, sondern seine Vorstellung vereint Nuancen unterschiedlicher Stile zu einem trotzdem harmonischen Ganzen.

Sie finden nun auf den nächsten Seiten einige Gartenstile beschrieben, wobei es jedem Gartenbesitzer überlassen bleiben sollte, seinen individuellen Stil selbst auszuwählen und zu kreieren. Denn im Zeitalter der Bestimmer und nicht der Verwalter des Lebens sind die Menschen auch wesentlich individualistischer geworden und möchten nicht in eine bestimmte Schublade gedrängt werden.

► Der preisgekrönte Garten von Gabriella Pape und Isabelle Van Groeningen auf der Chelsea Flower Show 2007 – eine kleine Version des berühmten Senkgartens von Karl Foerster in Potsdam-Bornim.

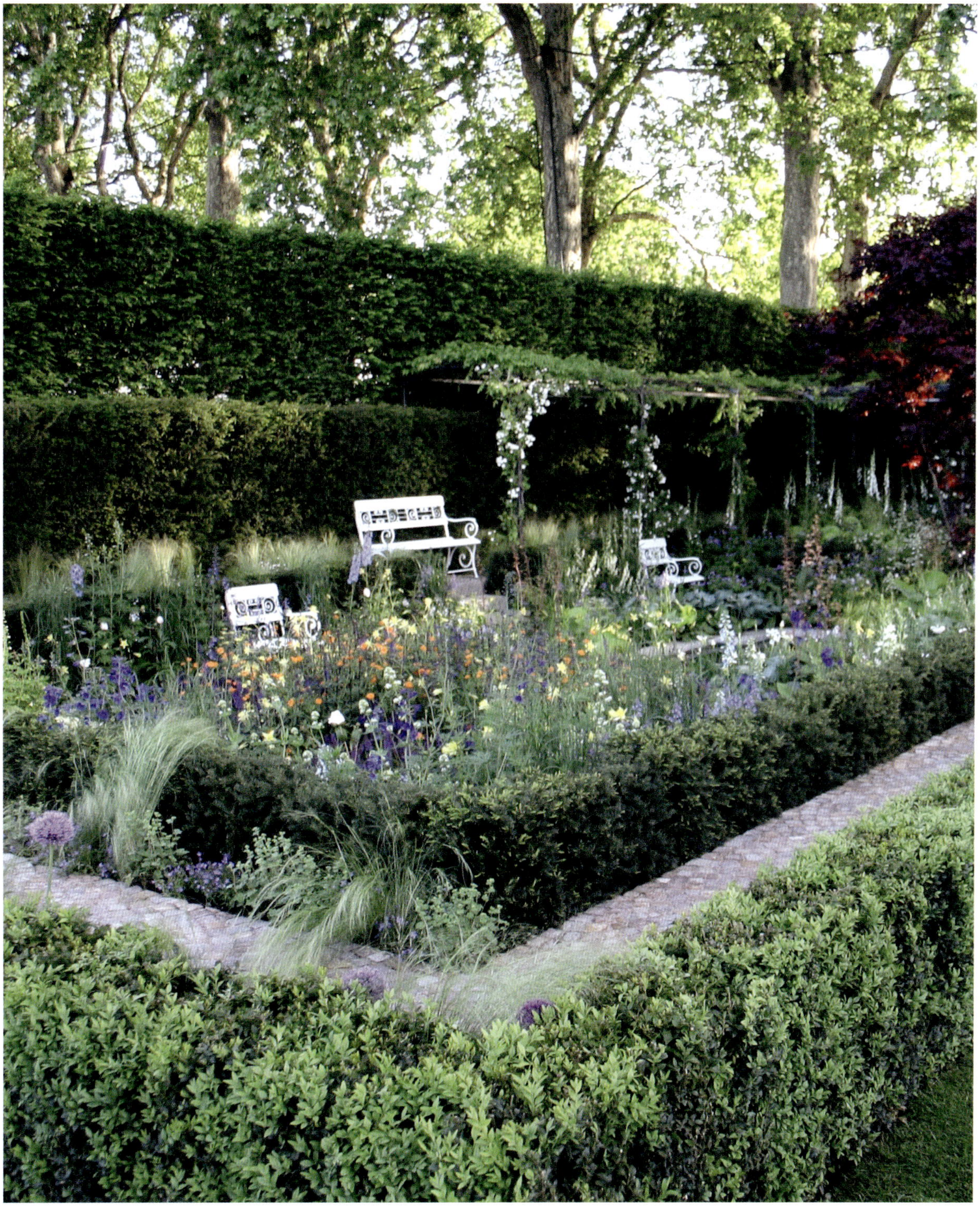

Der minimalistische Garten

Als minimalistisch bezeichnet man einen Garten nicht, weil er eine reduzierte Anzahl an Pflanzen und Objekten enthält, sondern eher aufgrund ihrer Beschaffenheit und Platzierung. Viele moderne Gebäude, vor allem jene, die sich an die Bauhaus-Architektur anlehnen, verlangen eine sehr liebevolle, behutsame Auswahl von Materialien und Bepflanzung. Um der Architektur freien Raum zu

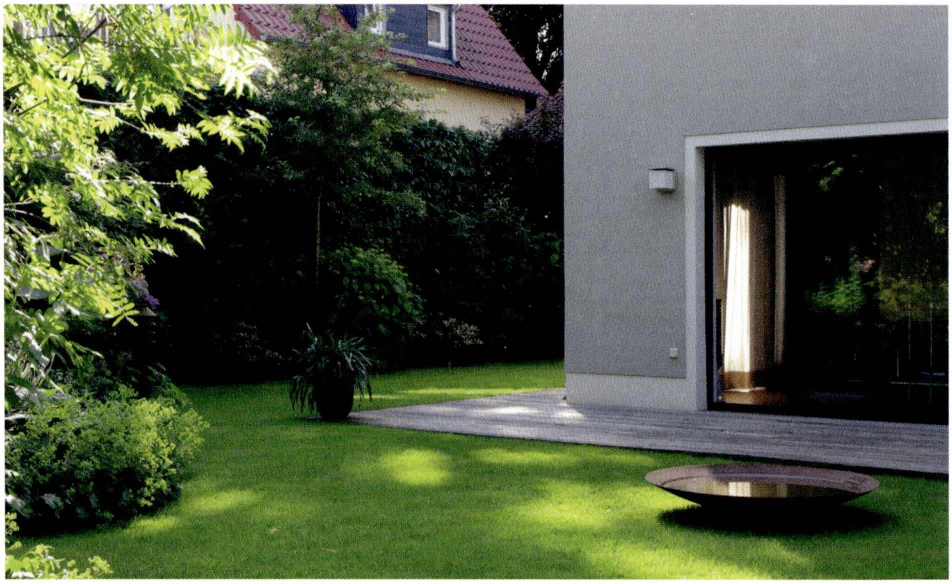

◄ Perfekte Inszenierung von Licht und Schatten: Zu jeder Tageszeit wird nur ein Highlight beleuchtet. Hier sind es Reflektionen auf der Wasseroberfläche des Beckens in der Nachmittagssonne.

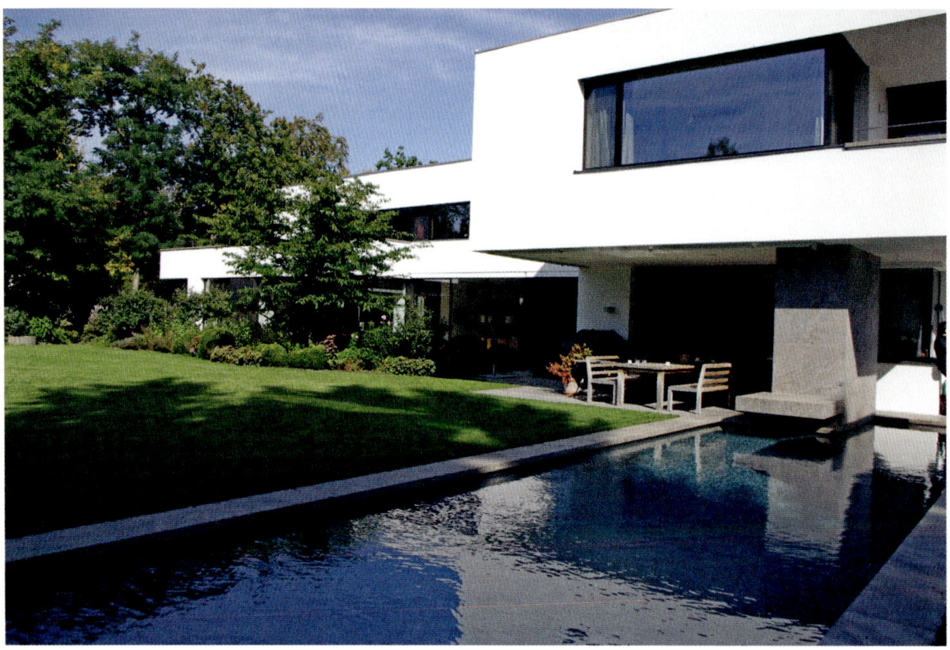

◄ Mittags liegt die Terrasse im Schatten, während sie abends, zum Sundowner, im tief stehenden Spätsommerlicht badet.

gewähren, sind direkt am Gebäude kaum andere Pflanzen als Rasen angebracht. Auch bei der Auswahl von Objekten ist mit sanfter Hand vorzugehen – sie sollten die Architektur begleiten, nicht mit ihr konkurrieren. Pflanzen, vor allem Bäume, sind eher komplementär einzusetzen und sollten wichtige architektonische Elemente nicht verdecken.

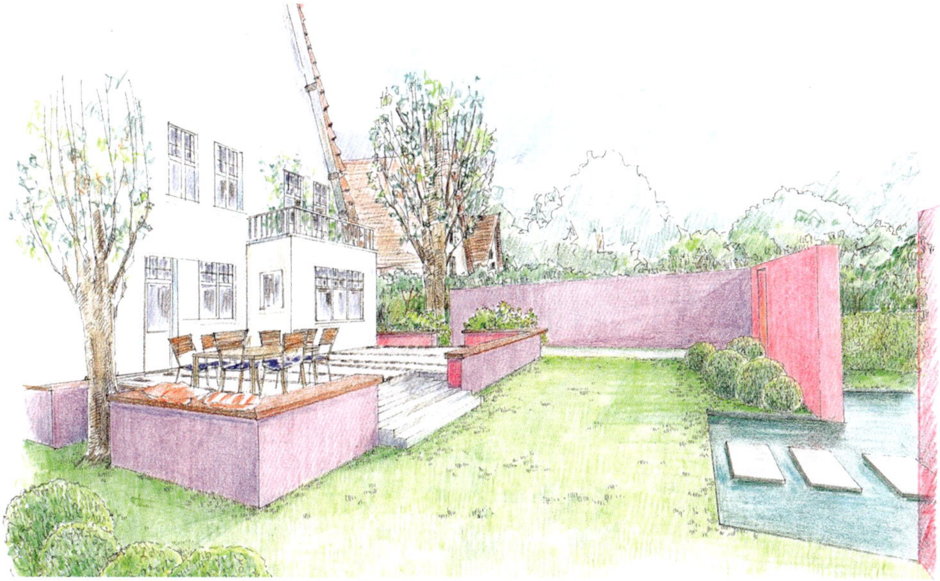

► Viel zu selten wird in der Landschaftsgestaltung in unseren Gefilden mit mutigen Farben experimentiert. Es muss ja nicht gleich Rosa sein.

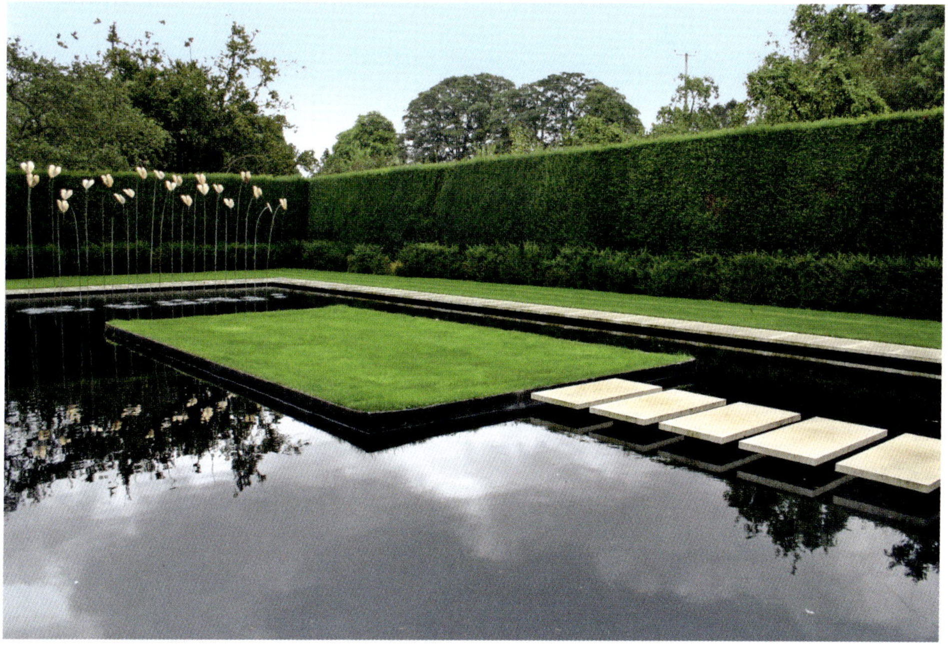

► Ein ehemaliger Tennisplatz wurde erst zu einem Pool und dann zu einem Poolobjekt umgestaltet. (Kiftsgate Court Gardens, öffentlich zugänglich)

Cottage-Garten

Fälschlicherweise werden Cottage-Gärten häufig auch mit dem Begriff Bauerngarten übersetzt. Das ist jedoch aus meiner Sicht ein Missverständnis, denn während sich der ursprüngliche Bauerngarten durch eine äußerst pflegeleichte Bepflanzung auszeichnet, unterscheidet sich der Cottage-Garten davon durch eine ausgesprochen aufwendige, fast einer botanischen Sammlung gleichende Bepflanzung. Auf den ersten Blick wirken Cottage-Gärten oft ein wenig chaotisch auf das ungeschulte Auge und genauso sollen sie auch aussehen.

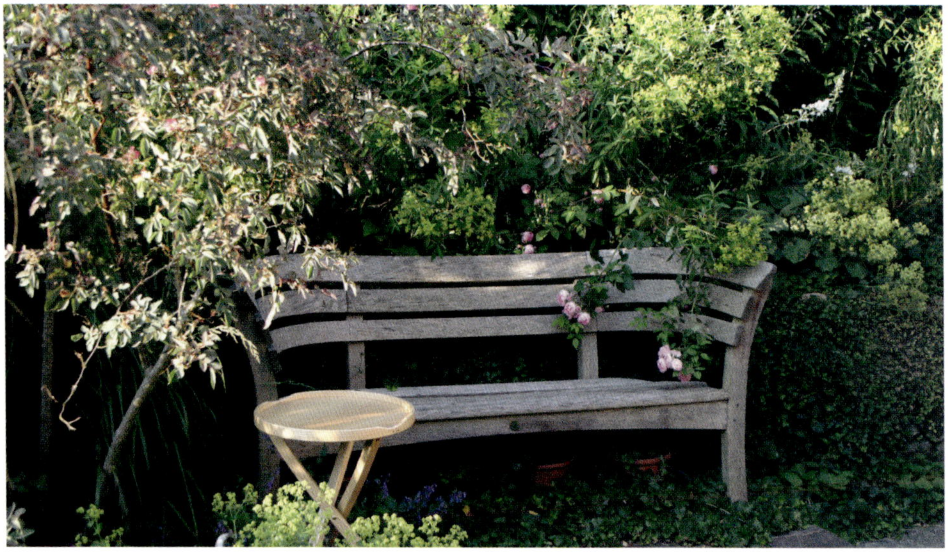

► Ein romantischer Sitzplatz in unserem eigenen Garten in den Cotswolds, UK: Chaos mit Charme und Wissen um Harmonie

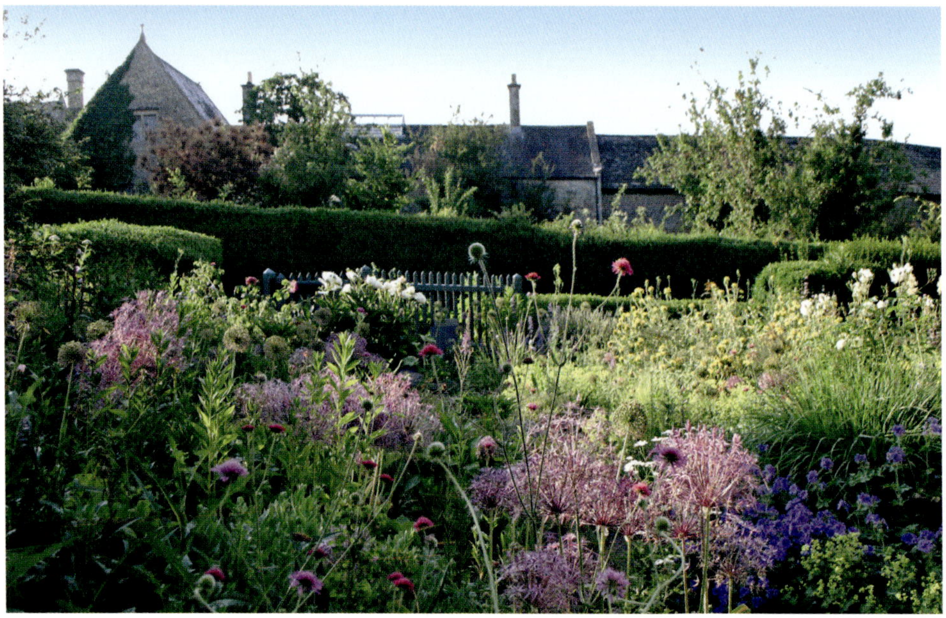

► Ein Vorgarten braucht keinen Rasen, aber saisonale Veränderung. Unser eigener Cottage-Vorgarten in den Cotswolds, UK

Der Japanische Garten

Japanische Gärten sind miniaturisierte Nachbildungen besonderer Orte und Landschaften. Sie stellen eine idealisierte Version der Natur dar und wirken wie ein dreidimensionales Landschaftsgebilde. Dieses Gestaltungsprinzip geht auf das erste Gartengestaltungsbuch, das Sakuteiki, zurück, in dem der Gartengestalter und Schriftsteller Tachibana no Toshitsuna (Heian-Zeit nach 1050) bautechnische Anweisungen sowie religiöse und philosophische Aspekte der Gartengestaltung formuliert hat. Die Gärten sind Orte des Vergnügens und der Besinnung. In ihnen erlebt der Betrachter eine besondere Form der sozialen Kommunikation und Selbsterfahrung, die zu einer kontemplativen Auseinandersetzung stimuliert. Die Verwendung von Symbolik in den Gärten ist ein wichtiges Designelement und geht auf den Einfluss früher Philosophen zurück.

▼ In Form geschnittene Azaleen in einem Japanischen Garten

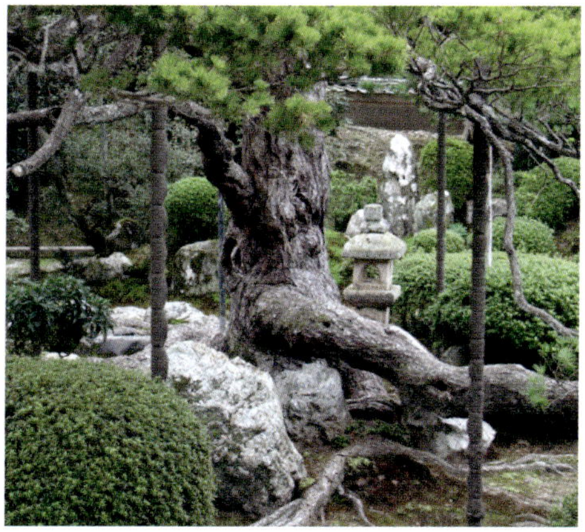

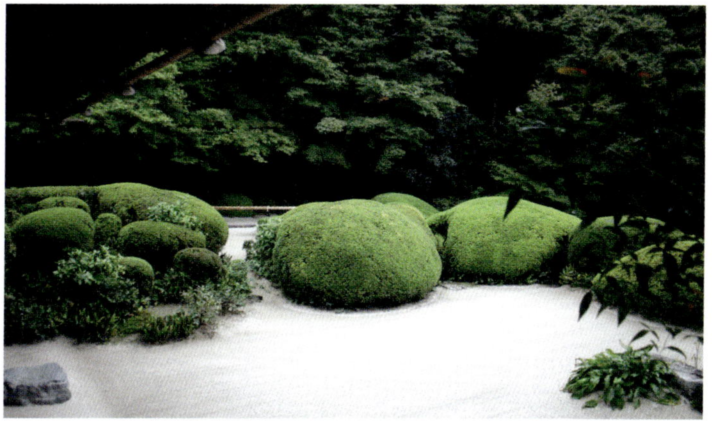

▲ Kiefer (Matsu) in einem Japanischen Garten

► Ginakakuji-Garten im Tofukujii-Tempel in Kyoto: Der geharkte Kies symbolisiert die Weltmeere, aus denen die Kontinente ragen.

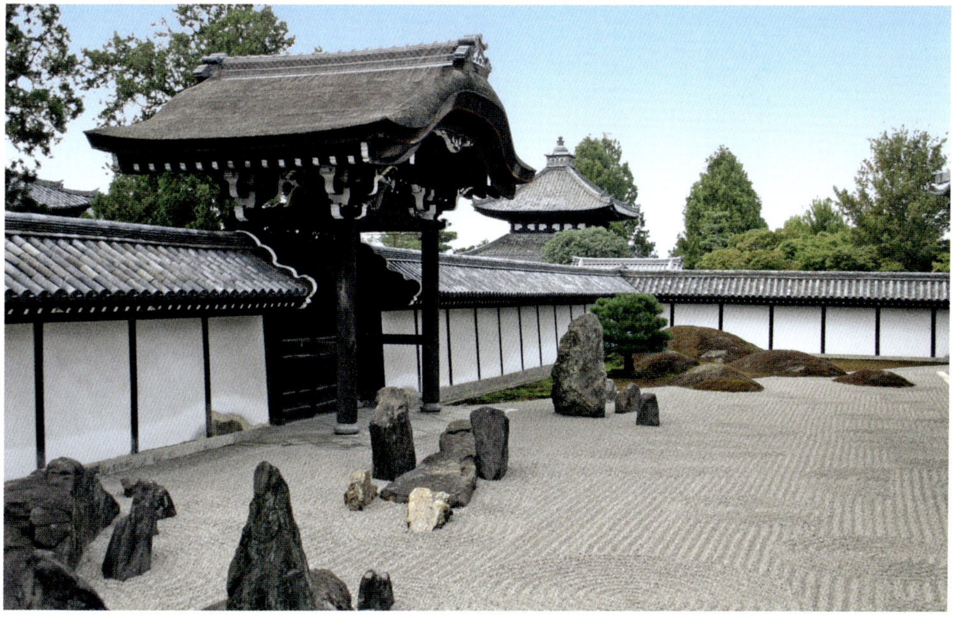

Der grüne Garten

Obwohl dies nicht unbedingt eine fachliche Beschreibung eines Gartenstils ist, sollten diese Gärten doch unbedingt mehr Beachtung finden, denn in ihnen sind die saisonalen Veränderungen eher sanft und nicht immer auf den ersten Blick erkennbar. Unser eigener neuer, 80 Quadratmeter großer Garten in einem Hinterhof in Berlin (siehe oberes Foto auf dieser Seite) besteht fast vollkommen aus Pflanzen, bei denen ausschließlich die Blattstruktur wichtig ist. Das Motto lautet hier Kontraste in Grün und das funktioniert vor allem sehr gut in schattigen Gärten.

▶ Blattschmuckstauden, Farne und zartblühende Stauden bestimmen einen wahrhaft grünen Garten.

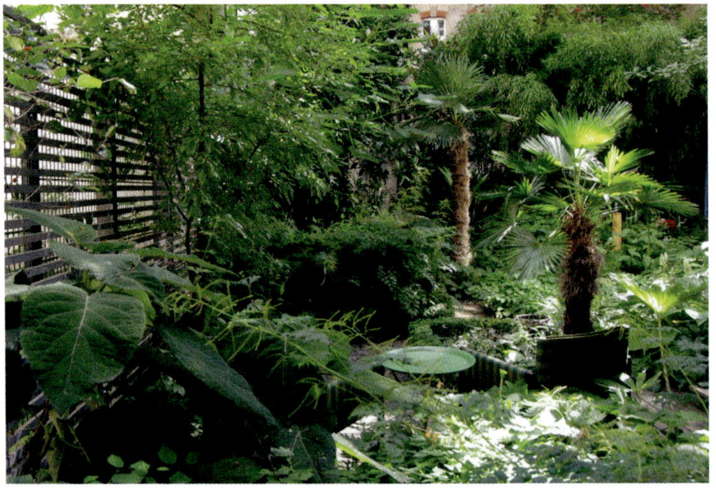

▼ Ein Blick in den schattigen Haselnusshain von Sissinghurst Castle, dem Garten von Vita Sackville West, zeigt, wie wichtig kontrastierende Blattformen sind.

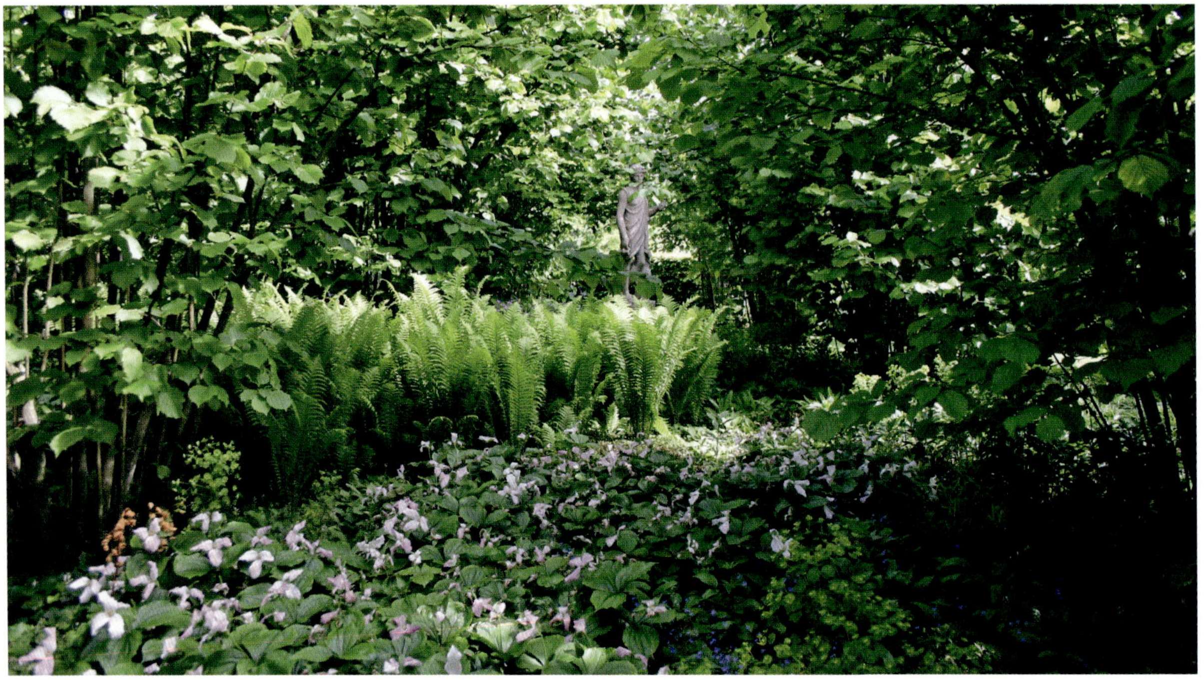

Der formale Garten

Ein formaler Garten zeichnet sich vor allem durch seine geometrischen Formen und eine gewisse Gradlinigkeit aus, das bedeutet aber nicht, dass er unbedingt so aussehen muss wie im 18. Jahrhundert. Der Garten von Sissinghurst ist vielleicht ein gutes Beispiel dafür, denn er wird oft von Besuchern als romantischer Cottage-Garten bezeichnet, fällt aber im Fachjargon unter den Begriff formaler Garten, weil er aus stark geometrischen, formalen Gartenräumen besteht.

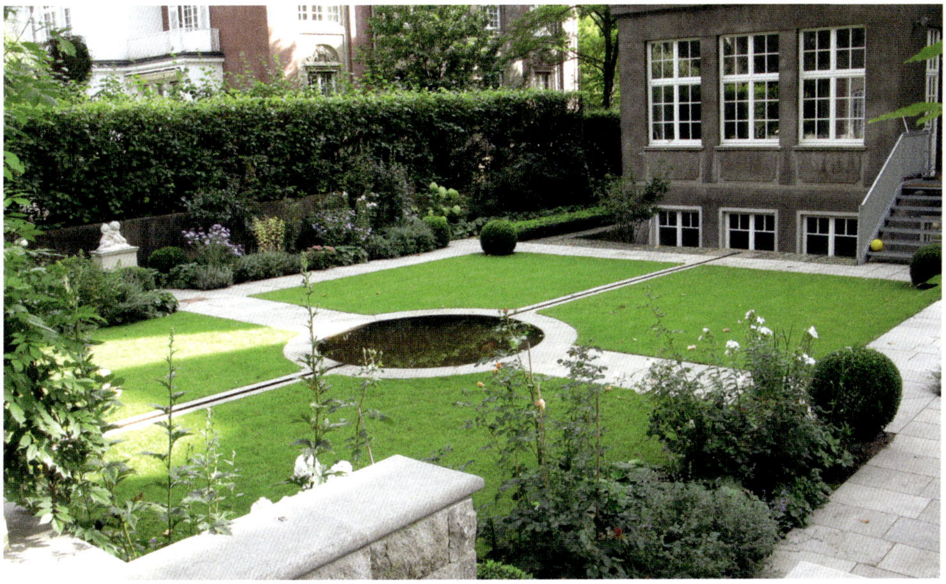

◄ Ein formaler Privatgarten in Hamburg, der Gestaltungselemente von Edwin Lutyens' Garten in Hestercombe borgt

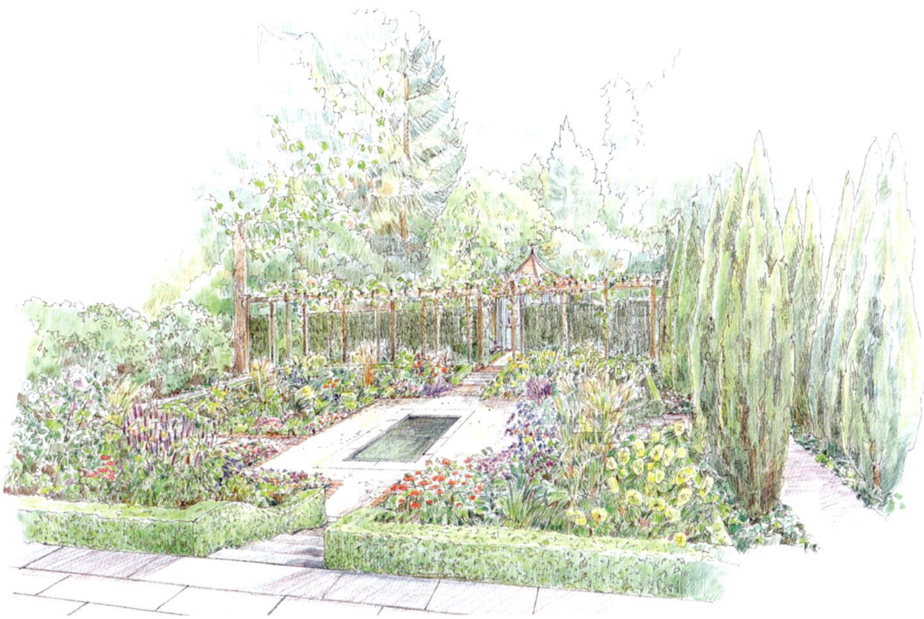

◄ Ein formaler Garten drückt seine Formalität meist nur in seiner Struktur aus, die Bepflanzung kann dennoch romantisch sein.

Grundlagen der Gartengestaltung

Ein gelungener Garten sollte vor allem den Wünschen und Träumen seiner Besitzer gerecht werden und Räume und Blicke eröffnen, die der Seele guttun.

In meinen Gartengestaltungsvorträgen arbeite ich mich gerne auf ganz natürlichem Weg durch den Garten. Das bedeutet, ich beginne mit dem Vorgarten, jenem Stückchen Land, das oft nicht nur schrecklich stiefmütterlich vernachlässigt wird, sondern auch oft zum Stellplatz von Autos, Fahrrädern, Wohnwagen und Mülltonnen degradiert wird. Dass der Vorgarten aber, wie Vita Sackville West einmal bezaubernd ausdrückte, die Aufgabe hat, uns morgens mutig ins Leben zu entlassen und abends wieder liebevoll zu empfangen, beherzigen die meisten Vorgartenbesitzer noch nicht. Es gilt also Prioritäten zu setzen und da steht der Vorgarten auf meiner Liste ganz oben, denn er ist nicht nur der einzige Gartenbereich, durch den ich täglich mindestens einmal laufe, und das ganze 365 Tage im Jahr, sondern er ist auch der Gartenbereich, der mir die Tagesform mit auf den Weg gibt.

Mein Tipp: Machen Sie grundsätzlich einen Plan für den Vor- und den hinteren Garten und entscheiden Sie dann, welchem Sie Priorität geben wollen. Es muss nichts überstürzt werden, lieber mal ein Jahr im Unkraut sitzen als ein Leben lang im falschen Garten!

Wir haben unseren Garten in den Cotswolds in England auch über sechs Jahre lang gebaut, da uns in den Anfängen nicht genügend Geld zur Verfügung stand, und auch wir haben mit dem Vorgarten begonnen. Na ja, das stimmt nicht ganz, wir haben mit der Gin-Tonic-Terrasse im hintersten Zipfel des Gartens begonnen, um gelegentlich der großen Gartenaufgabe den Rücken kehren zu können. Das muss auch hin und wieder mal sein!

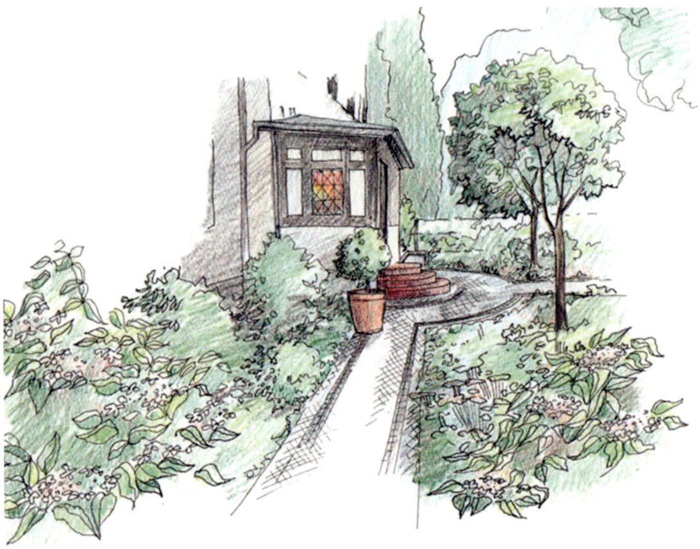

◄ Skizze eines Vorgartens in Berlin-Dahlem, zur Darstellung der Gestaltungsvorschläge für Eingangstreppe, Wegematerial und Verlegemuster

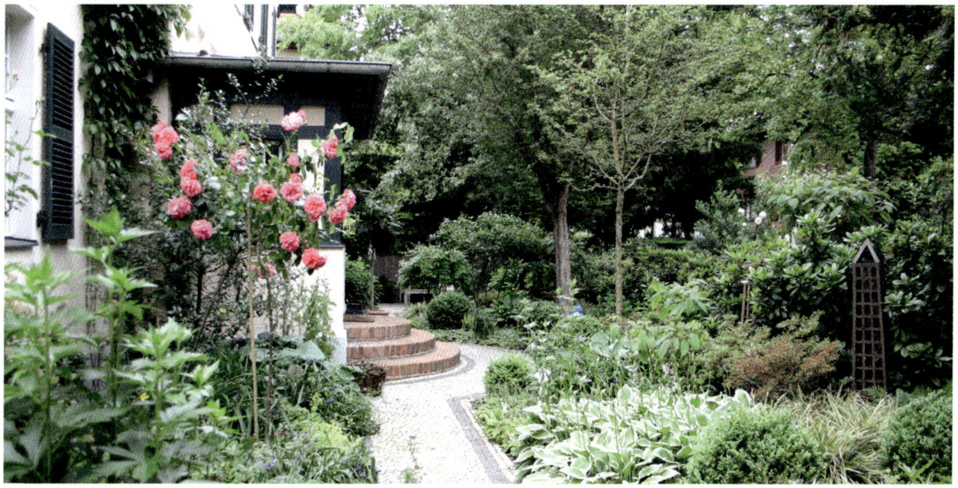

◄ Derselbe Blick auf den inzwischen eingewachsenen fertigen Garten ein paar Jahre, nachdem die Gestaltung und die Skizze (siehe links unten) angefertigt wurden

Expertentipp: Das Paradies vor der eigenen Haustür

Da man seinen Lebensmittelpunkt, oder zumindest einen Teil des sommerlichen Geschehens, meist in den hinteren Garten legt, muss der Vorgarten in diesen Sommermonaten nicht zu außergewöhnlich sein. Er sollte sich daher im Sommer, wenn alles Augenmerk auf den hinteren Garten gerichtet ist, mehr oder weniger um sich selbst kümmern und wenig Pflegeaufwand produzieren. Deshalb ist zum Beispiel Rasen völlig fehl am Platz im Vorgarten. Es ist nicht nur mühselig, den Rasenmäher dorthin zu schleppen, sondern auch nicht wirklich sinnvoll, zur Unterhaltung der Nachbarn im Vorgarten zu mähen, da dieser Rasen meist überhaupt nicht genutzt wird. Legen Sie den Rasen nach hinten in den Garten-Lebensraum und orientieren Sie die Vorgartenbepflanzung zum Winter und Frühjahr hin. Somit hat man schon das Pflanzkonzept: Viele Zwiebelpflanzen, Schneeglöckchen, Krokusse, Narzissen, Tulpen und Zierlauch gehören dort hinein, ein paar Sträucher in Form von Frühblühern, wie Schneebälle, und für den Herbst und Winterschmuck ein paar Hortensien.

Da die meisten Vorgärten nur bedingt Sonnenlicht bekommen, empfehle ich gerne Annabelle-Hortensien, sie mögen sowohl Schatten als auch Sonne und brauchen nicht so viel Wasser wie ihre anderen Verwandten. Ein paar elegant verteilte Immergrüne, möglichst geschnittene Kugeln oder Quadrate, bringen ein wenig Spannung in die Gestaltung und zeigen außerdem hübsche winterliche Silhouetten.

Natürlich gibt es je nach Gartentyp auch aufwendigere Bepflanzungen für den Vorgarten, doch auf keinen Fall ist Rasen dort zu empfehlen, zumal ich kaum je einen erfolgreichen Vorgartenrasen gesehen habe.

Oft wird auch der Fehler begangen, in den Vorgarten die billigsten Betonplatten zu legen, weil man die guten (und teuren) für hinten nehmen möchte. Berücksichtigen Sie hier bitte: Über den Weg zur Haustür läuft man täglich, hier kann man ein schönes Pflaster auch jeden Tag genießen. Und da es sich oft um wesentlich kleinere Flächen handelt als im hinteren Garten, wird Ihr Geldbeutel auch weniger stark strapaziert.

▼ Eine Sichtachse sollte immer etwas Verheißungsvolles in Aussicht stellen. Dies kann ein schöner Brunnen oder ein Sitzplatz sein.

Proportionen

Es gibt so schrecklich viele falsche Regeln und Klischees im Design irgendwelcher Dinge, dass man sich ihrer als Erstes entledigen sollte. Es gilt also unbedingt: »Was gefällt, ist erlaubt.« Und schließlich gestalten Sie Ihren Garten nicht für den Architekten oder Ihre Schwiegermutter, sondern ganz für sich allein, und deshalb müssen viele Regeln auch nicht unbedingt eingehalten werden. Es heißt zum Beispiel oft, dass man Wege und Platzflächen proportional zur Gartengröße gestalten soll, dem kann ich keinen Sinn abgewinnen.

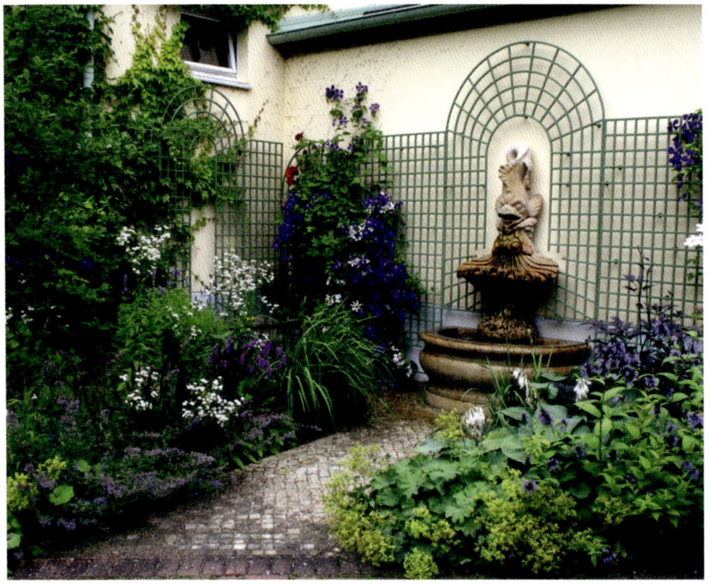

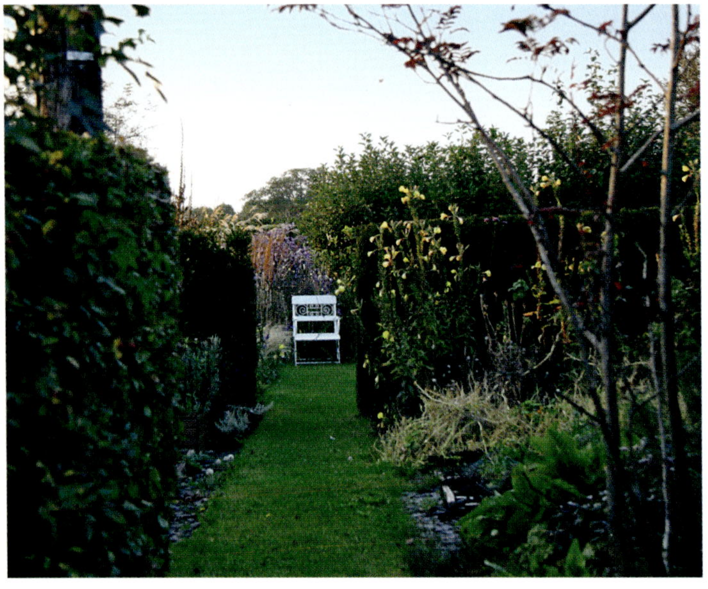

Terrassen und Wege sollten grundsätzlich nach den Bedürfnissen der Bewohner gestaltet werden. Eine große Familie oder Menschen mit vielen Freunden benötigen meist auch eine große Terrasse, die gut 20–40 Quadratmeter messen kann, ganz gleich, wie groß der dazugehörige Garten ist. Mein Garten hat 80 Quadratmeter, da wäre eine 40 Quadratmeter große Terrasse natürlich etwas unpassend, auch wenn wir viele Freunde haben.

Bei Proportionen geht es immer um eine Mischung aus Notwendigkeit und Großzügigkeit. Ich mag es zum Beispiel sehr gerne, wenn kleinere Gartenwege eine Breite von etwa 1–1,2 Meter haben, damit sich Stauden auch noch lässig über den Weg legen können, ohne dass sie einem beim Gehen in die Quere kommen. Zu enge Gartenwege verwehren oft den freien Durchgang und verführen ihre Besitzer zum Zurückschneiden der Stauden, damit man besser durchkommt. Doch es ist ja gerade der lässige Schmiss über die Wegekante, der den Beeten und dem Garten Romantik verleiht.

Sichtachsen

Sichtachsen sind ein oft missverstandenes Werkzeug, das eigentlich die Aufgabe hat, einem Garten und seinen Wegen Sinn zu geben und Geheimnisse zu bieten. Viele Menschen interpretieren das Wort Sichtachse falsch, weil sie glauben, dass es sich immer um eine gerade, stark definierte Linie handelt. Da es sich aber bei dieser Achse eigentlich nur um eine Blickbeziehung handeln muss, funktionieren Blickachsen auch in ganz kleinen Gärten.

Übrigens muss man nicht alle Elemente einer Blickachse selbst im Garten haben. Manchmal reicht es auch, einen schönen Baum oder eine schöne Fassade des Nachbargrundstücks als Fokus der Achse herauszustellen. Blickachsen sollen den Besucher auf zu Erforschendes aufmerksam machen und versuchen, ihm das Erkunden schmackhaft zu machen.

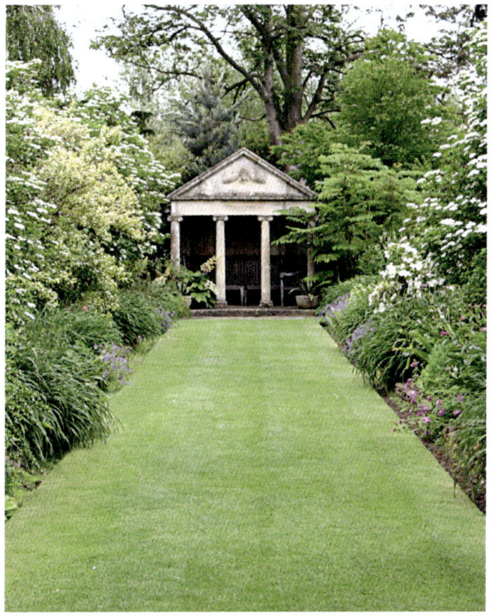

◀ Gestochen scharfe Rasenkanten mit Blick auf einen Tempel im Garten von The Courts, in der Nähe von Bath

▼ Am Ende des Gartenwegs schließt ein Rosenbogen den Raum und bietet ein schönes Fenster zum nächsten Gartenzimmer.

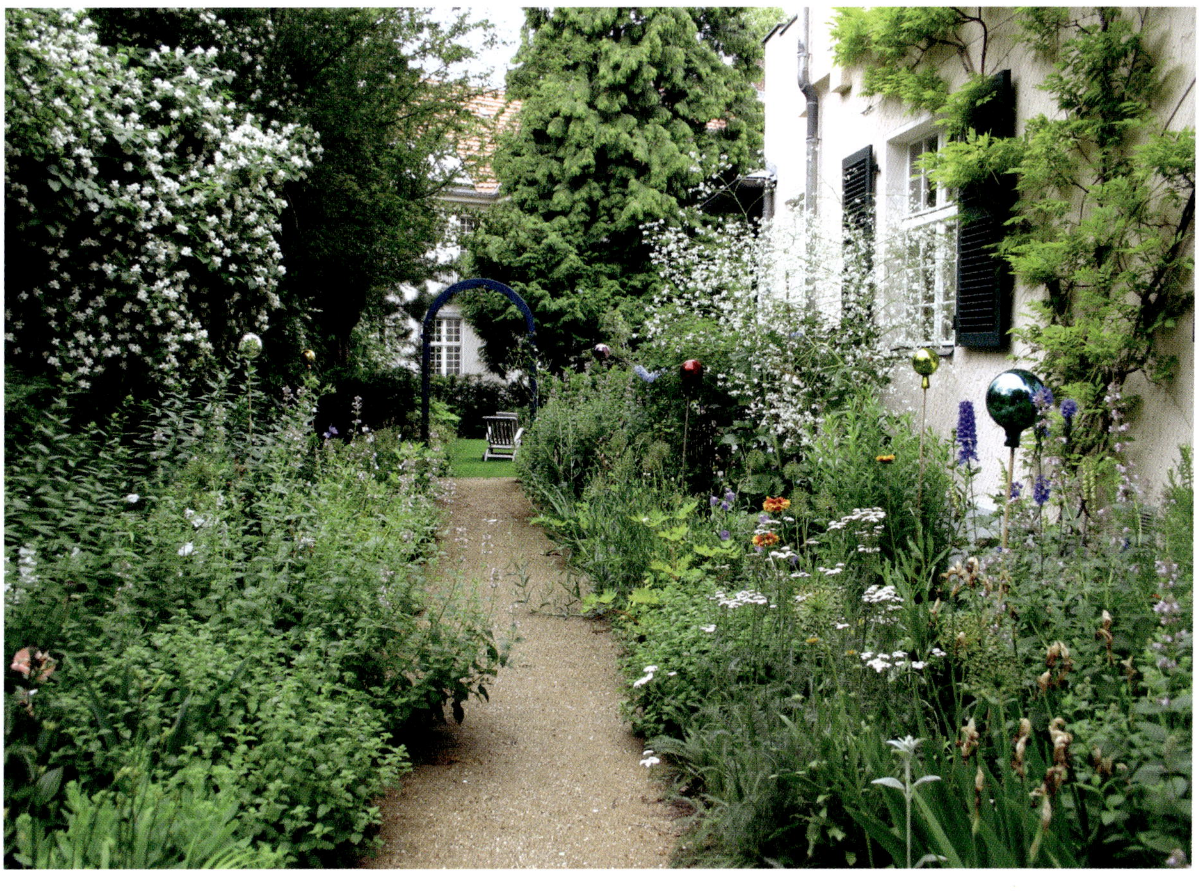

Der Garten als erweiterter Wohnraum

Es ist mir grundsätzlich ein Anliegen, die wichtigste Terrasse am Haus harmonisch in den Garten einzubinden. Ich weigere mich beständig, dem Ruf der Architekten zu folgen und die große Hausterrasse als eine Art Landeplattform ihrer Architektur zu akzeptieren. Das sieht zwar in Architekturmagazinen sehr nett aus, ignoriert aber häufig die Tatsache, dass dort auch Menschen wohnen, die sich vielleicht nach einem geschützten Plätzchen sehnen. Und auf diesem wollen sie natürlich nicht völlig und gänzlich allen Elementen, inklusive Nachbarn, ausgesetzt sein. Ich ziehe es vor, die große Hausterrasse als einen Außenrückzugsraum zu gestalten, der noch ein wenig Haus, aber schon ein bisschen mehr Garten ist. Glatte Übergänge auf den Rasen entlang der gesamten Terrassenlänge wird man in meinen Gärten nicht finden. Für mein Empfinden ist es immer schön, genau wie in einem gut proportionierten Raum Ausgänge an den richtigen Punkten der Terrasse zu haben. Diese Ausgänge sind wie Türen im Haus, die sich ja auch nicht überall befinden, und geben dem Menschen in den Räumen Geborgenheit und die Möglichkeit herauszutreten.

Platz an der Sonne

Da die große hintere Terrasse häufig nach Süden ausgerichtet ist, ist dies auch der beste Ort im Garten, um die schönsten und aufwendigsten Blumen zu haben, denn die brauchen meist viel Sonne. Daher lege ich die Beete mit den Diven, so nennt Isabelle Van Groeningen Rosen, Rittersporne und andere anstrengende Blumen, gerne direkt um

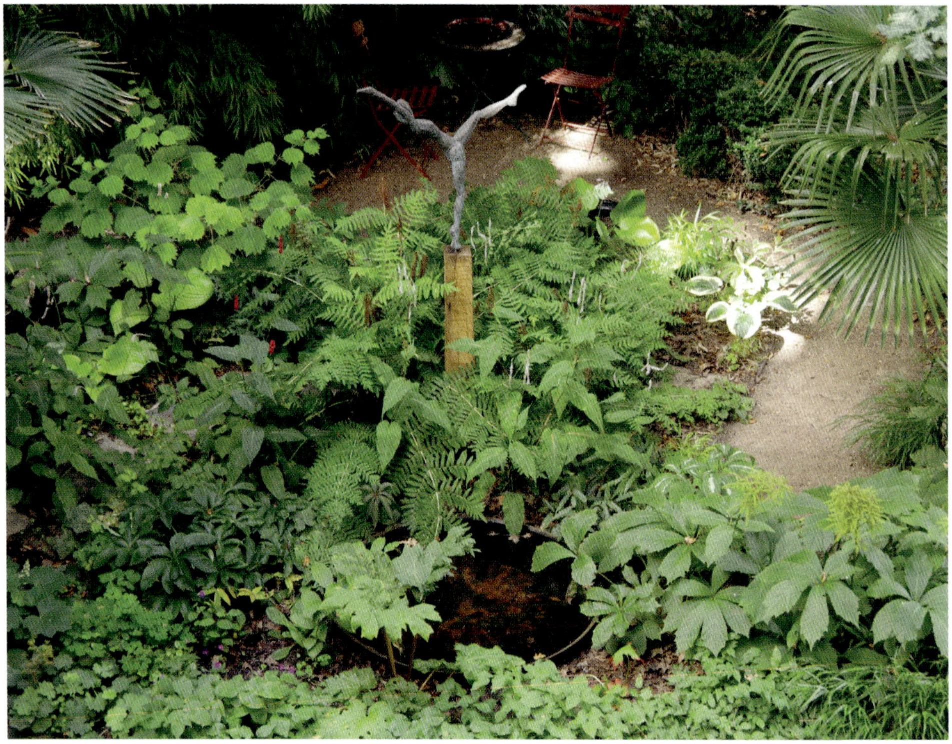

◄ In unserem schattigen Hinterhofgarten in Berlin-Schöneberg finden sich auf 80 Quadratmetern schmale Wege und kleine Sitzplätze im exotisch grünen Dschungel.

die Terrasse herum, sozusagen als Einfassung. Dabei kann die Hauptachse in den Garten und auf den Rasen auch offen bleiben, denn dadurch entsteht eine wohltuende und interessante Tiefenwirkung (s. S. 41 oben).

Es ist ein Trugschluss vieler Gartenbesitzer – und vor allem derjenigen, die den Besitz großer Rasenflächen noch immer als Statussymbol betrachten – zu glauben, dass je größer der Rasen, desto größer auch die Wirkung des Grundstücks ist. Das stimmt ausschließlich, wenn sich an ihr Grundstück ein Golfplatz anschließt.

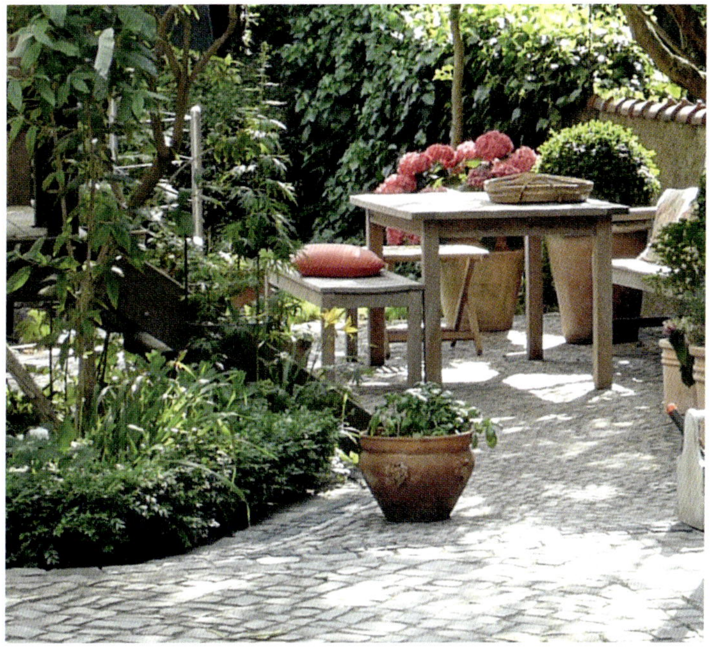

► Mediterraner Innenhof-Charme durch Terrakottatöpfe ▼ Große Familienterrasse als Gartenzimmer auf Küchenebene

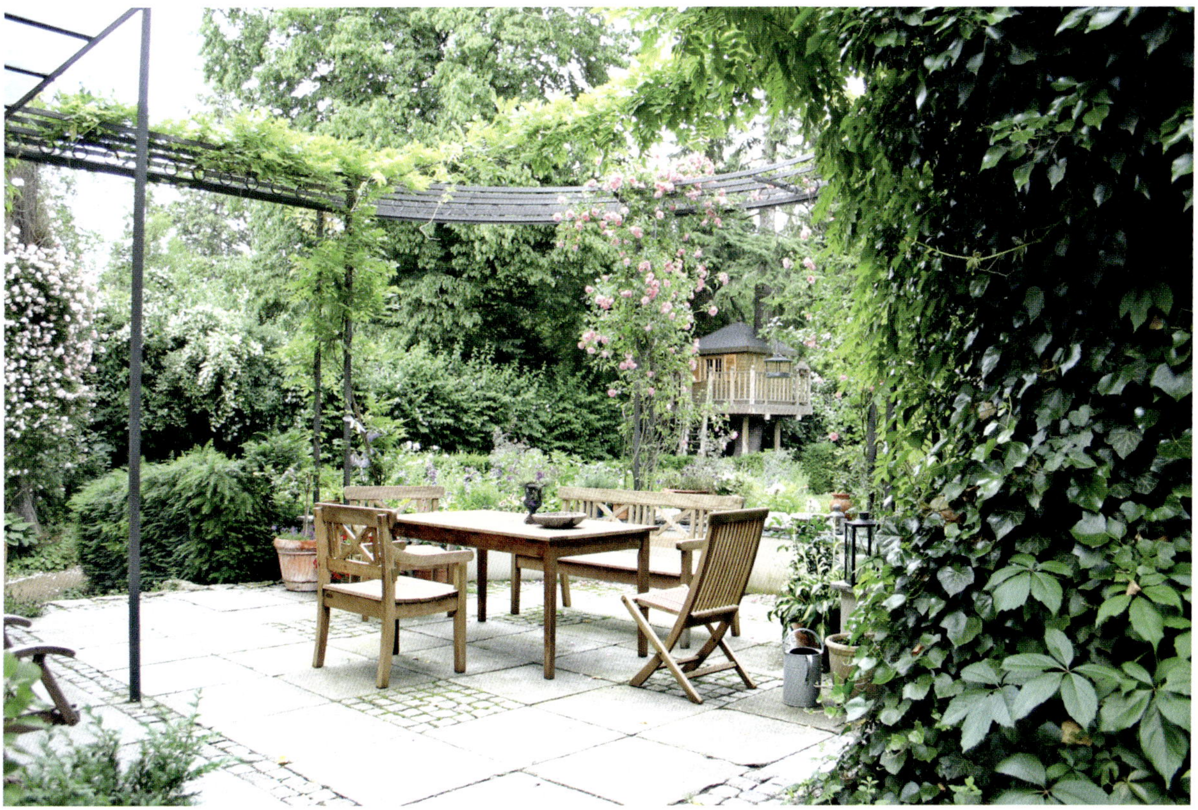

Räume schaffen

Nachdem die Gestaltung des großen Gartenzimmers der Hauptterrasse abgeschlossen ist, kann man sich Gedanken um die anderen Gartenräume machen. Das hört sich für viele Menschen so an, als solle man den Garten in viele kleine Teile zerhacken und eine Art Labyrinth daraus machen, doch so ist das nicht gemeint. Gartenräume entstehen aus Notwendigkeiten und Träumen, denn im Garten muss eigentlich nur sehr wenig, kann aber durchaus alles sein.

Auch müssen Gartenräume nicht unbedingt durch Hecken abgegrenzte Zimmer sein, wie sie in den Gärten Sissinghurst oder Hidcote häufig gezeigt werden. Wer hat schon so einen großen Garten, dass er das Bedürfnis empfindet, sich an mehreren Stellen einzunisten, damit nicht alles so riesig und gewaltig wirkt? In Sissinghurst und Hidcote dienten die Heckenräume nämlich lediglich dem Zweck, sich von der großen, offenen Weite der 20 000 Quadratmeter-Gärten etwas abzugrenzen und mehr Privatsphäre zu schaffen.

In unseren meist eher übersichtlichen Gärten zwischen 300 und 1000 Quadratmeter sind ganze Gartenzimmer oft schwierig unterzubringen. Ich spreche daher gerne auch eher von unterschiedlichen Gartenbereichen. Oft reicht es schon, in einem weiter vom Haus entfernten Gartenteil den Wegebelag oder die Bepflanzung drastisch anders zu gestalten als im Rest des Gartens, und schon entsteht ein anderes Raumgefühl.

Das ist eigentlich genau wie im Haus: In sich sind alle Zimmer ähnlich, man unterscheidet sie aber durchaus in ihrer Funktion und daher auch in ihrer Ausstattung. Eine Hängematte zwischen zwei Bäumen schreit nach reiner Rasenfläche, wobei unter einer Schaukel vielleicht besser Kunstrasen zu verlegen wäre, da sie wesentlich mehr frequen-

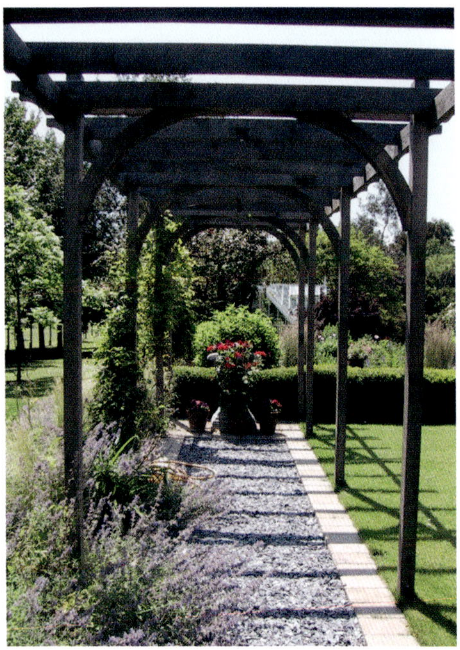

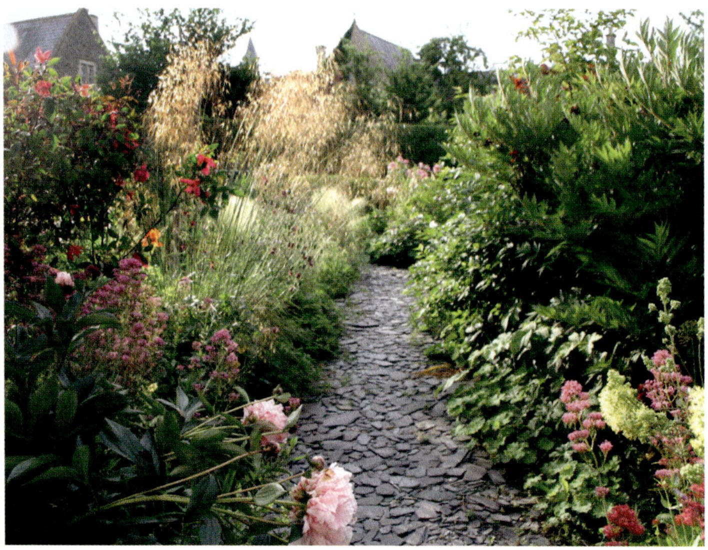

◄ Achse mit Blickpunkt auf eine bepflanzte Vase ▲ Sanft schlingernder Gartenweg aus Schiefersplittern durch unseren ehemaligen Vorgarten in den Cotswolds in England

tiert wird. Ein Waldweg wirkt mit einer weichen Decke aus Holzhäxeln oder Promenadengrand (eine wassergebundene Wegedecke aus feinen Kieseln) schöner als gepflastert.

Jahreszeitenbereiche

Eine sehr schöne englische Methode, den Garten in Empfindungsräume einzuteilen, ist es, den Gartenbereichen einen jahreszeitlichen Namen zu geben. So wird aus dem als schrecklich empfundenen Waldstück der Frühlingsgarten, weil man in ihm vor allem die Frühjahrsblüher unterbringen kann, die von Januar bis April üppigst blühen können, bevor die Bäume ihr Laub ansetzen. Dann gibt es den Morgensonnengarten und vor allem den Abendsonnenbereich, in den unbedingt eine Gin-Tonic-Terrasse gehört.

Eigentlich entstehen Gartenräume ganz von selbst durch die Platzierung der Wünsche und Träume ihrer Besitzer. Die große Kunst der Gartengestaltung ist es dann, daraus ein harmonisches Ganzes zu kreieren, ohne dass es zu einem Event-Gemetzel ausartet.

Ein erfolgreich gestalteter Garten sollte nicht unbedingt als gestaltet erkennbar sein, sondern vielmehr aus charmant wirkenden Zufällen bestehen. In unserem eigenen Garten von sage und schreibe ganzen 80 Quadratmetern in Berlin gibt es, ob man es glaubt oder nicht, fünf Sitzplätze, die erstens nicht alle auf einmal sichtbar sind und zweitens auch aus jedem Fenster der Küche eine andere Gartenatmosphäre vermitteln. Verweilt man dann in diesem Gärtchen an den unterschiedlichen Plätzen, ist jeder für sich anders und eröffnet neue Blicke in den Garten. Sitzplätze sind nicht nur Gelegenheiten, um sich auszuruhen und zu entspannen, sie sind vor allem auch Einladungen für die Seele.

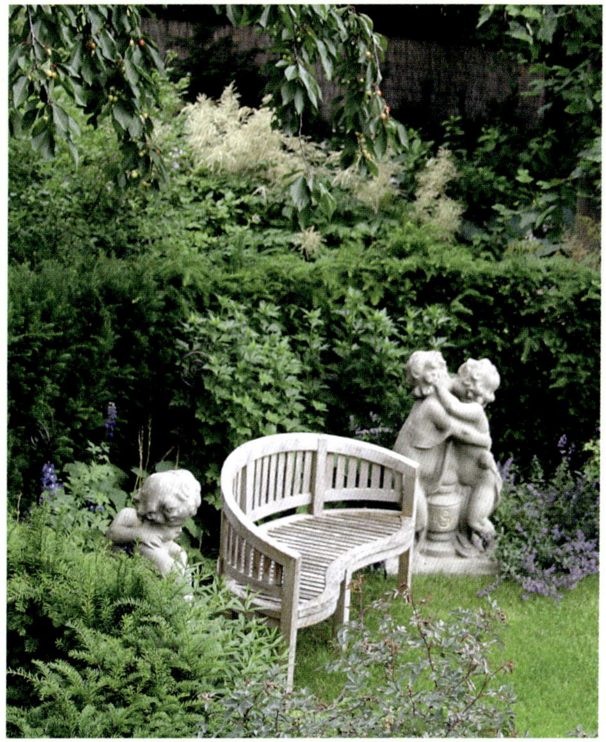

▲ Die Pflanzenhöhen sind hier mehrfach gestaffelt: auf eine bodennahe Schicht folgen eine Hecke, dann höhere Sträucher und schließlich die über eine Mauer hängenden Zweige hoher Kirschbäume.

Expertentipp: Pflanzenhöhen

Um in kleinen Gärten ein Raumgefühl zu schaffen, ist es auch hier sehr wichtig, mit Pflanzenhöhen zu spielen. Wer sich nicht traut, hier und da mal einen kleinen Baum mit freiem Stamm zu pflanzen, dessen Garten wird immer flach und ereignislos erscheinen. Mit Pergolen oder hohen Pflanzen kann man zudem das Gefühl des Darunter- und des Geschütztseins schaffen, denn Menschen suchen die Geborgenheit, zumindest die meisten. Es ist daher sinnvoll, im Garten, wie in einem Wald, eine niedrige Krautschicht und eine hohe Baumschicht zu kreieren. Damit man sich nicht mit den eigenen Bäumen den Garten verschattet, sollten die größten Bäume an die Westgrenze gesetzt werden. Wenn alle diesem Rat folgen, sind Sie allerdings auch wieder im Schatten.

Überraschungseffekte

Die Engländer haben mir beigebracht, dass der Garten von zwei Emotionen lebt, den Wörtern *expectation* und *surprise* (Erwartung und Überraschung). Diese haben von jeher meine Gestaltungen geprägt.

Es geht nicht darum, in irgendeinem unerwarteten Eckchen des Gartens eine Büste von Mao zu entdecken, sondern es geht darum, die Spannung im Garten aufrechtzuerhalten, und zwar überall. Ein Garten, der nur Rasen ist, erfüllt dieses Kriterium nicht. Da allerdings bestätigt sich der schöne deutsche Spruch: »Wer keine Erwartungen hat, erfährt auch keine unangenehmen Überraschungen« – wohl wahr.

Wer also in seinen Garten Elemente der Erwartung stellt, sollte sich immer auch bewusst sein, dass diese Erwartung möglichst mit einer schönen Überraschung belohnt werden sollte. Ein ins Nichts gestellter Rosenbogen etwa schürt eine falsche Erwartung. Es ist wichtig, dass auf solch eine Einladung zum Hingehen, um zu sehen, was sich dahinter verbirgt, auch eine Belohnung folgt. Ein Rosenbogen oder ein auffällig gestalteter Durchgang, sei er aus Stein, Holz oder Metall, sollte also nur dorthin gestellt werden, wo man aus der Ferne schon auf das nächste Erlebnis aufmerksam gemacht wird. Ein aufwendiger Rosenbogen am Eingang zum Komposter ist zum Beispiel nicht im Sinne des Erfinders.

Überraschungseffekte im Garten sind aber auch solche, die von Weitem kaum auffallen, die man aber auf dem Weg zu einem wichtigen Punkt im Garten entdeckt. Meist liegen diese versteckten Überraschungen auf der Strecke einer Achse.

Fantastische Ausblicke

Mir ist es sehr wichtig, dass bei der Gartengestaltung vor allem auch die vielen unterschiedlichen Blicke aus den Hausfenstern Beachtung finden (s. S. 55), da ja nicht alle Aufmerksamkeit nur im Sommer und nur bei schönem Wetter auf dem Garten liegt – wir haben genügend Schlechtwettertage, an denen der Garten gerne auch ins Zimmer kommen darf.

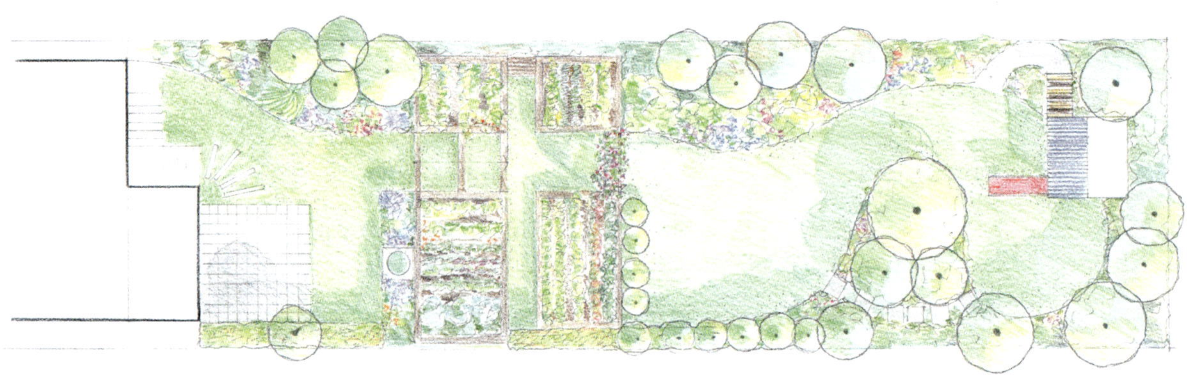

▲ Gartenplan eines Reihenhausgartens mit Stauden, Gemüse und viel Platz für Kinder. Durch die Aufteilung in unterschiedliche Bereiche, die nicht von jedem Standort aus sofort sichtbar sind, gibt es immer wieder Neues zu entdecken.

Deshalb sollte man durch den ganzen Garten hindurch kleine Überraschungen im Blickfeld von Türen und Fenstern platzieren.

Eine gegenüber der Haustür gestellte hübsche Bank lenkt oft vom Eingang des Nachbarn ab, und ein am Küchenfenster gepflanztes schönes Pfeifengras gibt Freude durch balancierende Vögel, vom Sommer bis in den Winter hinein. Es muss also nicht immer ein auffälliger Wasserspeier oder ein Gartenzwerg sein, der uns das Gemüt erquickt, es kann auch eine ungewöhnliche Pflanze am richtigen Ort sein.

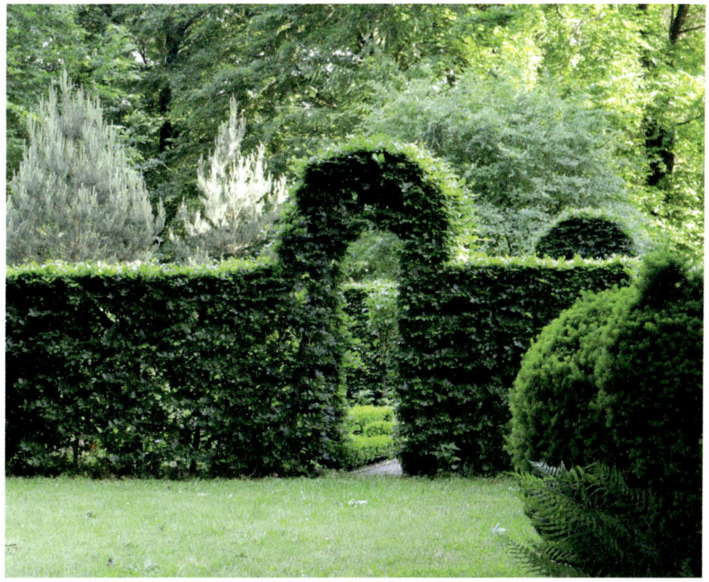

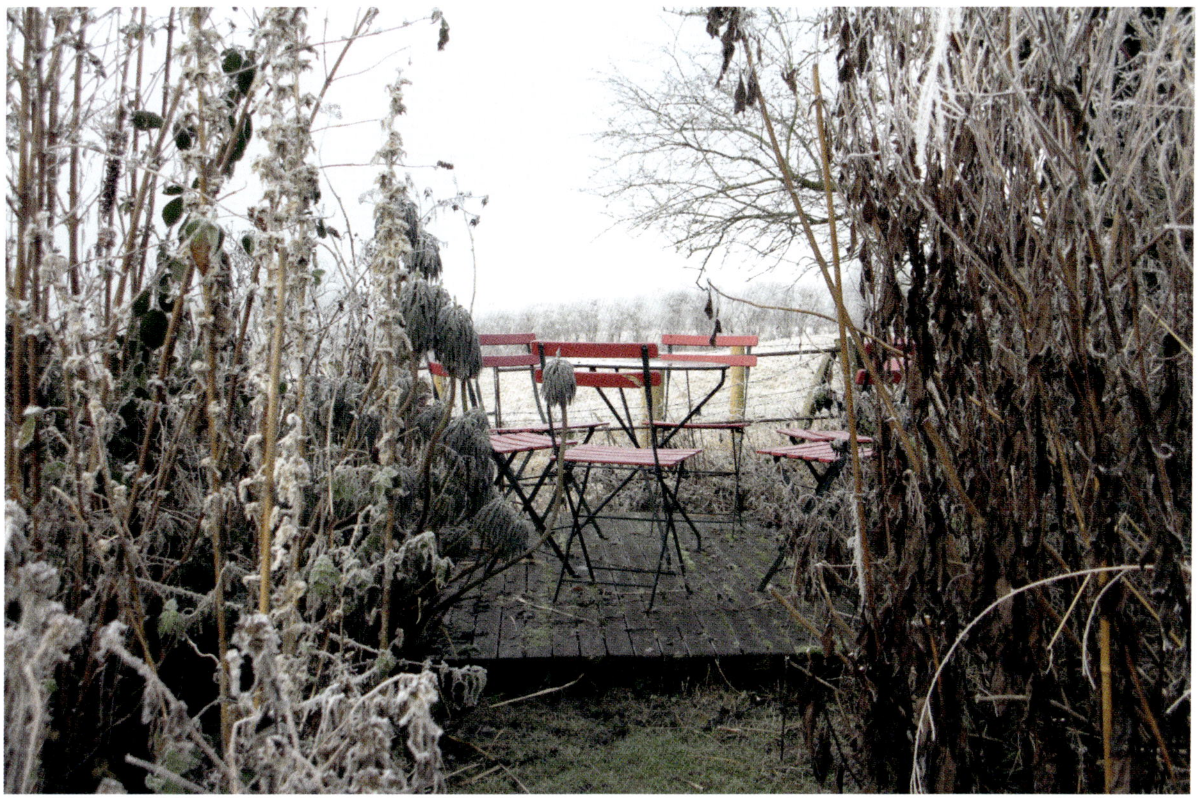

▲▲ Zum Thema »Erwartung und Überraschung«: ein von Hecken eingefasster Gemüsegarten ▲ Am Ende des Gartens, mit Blick in die Landschaft und versteckt hinter hohen Stauden: die Gin-Tonic-Terrasse

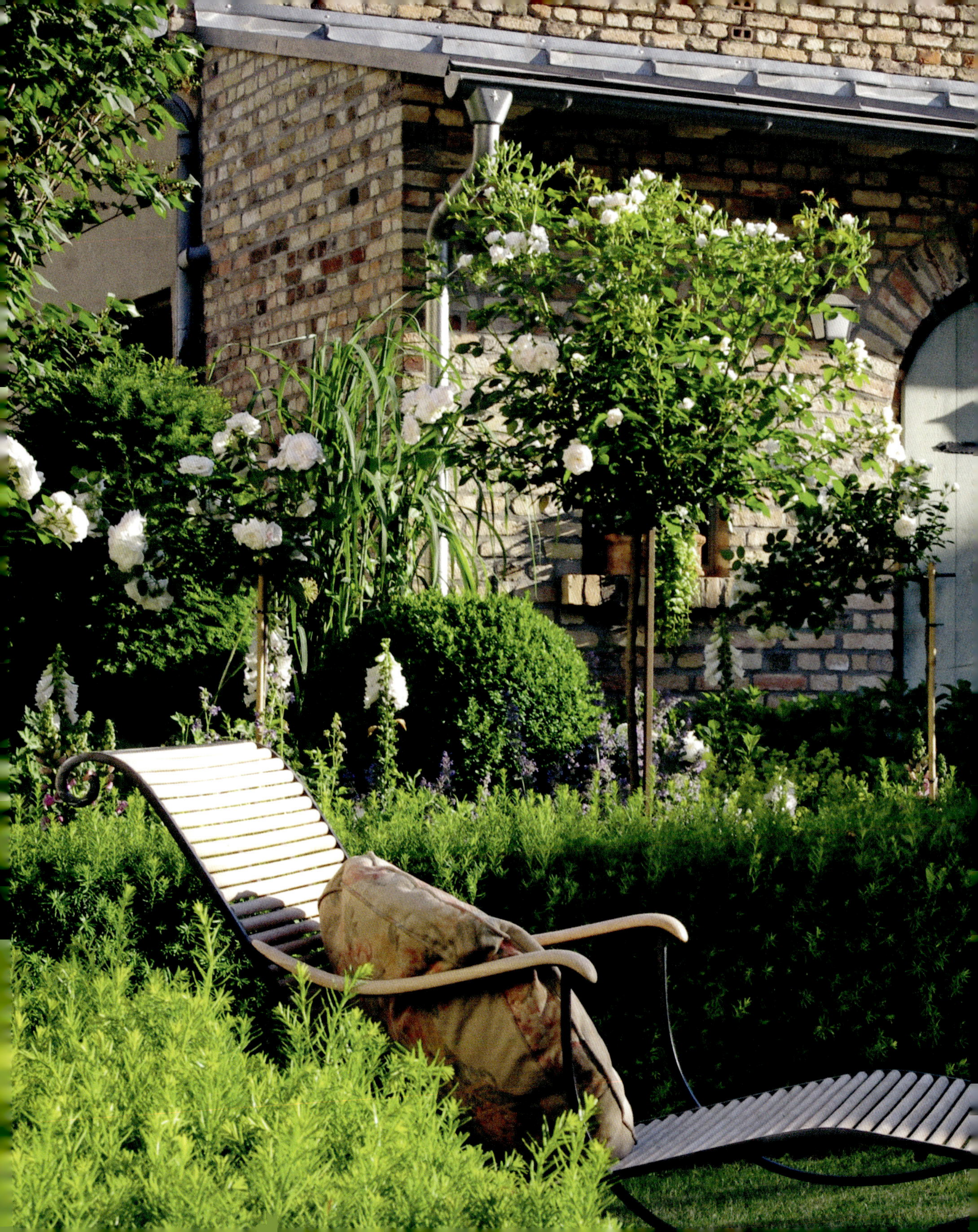

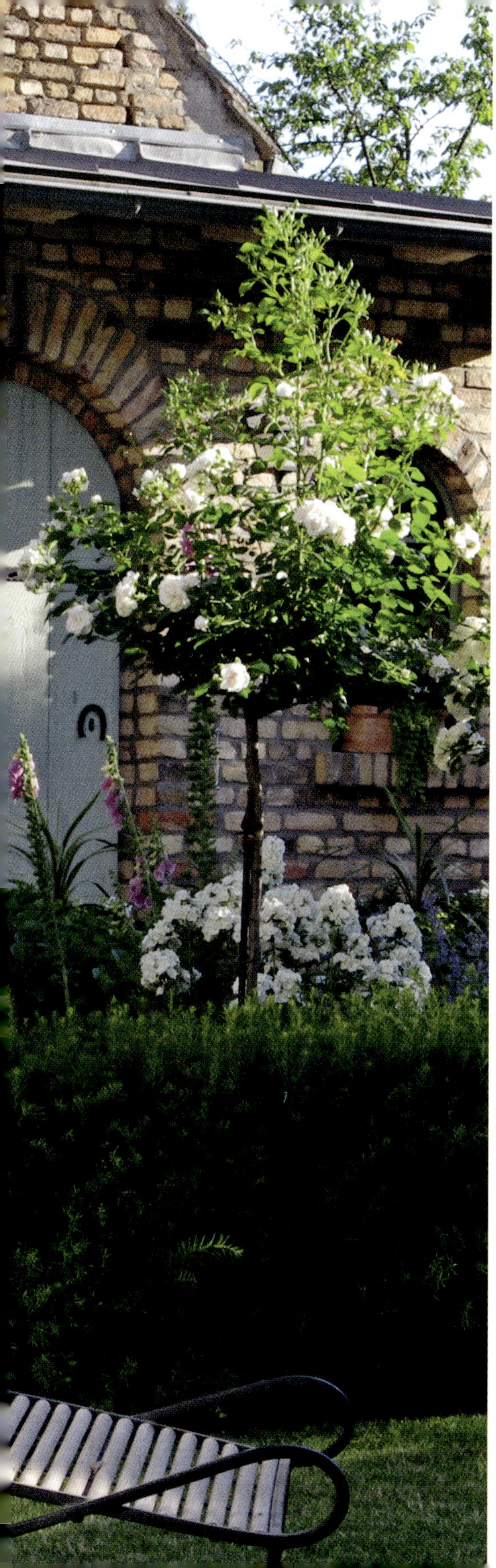

Vorbereitung

Ein neuer Garten wird so gut wie die Vorbereitung, die sein Besitzer zu investieren bereit ist. Je eindeutiger man seine Bedürfnisse, Wünsche und Träume kommunizieren kann, desto leichter ist die anschließende konkrete Planung.

Welcher Gartentyp bin ich?

Ihr Garten liegt Ihnen sehr am Herzen und Sie möchten darin gerne etwas ändern beziehungsweise ihn komplett neu gestalten. Aber wie viel Zeit können und wollen Sie in Ihren Garten investieren? Wie und wofür nutzen Sie ihn, welche Bedürfnisse haben Sie und Ihre Familienmitglieder? Um den Grad Ihrer Affinität zum Gärtnern herauszufinden, beantworten Sie bitte die folgenden Fragen. Sie sollten sich erst ganz in Ruhe und für sich allein damit beschäftigen und dann vielleicht mit der ganzen Familie oder dem Partner. So finden Sie am besten heraus, welcher Gartentyp Sie sind und wer sich außer Ihnen noch für das Thema Garten begeistert – und Sie vielleicht tatkräftig bei Ihren Vorhaben unterstützt.

1. Das Wort Vorgarten ist innerhalb der letzten 20 Jahre fast zu einem Unwort geworden und viele Menschen verbinden damit Kleinkariertheit. Was bedeutet er für mich?

A Er ist für mich ein Bereich, in dem möglichst viele Fortbewegungsmittel untergebracht werden sollten.

B Er ist für mich hauptsächlich Durchgangsweg zur Haustür und sollte sich den Nachbarn sauber und ordentlich präsentieren.

C Er ist für mich ein Ort, der mir morgens den Schwung gibt, aus dem Haus zu gehen, und der mich abends freudig empfängt.

2. Welche Tätigkeiten rund um das Haus bevorzuge ich?

A Autowaschen und Terrasse mit dem Hochdruckreiniger säubern

B Wege fegen und Rasen mähen

C Unkraut jäten und Blumen schneiden

3. Wie verbringe ich am liebsten einen heißen Sommertag in meiner Stadt?

A In schattigen Cafés sitzend und Cappuccino trinkend

B Im Schatten meines eigenen Baumes sitzend und mich auf ein abendliches BBQ freuend

C Im Garten zwischen Bäumen und Blüten sitzend, den Bienen zuhörend, eine selbst gemachte Rosenblütenlimonade trinkend

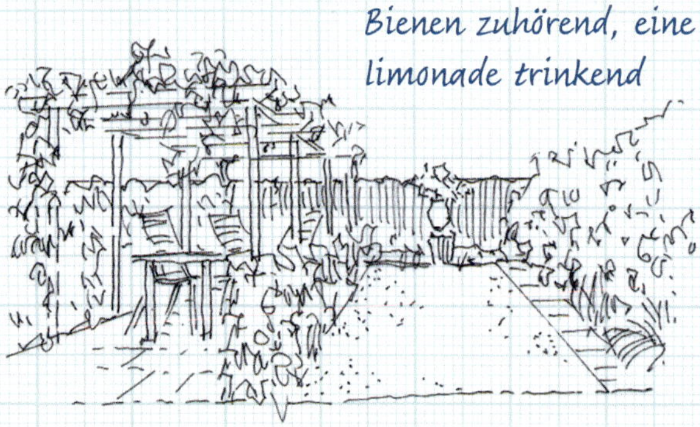

4. Was erwarte ich von meinem Garten hinter dem Haus?

A Dass er sich möglichst um sich selbst kümmert, die Nachbarn so gut wie möglich abgrenzt und trotzdem gut zum Haus passt

B Dass er den Kindern viel Freiraum gibt, pflegeleicht ist, aber auch hier und da blüht

C Dass er mir aus jedem Zimmer blickend, zu so vielen Jahreszeiten wie nur möglich, Freude und Blütenpracht schenkt

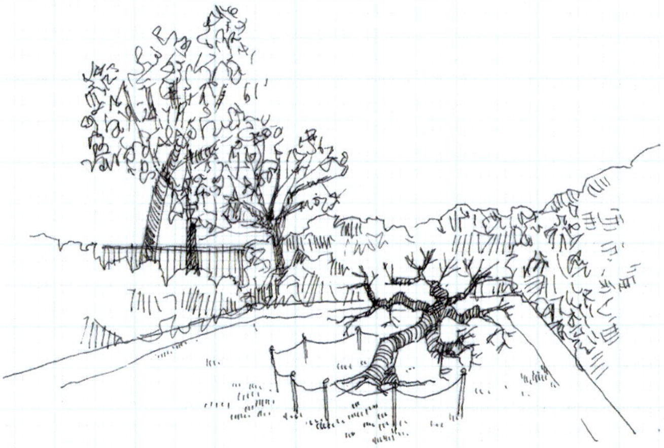

5. Wie viel Zeit bin ich bereit, mir in der Woche für meinen Garten zu nehmen?

A So wenig wie möglich, am besten keine

B Ein bis zwei Stunden in der Woche könnte ich mir schon Zeit nehmen.

C Wenn viel Freude vom Garten zurückkommt, könnte ich mir vorstellen, meine tägliche Fitnessstunde in den Garten zu verlegen, aber am Wochenende möchte ich frei haben.

6. Wie empfinde ich Gartenarbeit?

A Als tödlich langweilig und monoton

B Als annehmbaren körperlichen Ausgleich zum sonstigen Alltag

C Als meditative und heilsame Unterbrechung des Tages

Zählen Sie nun zusammen, wie oft Sie welchen Buchstaben angekreuzt haben, und finden Sie so heraus, welcher Gartentyp Sie sind.

Haben Sie zwei Buchstaben gleich oft gewählt, schauen Sie einfach bei den Mischtypen nach.

Auswertung

A-Typ
Hoffnungslos. Verschenken Sie dieses Buch an jemanden, der sein Fleckchen Erde liebt, und widmen Sie sich gelassen und ohne schlechtes Gewissen den Dingen, die Sie wirklich interessieren.

AB-Typ
Es gibt eigentlich wenig, was Sie davon abhalten sollte, in eine Wohnung ohne Garten zu ziehen, es sei denn, es könnte Sie jemand davon überzeugen, dass eine gestaltete Grünfläche eine Wertsteigerung der Immobilie ist.

B-Typ
Es gibt durchaus Hoffnung für Ihren Garten. Sie sind eine Person, die mit diesem Buch und ein wenig Beratung sehr viel Freude am eigenen Garten entdecken könnte. Nur Mut und weiter so, ich freue mich darauf, Sie mit diesem Buch unterstützen zu dürfen.

BC-Typ
Sie sind auf dem besten Weg, ein Glückspilz zu werden. Sie haben erkannt, dass das Paradies vor der eigenen Haustür liegt und dass es immer viel zu optimieren gibt. Schenken Sie sich die Zeit, dieses Buch zusammen mit Ihren Lieben oder auch ganz allein durchzuarbeiten. Sie werden es nicht bereuen.

C-Typ
Ein Garten ist für Sie ein unverzichtbarer, beglückender Bestandteil des Lebens. Sie tun viel, um Ihren persönlichen Traum von einem Garten wahr werden zu lassen, und sind immer offen für Anregungen. Sie sind der Kunde, von dem ein guter Designer träumt.

Nach der Auswertung
Nachdem Sie nun herausgefunden haben, ob eine wirkliche Gärtnernatur in Ihnen steckt und welcher Gartentyp Sie sind, geht es im nächsten Kapitel darum, erste wichtige Informationen für den Gartengestalter oder auch für Sie selbst zu sammeln und bestimmte Dinge zu klären.

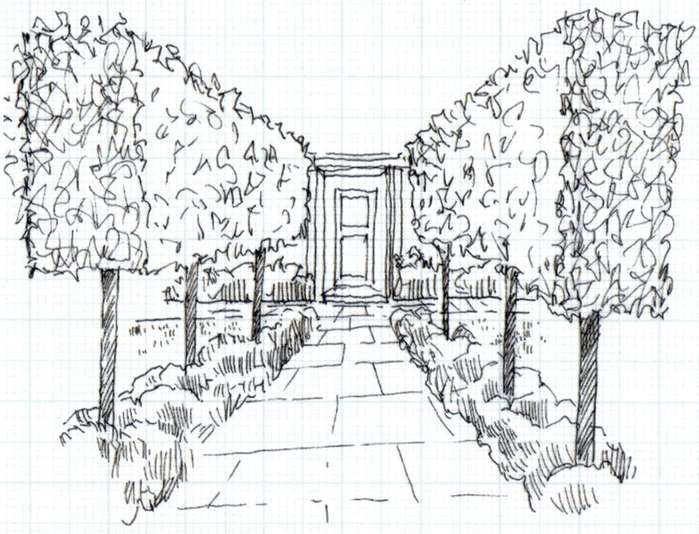

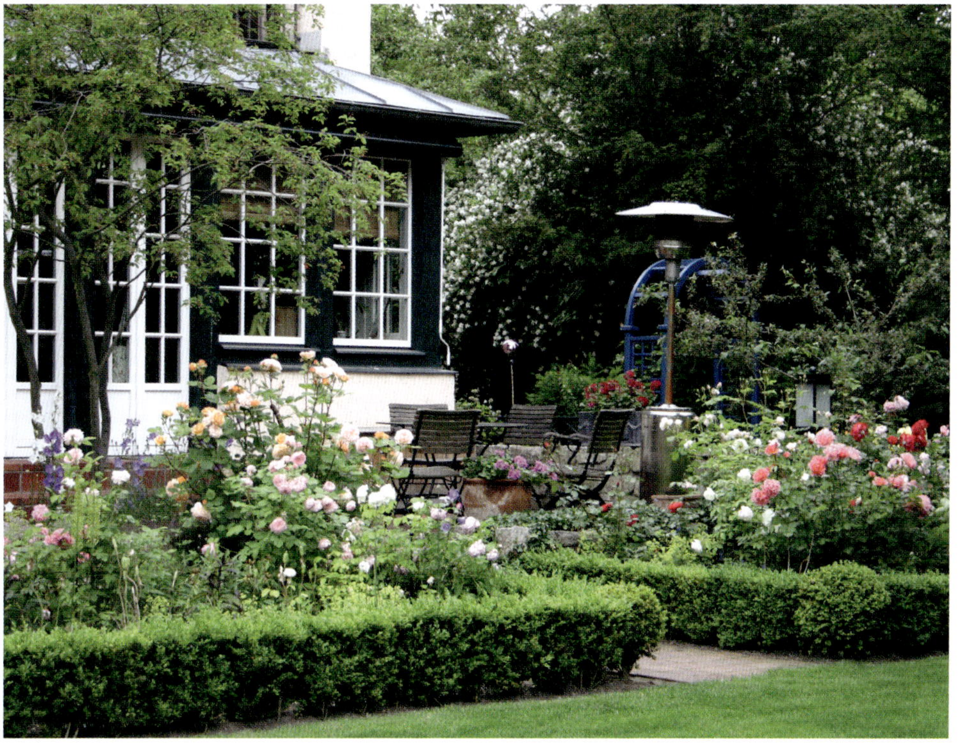

◄ Rosen- und Staudenbeete werden von Buchshecken umfasst und bilden einen stilvollen, üppig blühenden Rahmen um die sonnige Terrasse.

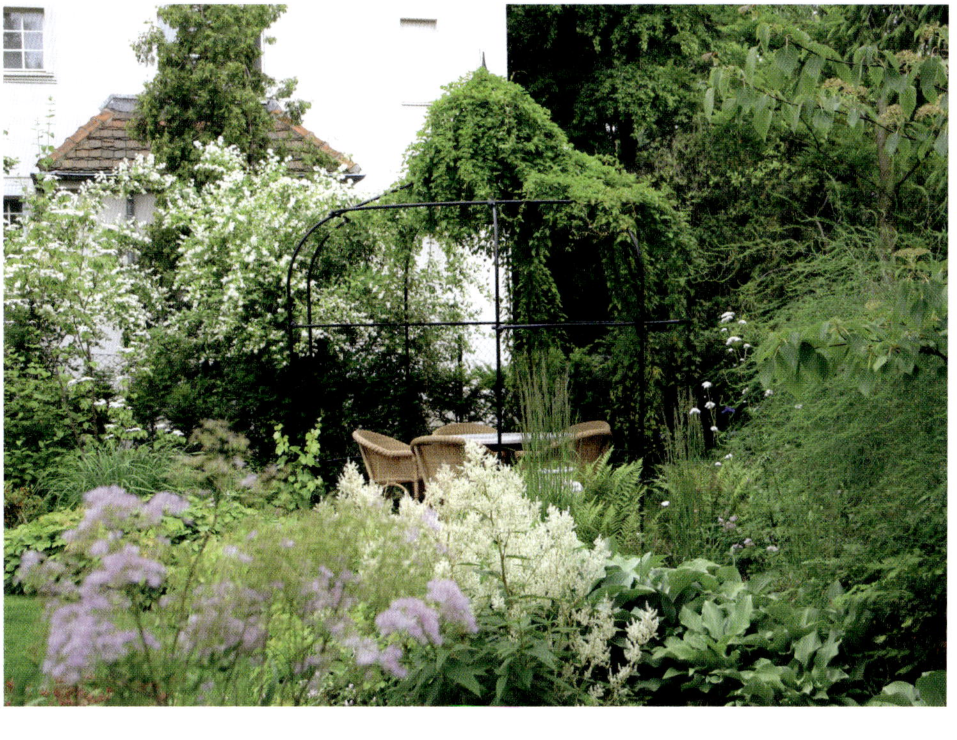

◄ Ein Sitzplatz in der Abend- oder Morgensonne ermöglicht den Blick auf das eigene Heim.

Fragebogen für die konkrete Planung

Was der neue Garten alles leisten sollte

▼ Sammeln Sie Fotos, die Ihre Vorstellung von Glück und Romantik ausdrücken. Sie dienen als Inspiration für die eigene Gartengestaltung.

Für die eigene Planung, aber auch für ein erstes Gespräch mit dem Designer ist es wichtig, dass Sie sich zunächst bewusst werden, welche Anforderungen der Garten erfüllen soll und welche Gegebenheiten zu berücksichtigen sind. Versuchen Sie, sich ein möglichst umfassendes und genaues Bild von Ihren Vorstellungen vom eigenen Traumgarten zu machen. Der folgende Fragebogen ist der erste Schritt auf dem Weg dahin.

Hier zunächst als Beispiel ein bereits ausgefüllter Fragebogen einer erfundenen Familie. Die Antworten zeigen exemplarisch, wie das ausgefüllte Ergebnis aussehen könnte. Im Anhang (s. S. 120–123) finden Sie dann ein leeres Formular, in das Sie Ihre eigenen Eintragungen vornehmen können. Vielleicht werden Sie nach einiger Zeit, wenn Sie sich intensiv mit Ihrem Wunschgarten auseinandergesetzt haben, noch einige Punkte ergänzen wollen. Das Ganze ist ein Prozess und Ihre Vorstellungen von einem zu Ihnen passenden Garten nehmen mit der Zeit immer mehr Gestalt an.

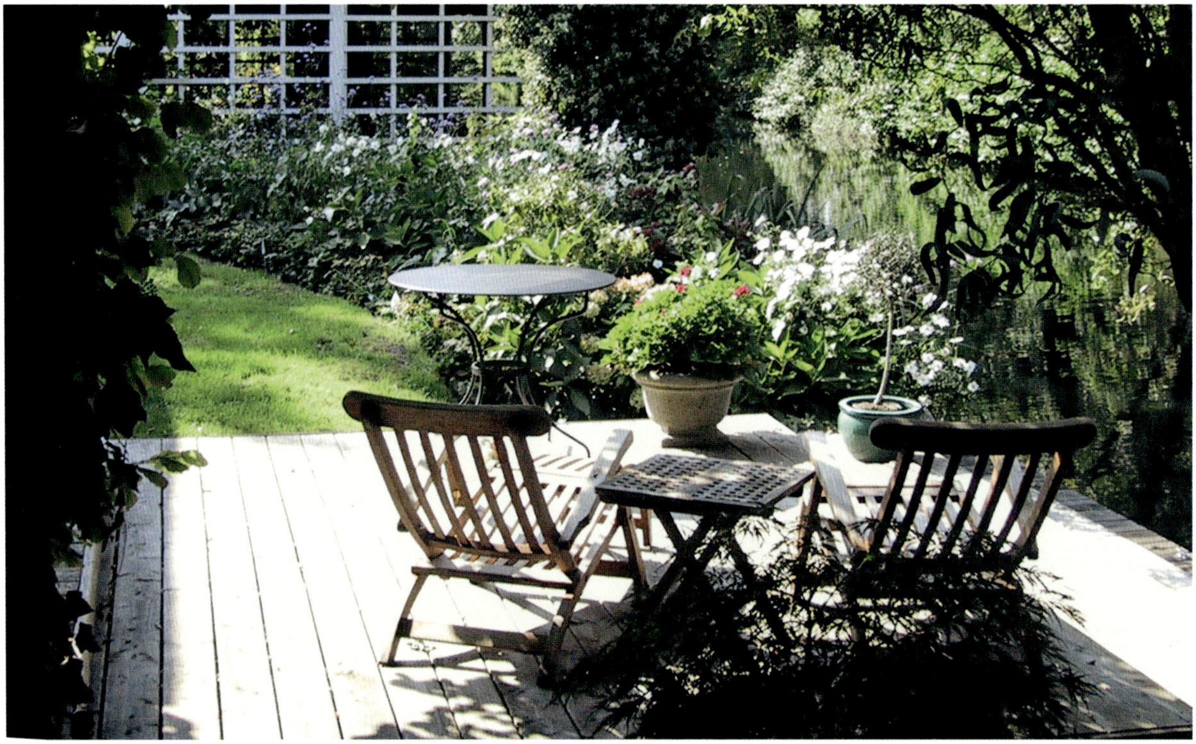

1. Für wen ist der Garten? (Wer wohnt im Haus, einschließlich Haustiere?)

Frau Weber (34), Herr Weber (36)
Kinder: Bettina (10), Max (4), Luna (2)
Haustiere: Schildkröte Johanna (ca. 9), Labrador Jake (4)

2. Absolute Notwendigkeiten für den Garten

- 2 Parkplätze vor dem Haus (einer davon überdacht, wenn möglich beide)
- Spielbereich der Kinder ist getrennt zu halten
- Gartenteich
- Mindestens ein weiterer Sitzbereich im hinteren Garten zusätzlich zur Hausterrasse

3. Vorhandene Probleme (inkl. schwieriger Nachbarn)

- Rechter Nachbar mit hoher Koniferenhecke verschattet Garten am Nachmittag
- Sandiger Boden
- Hinterer Garten von der Straße aus einsehbar
- Wenig versteckte Ecken

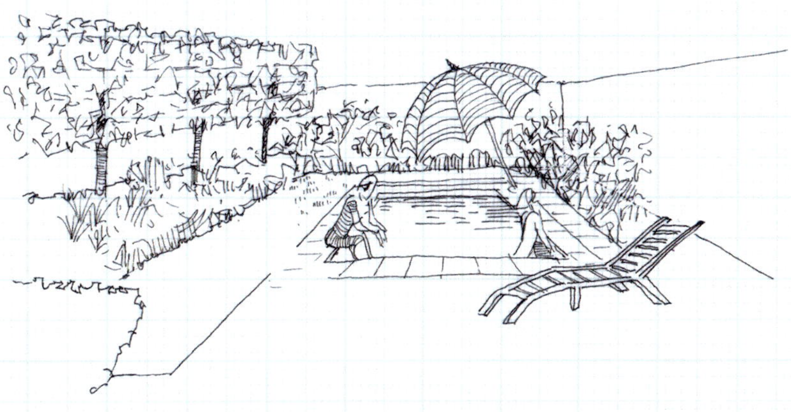

4. Wichtige vorhandene Elemente, die zu erhalten sind

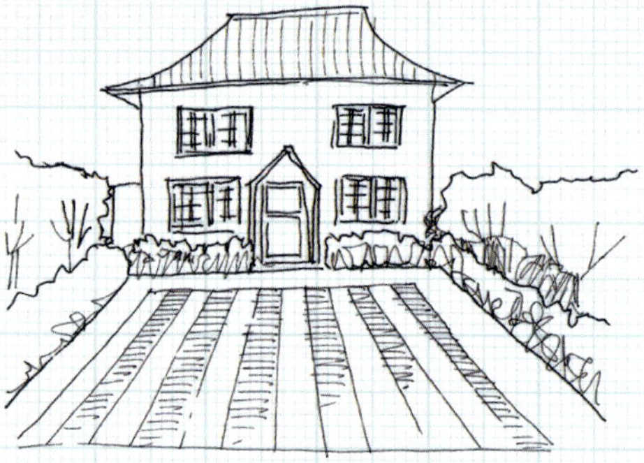

- Gartenschuppen alt, zu klein, aber kein Geld für einen neuen
- Große alte Rotbuche, die aber leider den Garten verschattet
- Alter Boskoop-Apfelbaum

5. Wofür soll der Garten primär, sekundär, tertiär genutzt werden?

- Schöne Aussicht aus den Räumen des Hauses zu jeder Jahreszeit
- Spiel der Kinder für die nächsten 6-7 Jahre
- Küchenkräuter (möglichst nahe der Küche)

6. Haben Sie schon Ihren Gartenstil entdeckt oder möchten Sie sich von einem Designer beraten lassen?

Ich denke, ein formaler Garten ist nichts für mich. Über mögliche Alternativen würde ich mich gerne beraten lassen.

7. Elemente, die der Garten zusätzlich möglichst enthalten sollte

- Kleine Fontäne
- Schildkrötenauslauf
- Rutsche, Schaukel, Sandkiste

8. Bevorzugte Baumaterialien für Mauern, Wege und Plätze

- Bevorzugt Natursteine, können aber vielleicht aus Budgetgründen nicht überall eingesetzt werden
- Einfahrt Kopfstein
- Autostellfläche Betonstein
- Terrassen gerne aus Holz, eventuell aber auch ein anderes Material
- Wege möglichst wasserdurchlässig
- Grundstücksbegrenzung: möglichst naturnah

9. Sonderanlagen, die berücksichtigt werden müssen

- Bewässerung
- Beleuchtung
- Gartenmöbel

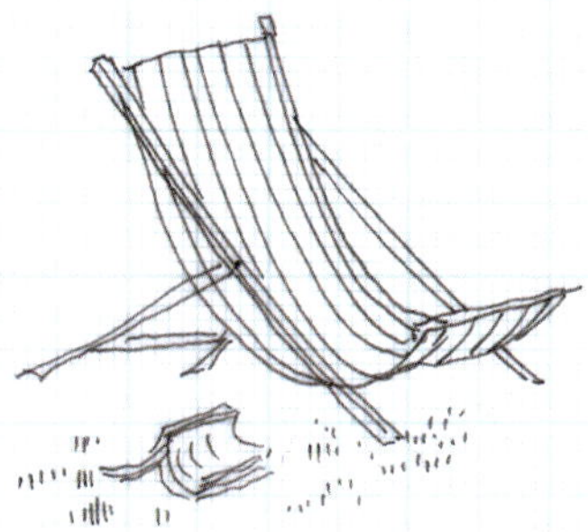

Der erste Schritt ist getan! Damit haben Sie für Ihren Designer wertvolle Informationen gesammelt und selbst eine konkretere Vorstellung entwickelt, was Sie gerne in Ihrem Garten verändern möchten. Ganz besonders wichtig ist allerdings auch, dass Sie festgehalten haben, welche Elemente Ihres Gartens Sie auf jeden Fall erhalten wollen.

Vielleicht haben Sie ja schon konkrete Vorstellungen entwickelt. Schwärmen Sie für Bauerngärten oder kann es Ihnen nicht modern und geradlinig genug sein? Vielleicht haben Sie schöne Gärten fotografiert oder Bilder aus Magazinen ausgeschnitten? Haben Sie bereits schöne Materialien entdeckt, die Sie gerne haben möchten, oder sich in einen ganz bestimmten Springbrunnen verliebt? Dann waren Sie schon recht fleißig und haben mächtig vorgearbeitet!

Wenn Sie jetzt aber das Gefühl beschleicht, dass Sie so gar nicht wissen, was genau Sie sich vorstellen, dann sollten Sie nicht ins Grübeln kommen und an sich zweifeln. Ich bin mir sicher, dass Sie wissen, was Sie wollen! Sie brauchen nur ein bisschen Unterstützung. Diese finden Sie auf den Seiten 56–59. Es ist eine sehr hilfreiche Methode, die Sie garantiert ans Ziel bringt: Sie erstellen ein Story- oder Moodboard.

Zunächst aber müssen noch einige andere Aufgaben gemeistert werden: das Vermessen des Grundstücks und die visuelle Bestandsaufnahme.

Das Grundstück selbst vermessen

Man muss kein Vermessungstechniker sein, um ein Grundstück zu vermessen, aber einige Materialien und ein Partner, der Ihnen hilft, sind schon nötig.

Ich werde sehr oft gefragt, ob ich einen Garten nicht auch einfach vom Katasterblatt aus gestalten könne, da das Grundstück doch ganz flach und übersichtlich sei und klare rechte Winkel ausweise. Meine Antwort ist dann meist eine Gegenfrage: »Würden Sie eine Kücheneinrichtung kaufen, ohne vorher die Grundfläche Ihrer Küche, die Deckenhöhen, die Fensterbänke und die Türen vermessen sowie festgestellt zu haben, wo genau die Wasseranschlüsse angebracht sind?« Die Antwort auf diese Frage lautet natürlich: Nein. Und Gartengestaltung und Kücheneinrichtung haben hier durchaus Gemeinsamkeiten.

Auch im Garten gibt es vorgegebene Bedingungen, die die Wünsche und Möglichkeiten und damit auch die Gestaltung beeinflussen und oft begrenzen. Hohe Bäume im eigenen oder im Nachbargarten zum Beispiel erzeugen nicht nur zu unterschiedlichen Tageszeiten Schatten im Garten, sondern sie limitieren auch noch in anderer Hinsicht. Viele Pflanzen gedei-

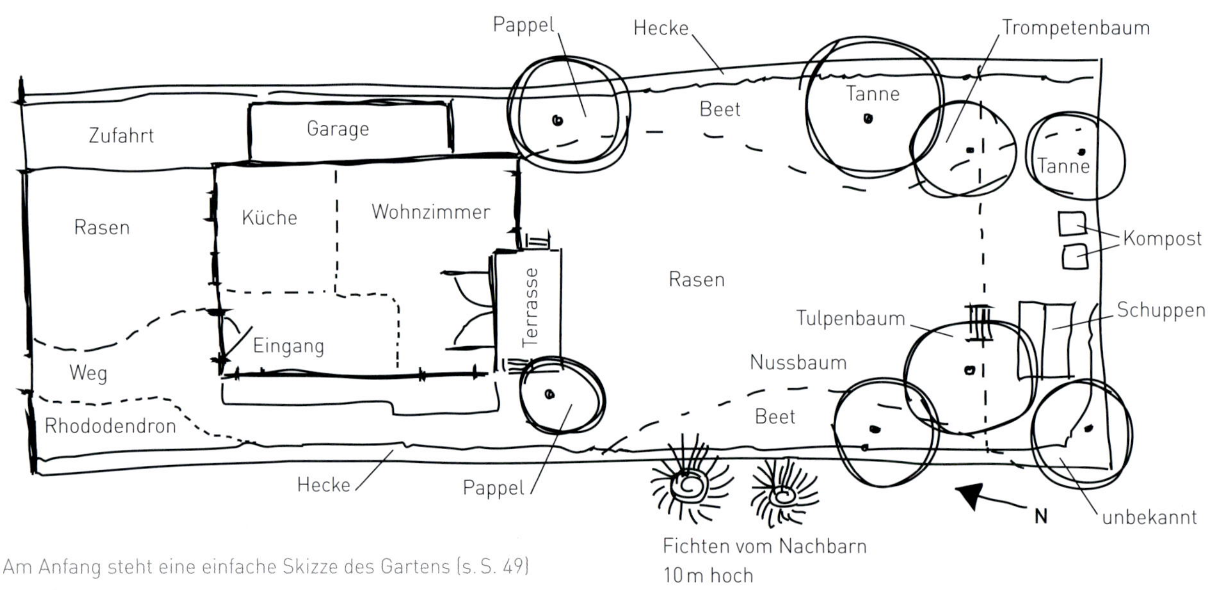

▲ Am Anfang steht eine einfache Skizze des Gartens (s. S. 49)

hen unter vorhandenen Bäumen nicht, da der Boden im Kronenbereich zu stark durchwurzelt ist, um sie mit ausreichend Wasser zu versorgen. Hier wäre dann über die Notwendigkeit eines Bewässerungssystems nachzudenken und das wiederum ist mit der Frage verbunden, welche Wasserquelle dafür zur Verfügung stünde. Ein eigener Brunnen ist zum Beispiel sehr aufwendig, ein unterirdischer Wassertank von 5000 Litern (den man für 500 Quadratmeter bräuchte) beansprucht sehr viel Platz und ist durch die entstehende Aushub- und Bodenabfuhr auch keine ökonomische Lösung. Frischwasser für die Gartenbewässerung zu nutzen ist dagegen aus ökologischen Gründen keine wirkliche Option. Also sind wir wieder beim Ausgangspunkt: Baum – Schatten – Wurzeln.

Um für derartige Herausforderungen die optimalen Lösungen zu finden, kann man sich von einem Gartendesigner beraten lassen. Und damit dieser den Sachverhalt genau und umfassend erkennen kann, ist es nötig, dass der Garten vorher vermessen wird.

Anhand des Beispiels mit dem hohen Baum wollte ich Ihnen die strategische Notwendigkeit eines solchen Aufmaßes, das ist das Ergebnis der Vermessung des Ursprungszustands eines Grundstücks oder Gartens, verdeutlichen. Es gibt aber noch weitere Kriterien, die eine Vermessung nicht nur strategisch, sondern auch in emotionaler Hinsicht wertvoll machen. Und die Bedeutung emotionaler Faktoren – gerade auch im Bereich des Gartens – steigt gerade wieder immens.

Ein Haus ist meist am Tag seiner Fertigstellung am schönsten und entspricht zu diesem Zeitpunkt ziemlich genau den Vorstellungen des Bauherrn. Ein neu gestalteter und erst vor Kurzem angelegter Garten sieht hingegen am Tag der Fertigstellung oftmals noch unreif aus – und manchmal sehr anders, als man es sich vorgestellt hat. Oder hat bei Ihnen schon mal auch nur ein Strauch beim Kauf so ausgesehen, wie das Etikett es versprochen hat? Ein Garten zeichnet sich also immer durch seine wachsende Veränderung aus. Das Aufmaß kann daher ein wichtiges Zeitdokument sein.

Im Gegensatz zu den Engländern, die im Schnitt alle sieben Jahre umziehen, tendieren wir Deutsche dazu, ein Haus fürs Leben zu bauen oder zu kaufen und es, wenn möglich, an spätere Generationen weiterzuvererben. Ein Aufmaß ist auch im Hinblick auf eine mögliche Vererbung des Besitzes sehr hilfreich, denn Bäume und Sträucher verweilen über Generationen hinweg.

Nie erlebt derjenige, der eine kleine Eiche gepflanzt hat, den Baum in seiner schönsten Vollendung und dennoch pflanzen wir immer wieder Bäume. Wir tun dies nicht für uns: Sie sind ein menschlicher Ausdruck von Zuversicht und Vertrauen in die Zukunft, in die

▼ Um perfekte Bepflanzungen wie diese zu ermöglichen, ist es wichtig, die vorhandenen Bäume genauestens zu kartieren.

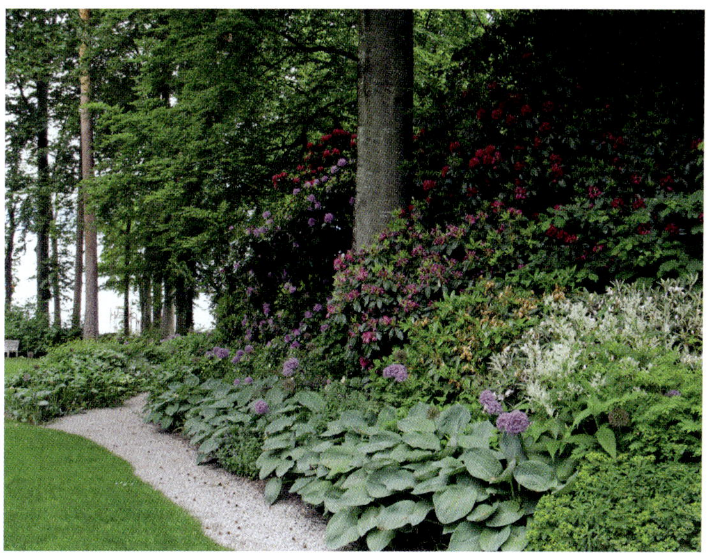

Kinder der Kinder; sie sind Hoffnungsträger der Menschheit.

Das Aufmaß hat also mindestens drei wichtige Aufgaben:

1. Es stellt den vorhandenen Zustand fest und kann so mit anderen (zum Beispiel einem Designer) kommuniziert werden.
2. Es ist ein Zeitdokument, das einen nicht wiederkehrenden Zustand des Gartens festhält.
3. Last but not least ist es auch ein Beleg für die tatsächliche Größe des Gartens, also ein wertvolles Dokument beim Verkauf der Immobilie.

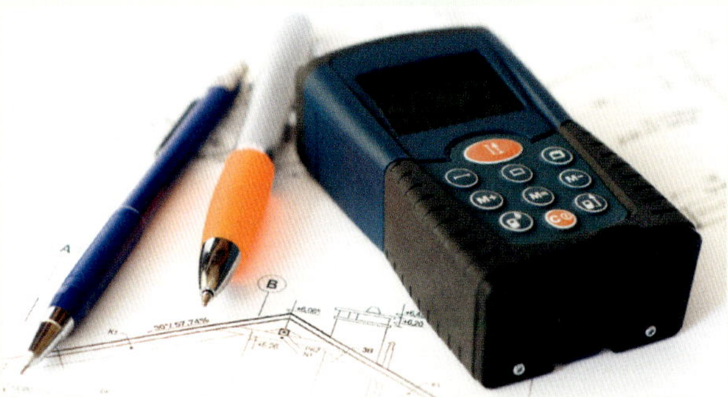

▲ Ein digitales Vermessungsgerät für den Garten ist in der Handhabung nicht unbedingt einfacher als ein Maßband.

Expertentipp: Digitale Entfernungsmesser

Digitale Entfernungsmesser, wie sie zum Beispiel für Golfturniere häufig Verwendung finden, können bei einem offenen ebenen Gelände eine Hilfe sein, allerdings kann gerade in einem solchen Fall auch sehr gut mit einem Maßband gearbeitet werden. Und wer viele Sträucher, Gebäude und Blumen auf seinem Gelände hat, wird sich als Amateur eher mit der Handhabung des Gerätes herumschlagen, als effektiv sein Grundstück zu vermessen. Gute Geräte, die auch für topografische Veränderungen im Grundstück geeignet sind, sind nicht preiswert und man kann sich auch überlegen, ein professionelles Aufmaß machen zu lassen.

Welche Materialien brauchen Sie für die Vermessung?

Wenn Sie sich die Vermessung nicht selbst zutrauen, können Sie zum Beispiel auf www.GaLaBau.de nach Fachbetrieben in Ihrem Bundesland suchen, die eine solche professionell durchführen.

Ich bitte Sie darum, auf jeden Fall von dem Vorhaben der Vermessung abzusehen, wenn Ihr Grundstück an einem steilen Hang beziehungsweise einer Böschung liegt oder wenn die Höhenunterschiede im Garten generell etwa 1 Meter betragen. Starke Höhenunterschiede sind für den Amateur schwer zu vermessen und es können daraus große gestalterische Fehler resultieren.

Falls Sie nun mit dem Vermessen beginnen wollen, brauchen Sie außer Ihrem Tatendrang folgende Materialien, die Sie in Zeichenbedarfsläden oder ganz einfach in den Zimmern Ihrer Kinder finden:

Farbe

- Millimeterpapier A4, wenn Ihr Garten 25 × 20 Meter nicht übersteigt
- Millimeterpapier A3, wenn Ihr Garten 36 × 25 Meter nicht übersteigt
- Millimeterpapier A1, wenn Ihr Garten die genannten Größen übersteigt
- einen Bleistift der Stärke HB (dieser Härtegrad lässt sich noch gut radieren)
- ein Lineal (evtl. ein Maßstabslineal, das muss aber nicht unbedingt sein)
- ein Zirkel

Zum Messen

- ein Maßband von 30 Meter Länge
- ein Maßband von 5 Meter Länge
- Zeltheringe oder Spieße zum Befestigen des Maßbandes
- einen Partner, der das Maßband an den gewünschten Vermessungspunkten halten kann

Haben Sie alle Utensilien beisammen? Dann kann es losgehen. Lesen Sie sich die einzelnen Arbeitsschritte und die Erläuterungen auf den folgenden Seiten in Ruhe durch und gehen Sie dann Schritt für Schritt vor. Es besteht keine Eile! Wichtig ist nur, dass Sie sorgfältig arbeiten und exakt vermessen.

Eine erste Skizze erstellen

Waren Sie schon einmal in der hintersten Ecke Ihres Gartens? Und haben Sie von dort einen freien Blick zurück auf Ihr Haus? Nein? Dann ist es womöglich an der Zeit, diesen Blick freizuschneiden, sich von alten Sträuchern und Büschen zu trennen, um die volle Tiefe des Grundstücks zu erobern – natürlich nur, falls nichts anderes dagegenspricht.

Fast keiner meiner Gartenkunden weiß, wo sein Grundstück tatsächlich aufhört, er verlässt sich schließlich auf die bereits vorhandenen Zaunanlagen. Falls Sie mit dem Gestrüpp zwar den Nachbarn verdecken, sich dadurch aber selbst um wertvollen Gartenraum bringen, ist es an der Zeit, etwas zu ändern.

Als Erstes skizzieren Sie bitte einen ganz einfachen Grundriss des Gartens wie auf Seite 46 dargestellt. Ohne Messen, ohne Nachprüfen. Zeichnen Sie – am besten mit Bleistift – ungefähr auf, wo die Grenzen Ihres Grundstücks verlaufen, dann die Umrisse vorhandener Beete, Terrassen und Gartenschuppen sowie die Positionen von Bäumen und Gegenständen, die im Garten stehen, wie zum Beispiel eine Schaukel oder ein Vogelhäuschen. Jetzt haben Sie schon eine erste Grundlage, anhand derer Sie beurteilen können, mit welchen Stellen im Garten Sie völlig zufrieden sind und wo in Ihrem Garten Optimierungsbedarf besteht. Die Skizze regt dazu an, sich jeden Winkel des Gartens genau anzusehen. Besteht nur wenig Änderungsbedarf, können Sie sich die Vermessung des ganzen Gartens sparen.

Die Vorgehensweise

Nehmen Sie nun die folgenden Seiten des Buches mit dem Beispielaufmaß und die notwendigen Materialien mit nach draußen und bitten Sie eine zweite Person dazu, die Ihnen hilft und das Maßband hält. Ich gehe bei dieser Beschreibung immer davon aus, dass Sie ein Katasterblatt von Ihrem Grundstück haben, auf dem die Grundstücksgrenzen und die Position des Hauses verzeichnet sind. Dieses können Sie in einem Copyshop auf Millimeterpapier so vergrößern lassen, dass es Ihr Grundstück im Maßstab 1:100 oder 1:50 abbildet. Um zu prüfen, ob die Angaben auf dem Katasterblatt korrekt sind, und um einen Arbeitsmaßstab zu erarbeiten, beachten Sie bitte die nachfolgend genannten Schritte.

▼ Ein ausreichend langes Maßband ist eine absolute Notwendigkeit, die Hilfe einer zweiten Person macht das Vermessen leichter.

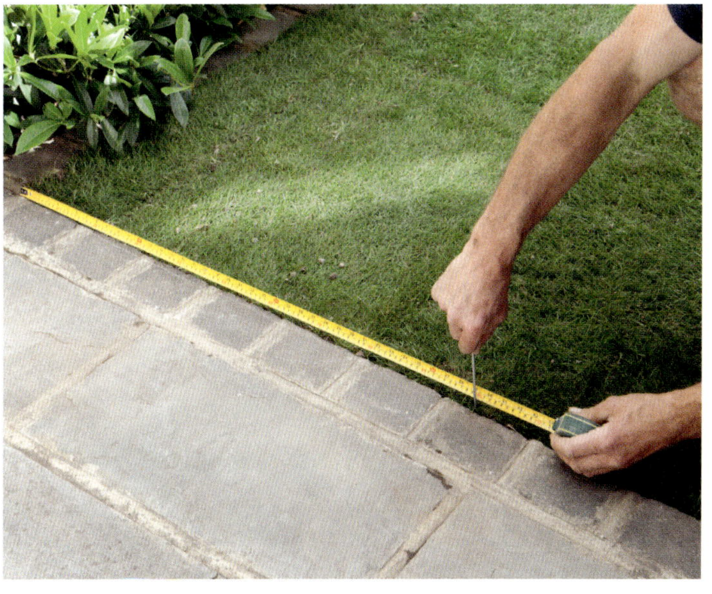

Haus und Grundstücksgrenzen

Als Erstes geht es darum, Ihr Haus am richtigen Platz auf dem Grundstück einzutragen. Messen Sie die Entfernung zwischen der linken und der rechten Zaunecke im Vorgarten ab. Benennen Sie die Ecken mit Buchstaben, etwa A und B, und zeichnen Sie diese Entfernung nun im Maßstab 1:100 oder 1:50 auf Ihrem Millimeterpapier ein (Abb. rechts unten). 20 Meter sind im Maßstab 1:100 auf dem Millimeterpapier 20 Zentimeter, im Maßstab 1:50 sind es 40 Zentimeter.

Dann messen Sie sowohl von Punkt A als auch von Punkt B die Entfernung zur Hausecke E. Diese Entfernungen zeichnen Sie nun mit einem Zirkel ein – ausgehend von den Anschlagpunkten A und B. Am Kreuzpunkt der beiden Kreise liegt Ihre Hausecke. Ebenso verfahren Sie mit der Entfernung von den Punkten A und B zur Hausecke F. Die Hausecken G und H werden ebenso eingezeichnet. Nun haben Sie die vier wichtigsten Punkte Ihres Hauses eingezeichnet und gleichzeitig die Grundstückseinfassung festgelegt.

Etwaige Versprünge im Zaun oder am Haus können nun durch einfaches Messen eingetragen werden. Wenn Ihr Haus keine Versprünge aufweist, dann können Sie alle vier neu abgemessenen Punkte ganz einfach miteinander verbinden und erhalten damit den Grundriss Ihres Hauses. Sehr hilfreich kann für den Gartengestalter auch der vom Architekten erstellte Grundriss des Hauses mit den verschiedenen Räumen und Geschossen sein.

▼ Auch die genaue Lage von Spielhäusern (wie hier im Bild), Schuppen und Lauben wird im Plan vermerkt.

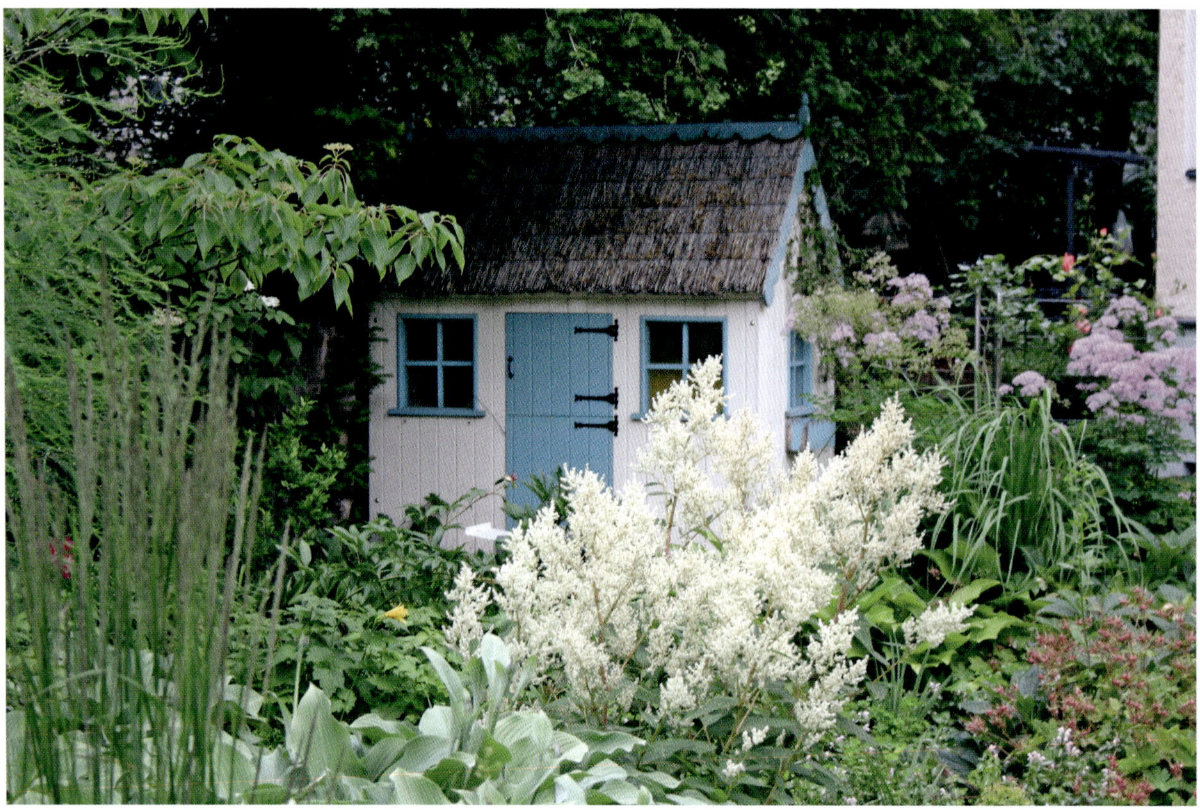

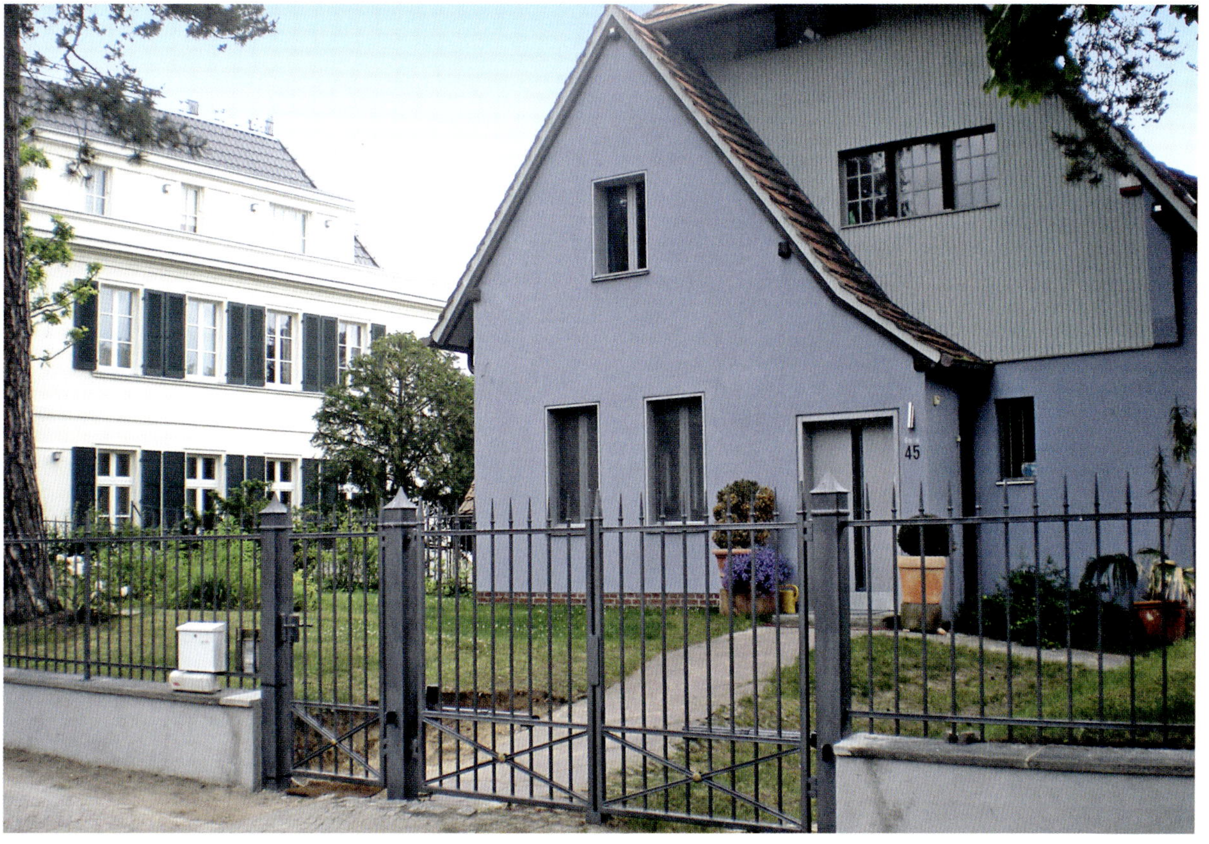

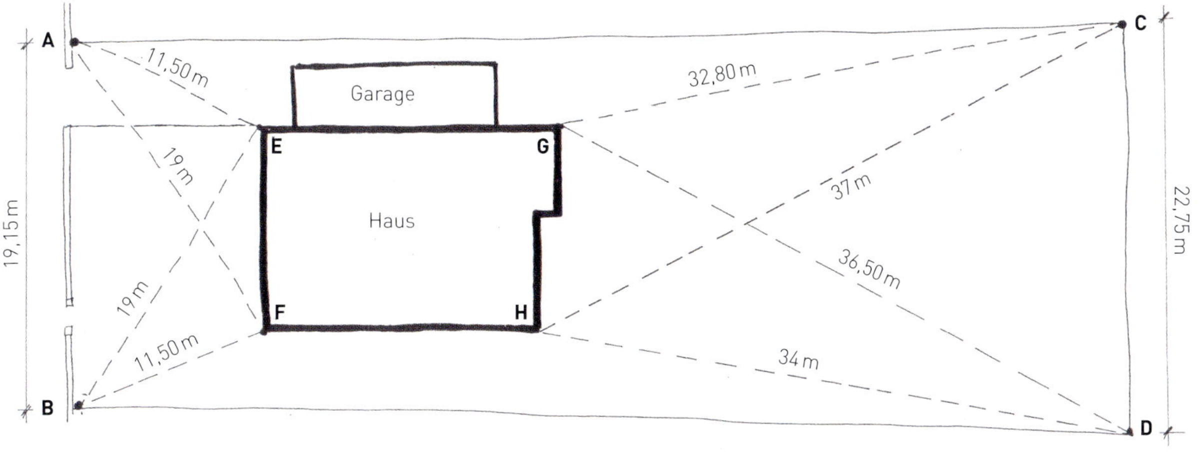

▲ Als Erstes wird der Vorgarten vermessen: die Entfernung zwischen der linken und der rechten Zaunecke sowie alle Entfernungen des Hauses zur vorderen Grundstücksgrenze. Ebenso wird auch der hintere Teil des Gartens vermessen.

Visuelle Bestandsaufnahme

Nicht nur für Ihren Gartendesigner, auch für Sie selbst liefern Fotos von Ihrem Anwesen wichtige Informationen.

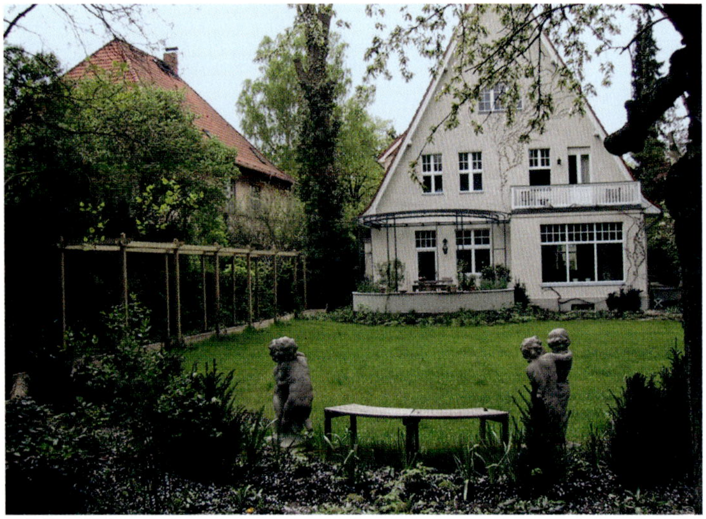

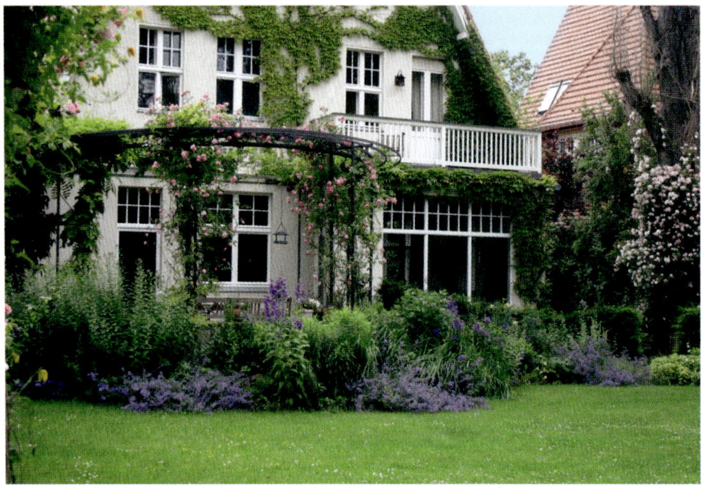

▲▲ Der Garten von Seite 53, kurz nach der Fertigstellung… ▲ … und drei Jahre später in voller Blüte

Sie haben inzwischen Ihren Garten skizziert und vermessen. Für ein lückenloses Bild von Ihrem Anwesen brauchen wir außerdem noch Fotos. Da dies nicht ganz so einfach ist, wie es sich anhört, wird die Vorgehensweise für die Aufnahmen hier von Bildbeispielen begleitet dargestellt.

Panoramabilder

Die wichtigsten Fotos für die Planung sind zusammenhängende Panoramaaufnahmen, die das Grundstück in seiner vollen Breite und Höhe zeigen. Hierzu platziert sich der Fotograf etwa 10–20 Meter entfernt von den zu fotografierenden Objekten. Stellen Sie sich also bitte so hin, dass Sie die gesamte Breite des Grundstücks überschauen können. Nun blicken Sie durch die Linse und wenden sich mit der Kamera zum äußersten Punkt des Gartens auf der linken Seite. Durch die Linse schauend stellen Sie fest, ob Haus und Bäume in voller Größe auf das Bild passen oder ob Sie die Kamera hochkant drehen sollten.

Mit der Panoramafunktion Ihrer Digitalkamera können Sie nun von links nach rechts in Teilfotos die gesamte Breite des Gartens fotografieren, die dann von der Kamera zu einem Panoramabild zusammengesetzt werden.

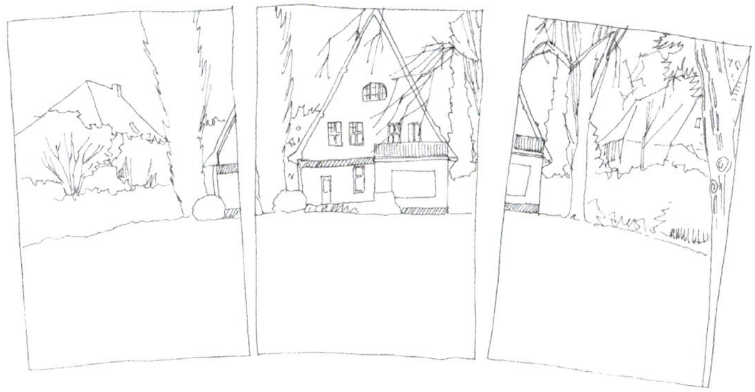

Sie können auch die Teilfotos händisch zu einem Panoramabild zusammenfügen: Drucken Sie die Fotos einfach aus und kleben Sie sie – wie auf den Abbildungen zu sehen ist – auf einen Karton und beschriften Sie diese zum Beispiel mit: Vorgarten von der Straße aus mit Zaun und Carport, oder: hinterer Garten vom Nachbarzaun links zum Haus hin, von rechts zum Haus etc.

Detailaufnahmen

Bitte sammeln Sie nicht zu viele einzelne Fotos, die keine wichtigen Informationen vermitteln. Hierzu gehören zum Beispiel Familienfotos im Garten, es sei denn, Sie möchten dadurch kommunizieren, dass Sie gern grillen oder im Garten Fußball spielen.

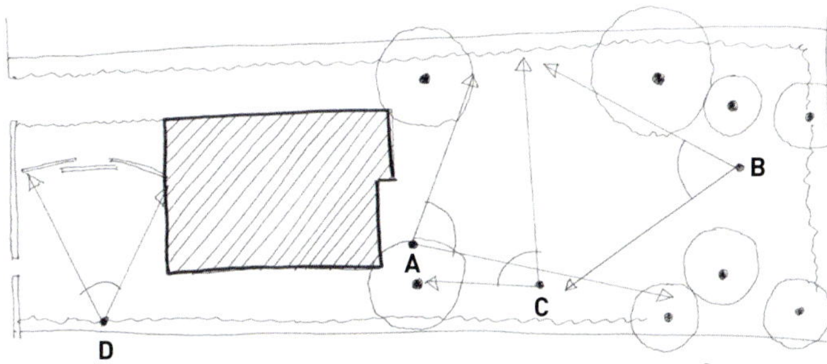

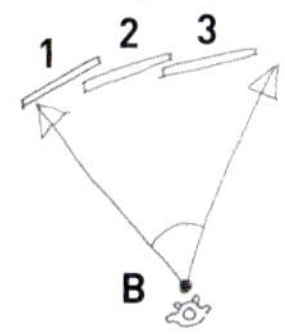

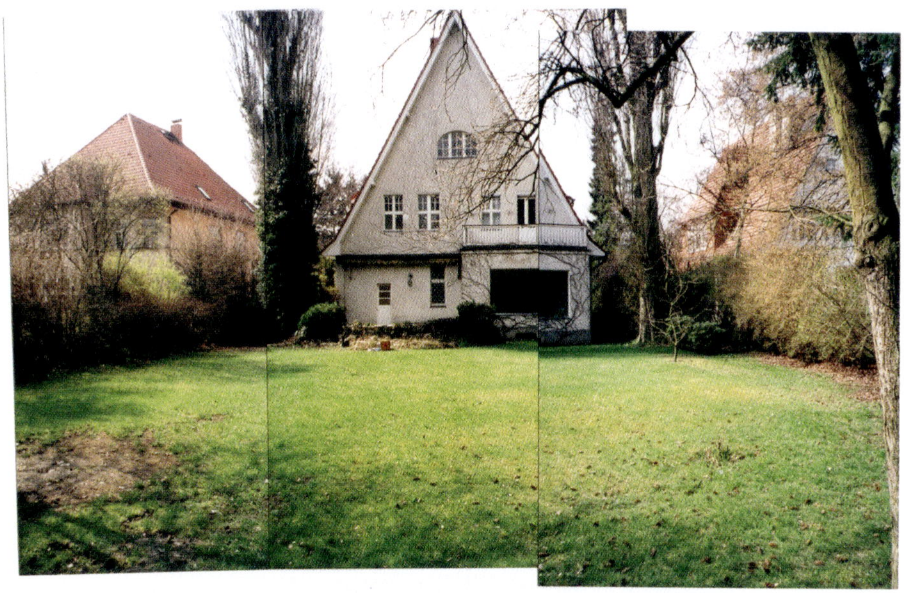

▲▲ Die Einzelbilder werden zu einem Gesamteindruck verbunden.
▲ Die Punkte A bis D dienen als Standorte beim Fotografieren des Grundstücks.
◀ Zusammengesetztes Panoramabild von Punkt B aus fotografiert

Folgende Detailaufnahmen können dagegen für die Gestaltung wichtige Informationen enthalten:

- Nahaufnahmen von vorhandenen Treppen und Mauern, die erhalten bleiben sollen
- Zaunanlagen zu allen Nachbargrundstücken. Bitte notieren Sie, ob Zäune ergänzt oder ersetzt werden sollen.
- Bäume und Sträucher, die erhalten bleiben sollen
- Spielgeräte. Bitte notieren Sie, ob diese an diesem Ort bleiben sollen oder eventuell auch umgestellt werden dürfen.
- Vorhandene Pavillons und Gartenschuppen von allen Seiten
- Pergolen
- Terrassen und Sitzplätze, die nicht verändert werden sollen
- Hecken und andere Beeteinfassungen, die erhalten bleiben sollen

Bitte hier auf die Beschriftungen der Bilder achten: Auf welcher Seite des Gartens steht zum Beispiel der Zaun.

Sollten Ihnen noch Elemente einfallen, die hier nicht aufgeführt wurden, für Sie aber von Bedeutung sind, bitte unbedingt auch fotografieren.

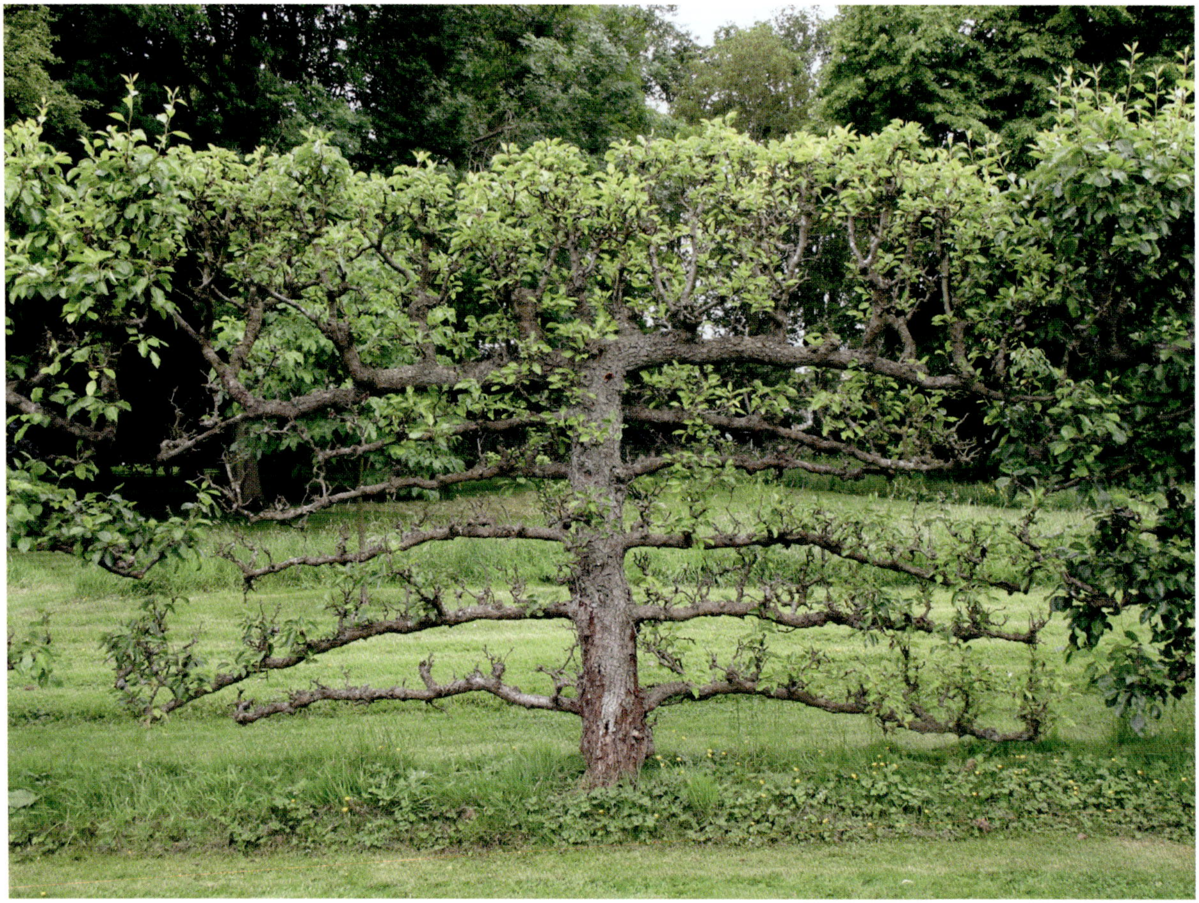

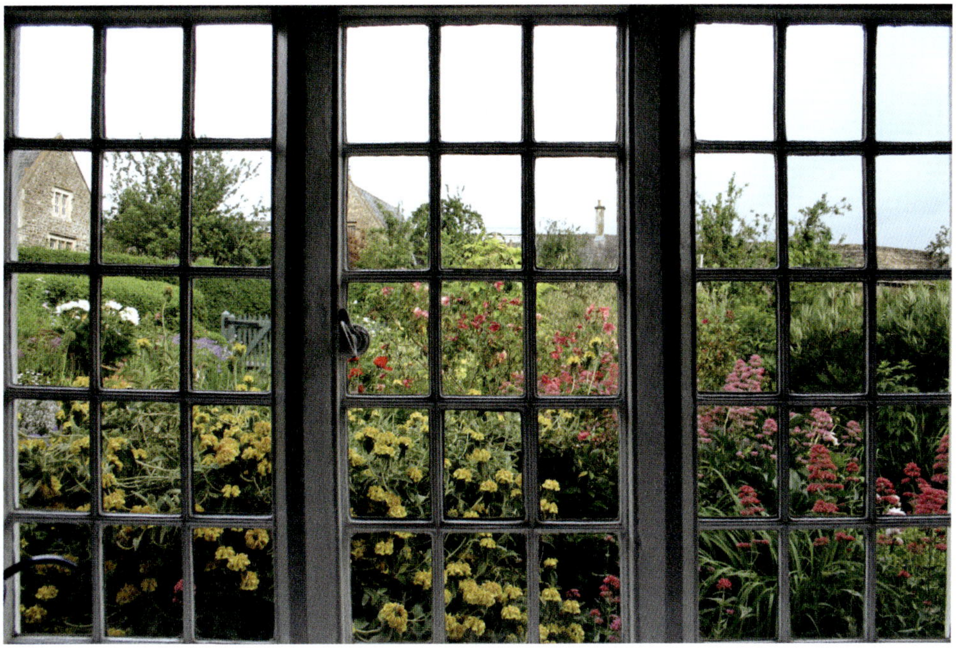

◂ Blick aus unserem Cottage in den Vorgarten in den Cotswolds

Fotos von Ausblicken aus den Fenstern

Für den Designer – und mit Sicherheit auch für Sie selbst – sind die Ausblicke aus den Fenstern Ihres Hauses auf Ihren Garten ausgesprochen wichtig und für das Design ausschlaggebend. Deshalb bitte ich Sie nun, auch noch einige Fotos aus den Zimmern zu machen, aus denen Sie gern in den Garten schauen. Richten Sie das Augenmerk vor allem auch auf Ausblicke mit auffälligen Scheußlichkeiten, wie die Nachbargarage, Mülleimer etc., sodass allen an der Gestaltung Beteiligten klar wird, dass hier Handlungs- beziehungsweise Gestaltungsbedarf besteht.

Machen Sie das Fenster im jeweiligen Raum weit auf, stellen Sie sich 1–1,5 Meter vom Fensterrahmen auf und fotografieren Sie in den Garten. Achten Sie darauf, dass der Fensterrahmen mit auf dem Bild zu sehen ist, der Rest des Zimmers spielt hingegen keine Rolle. Vergessen Sie auch nicht, Fotos aus Türen, wie Haus- und Terrassentüren, heraus zu machen. Hier sollte gleichermaßen vorgegangen werden.

All diese Bilder fügen Sie in einer Mappe dem im folgenden Kapitel beschriebenen Story- oder Moodboard bei, denn sie komplettieren Ihre Unterlagen.

◂ Bestehende Pflanzen, die auch im neuen Garten eine Rolle spielen sollen, werden ebenfalls fotografiert – wie dieses alte Birnenspalier, das gleichzeitig die Grenze zum Nachbargrundstück markiert.

Das Story- oder Moodboard

Mithilfe von Fotos sowie Zeitschriften- und Katalogausschnitten kristallisieren sich nach und nach Ihre persönlichen Vorlieben heraus – und Sie finden Ihren eigenen Stil.

▼ Die halbmondförmige Mauervertiefung über dem Becken verstärkt den Ton des Strahls aus dem Wasserspeier. Stimmungsbilder wie diese dokumentieren Ihre Vorlieben.

Übersetzt bedeutet Storyboard so etwas wie eine Geschichtentafel, das heißt, auf dieser Tafel soll die Geschichte Ihrer Wünsche und Träume für Ihren Garten abgebildet beziehungsweise sichtbar gemacht werden – also all das, was Ihnen in einem Garten gefällt und was nicht.

Sammeln Sie Bilder, die zeigen, was Ihnen gefällt und was Ihnen überhaupt nicht zusagt. Dies können sein: Fotokopien aus Gartenbüchern, Fotos und Artikel aus Lifestylemagazinen und Gartenzeitschriften, Materialmuster und vieles mehr.

Wozu dient ein Storyboard?

Der Designer ist kein Gedankenleser. Seine Aufgabe ist vielmehr, Ihre Gedanken, Träume und Wünsche zu harmonischen Formen in Ihrem Garten umzusetzen, wobei zu bedenken ist, dass eine gewisse Form und gewisse Gegebenheiten durch den Grundriss schon vorhanden und zu berücksichtigen sind. Durch ein Storyboard können Sie dem Designer Ihre Wunschträume klar mitteilen und vermeiden, dass der Garten schließlich eher den Vorstellungen des Designers entspricht als Ihrem eigenen Traum.

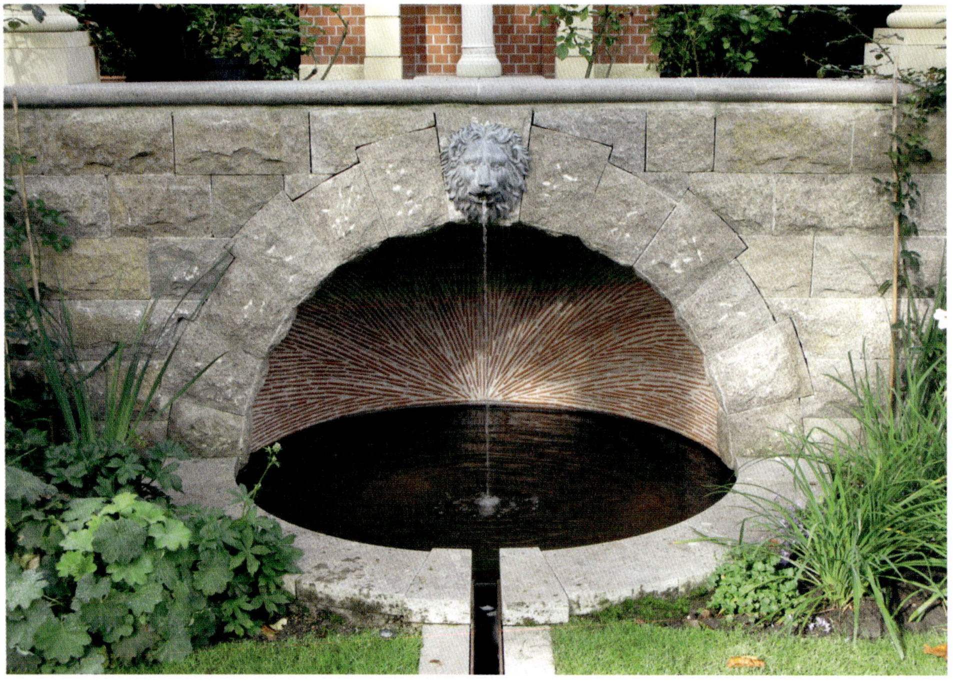

Worte sind in den meisten künstlerischen Bereichen nicht ausreichend kommunikativ, oft liefert eine bildliche Darstellung eine eindeutigere Erklärung. Ich gebe Ihnen ein Beispiel: Ich stelle das Wort Brunnen in den Raum, frage fünf verschiedene Personen, was sie sehen, und bitte sie, es zu beschreiben. Keine der fünf Personen wird den gleichen oder auch nur einen ähnlichen Brunnen vor Augen haben. Der eine wird zum Beispiel an einen alten, verfallenen Ziehbrunnen denken, die andere sich vielleicht einen romantischen Springbrunnen vorstellen und wieder ein anderer eine Zisterne zur Bewässerung seines Gartens sehen.

Es gibt viele Bilder, die man mit Worten nur schwer so eindeutig vermitteln kann, dass das Gegenüber genau weiß, was man sich gerade vorstellt. Und an dieser Stelle wird das Story- oder Moodboard zum wichtigsten Kommunikationselement für den Designer.

Während der letzten 14 Jahre habe ich meine Kunden immer darum gebeten, Storyboards zu erstellen, und dabei habe ich festgestellt, dass diese Art der bildlichen Kommunikation nicht nur hilfreich für mich als Designer ist, sondern auch für die Auftraggeber selbst beziehungsweise denjenigen, der seinen Garten selbst planen und gestalten möchte. Durch die Aufgabe, ein Storyboard zu erstellen, beginnt ein neuer Denkprozess, da sich die Gartenbesitzer in ganz anderer Form und auf eine besonders intensive Art und Weise mit Pflanzen, Design, Farben und allem, was zum Garten gehört, beschäftigen.

Und oft macht sich dadurch erst bemerkbar, wie unterschiedlich Paare über ihren Garten denken, ohne es voneinander zu wissen. Die Gestaltung eines Gartens stellt ein in vielerlei Hinsicht weitreichendes Projekt dar, das häufig partnerschaftliche Entscheidungen erfordert.

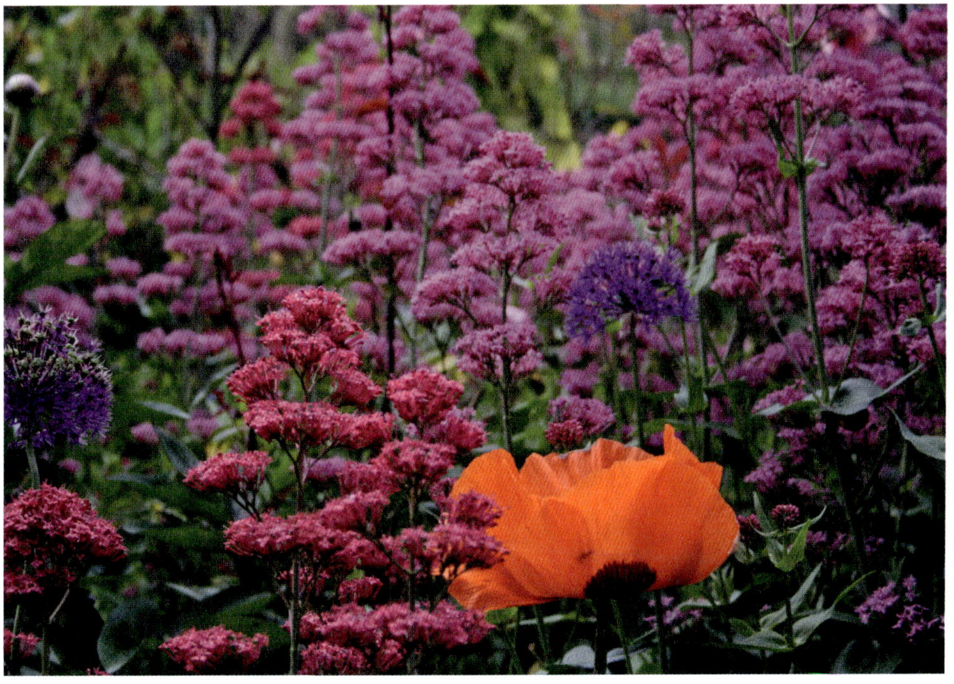

◄ Ausschnitte aus Farbkombinationen, die einem gefallen, helfen dem Gestalter später beim Pflanzplan.

Wie sieht ein Storyboard aus?

Es gibt zwei verschiedene Vorgehensweisen, ein Story- oder Moodboard zu erstellen.

Eine Möglichkeit ist eine Sammelmappe, in der der Gartenbesitzer alle Zeitungs- und Magazinausschnitte, Fotokopien, Materialmuster etc. zusammenträgt und dem Designer beim Besprechungstermin vorlegt.

Eine andere und vielleicht noch kommunikativere Art, seine Wünsche und Vorstellungen mittels Bildern und Materialien darzustellen, ist, alle Fotos, Magazinausschnitte und Materialmuster auf einen DIN-A1- oder DIN-A0-Karton aufzukleben. Dieser nimmt allerdings etwas mehr Platz ein und ist nicht ganz so leicht zu transportieren. Daher ist für mich das Format dieses Kartons nicht unbedingt ausschlaggebend und ich empfehle eher eine gewisse Handlichkeit. Was sich nicht aufkleben lässt, wird der Collage beigelegt. Für eine Mappe spricht, dass sie weniger Aufwand als eine Collage bedeutet. Letztere ist jedoch in Bezug auf Übersichtlichkeit und schnelle Erfassung eines Gesamtbildes von Vorteil.

Das Erstellen eines Storyboards zur visuellen Kommunikation klingt zunächst aufwendig. Bei vielen meiner englischen Kunden führte diese zunächst als mühsam angesehene Aufgabe jedoch zu einem kreativen Akt, der nicht selten in einer bezaubernden Collage endete. Denn solange ich als Designer erkenne, was wirklich vom Kunden gewünscht ist, sind ihm dabei keinerlei kreative Grenzen gesetzt. Nur eines ist mir ganz wichtig: Storyboard oder Mappe sollten Sie wirklich per Hand und nicht zum Beispiel am Computer zusammenstellen. Nur so kann der Designer auch ermessen, wie wichtig Ihnen der Garten überhaupt ist.

▼ Feine Details und schöne Materialien machen den Garten zu einem Erlebnis.

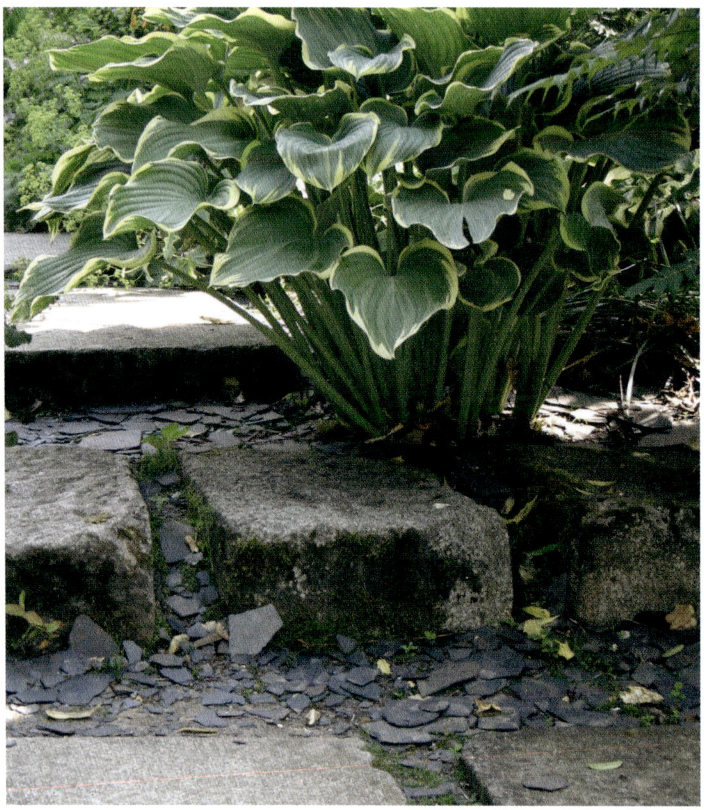

Inhalt des Storyboards

- Sämtliche Gartenbilder und Ideen, die Sie zum Beispiel aus Zeitschriften entnommen haben
- Unterteilung in »Was gefällt mir/uns« und »Was gefällt mir/uns nicht«
- Detailbilder (etwa ein besonders schönes Rosengitter, eine Blüte Ihrer Lieblingsblume oder die Designer-Gießkanne, von der Sie schon immer geträumt haben)
- Materialien, wie zum Beispiel Kacheln (oder Muster von bestimmten Materialien)

Stilistische Möglichkeiten, Vorlieben und Abneigungen

Für den Designer sind hierbei zwei Arten von Bildern wichtig, um zu verstehen, was Ihnen liegt. Zunächst interessiert vor allem, was Ihnen generell gefällt, also zum Beispiel Gartenanlagen aus der Toskana, aus England oder aus Japan, Gärten mit formalen Hecken, geschwungenen Wegen oder viel Beton – oder auch alles auf einmal!

Auf den folgenden Seiten finden Sie vier Beispiele für ganz unterschiedliche Gartenstile.

Um ein genaueres Bild Ihres Geschmacks und Ihrer Vorlieben zu bekommen, ist es für ihn aber auch von besonderer Bedeutung zu erfahren, was Ihnen gar nicht zusagt. Und Sie werden für beide Kategorien garantiert Beispiele finden, wenn Sie Bücher und Magazine anschauen.

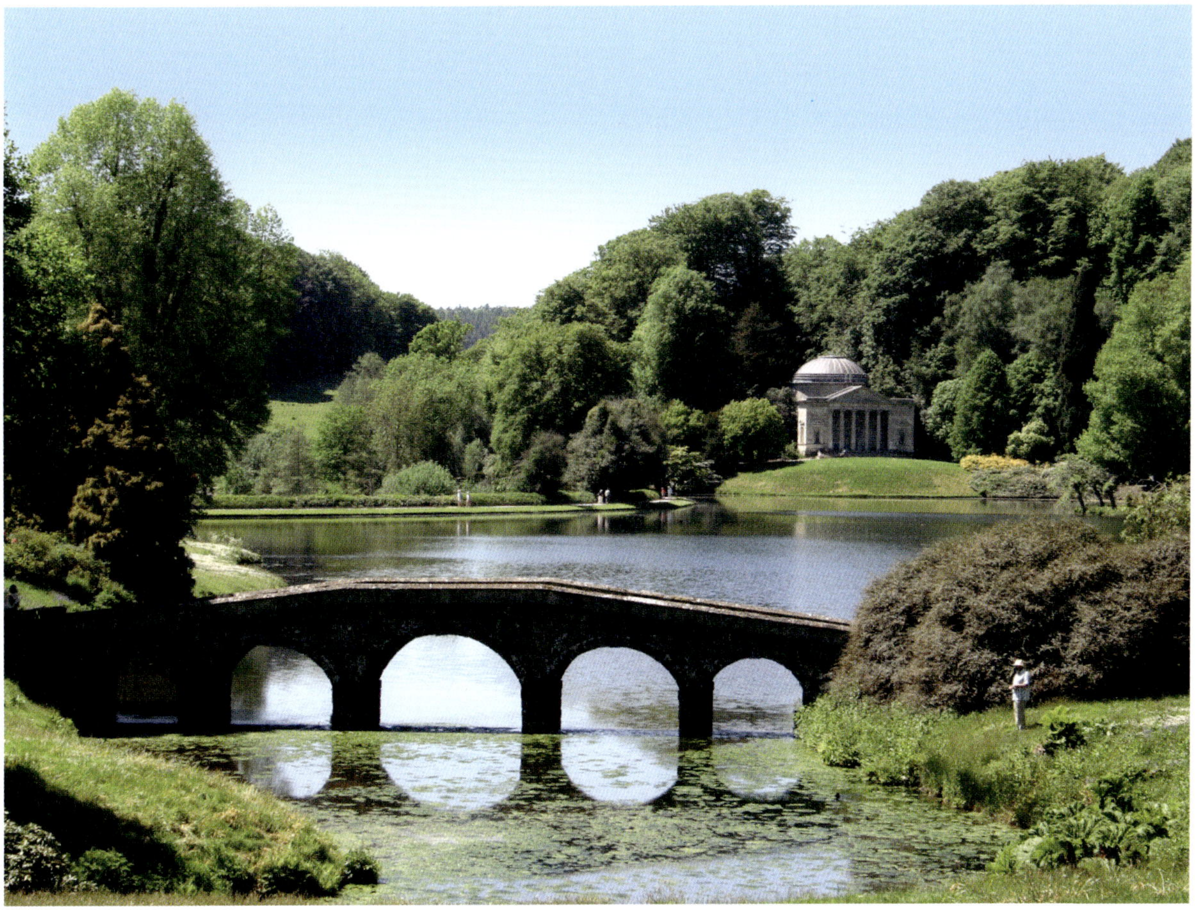

▲ Wer sich einen Landschaftspark wie hier Stourhead aufs Storyboard klebt, der sollte ein etwas größeres Grundstück haben. Dem Gartenbesitzer schwebt ein natürliches Landschaftsbild vor im Gegensatz zu streng geometrisch angelegten Blumenbeeten und Grünflächen.

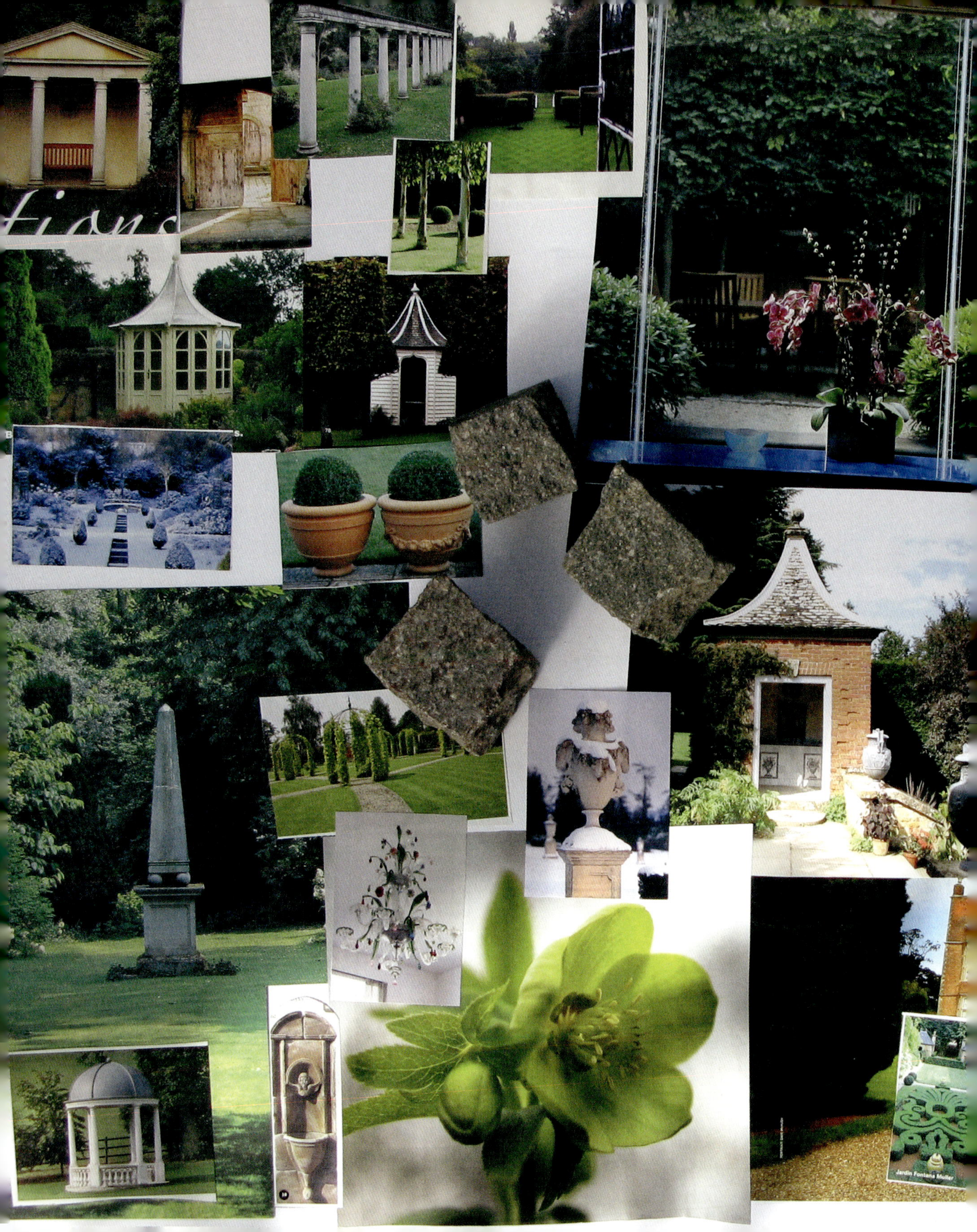
Jardin Fontana Muller

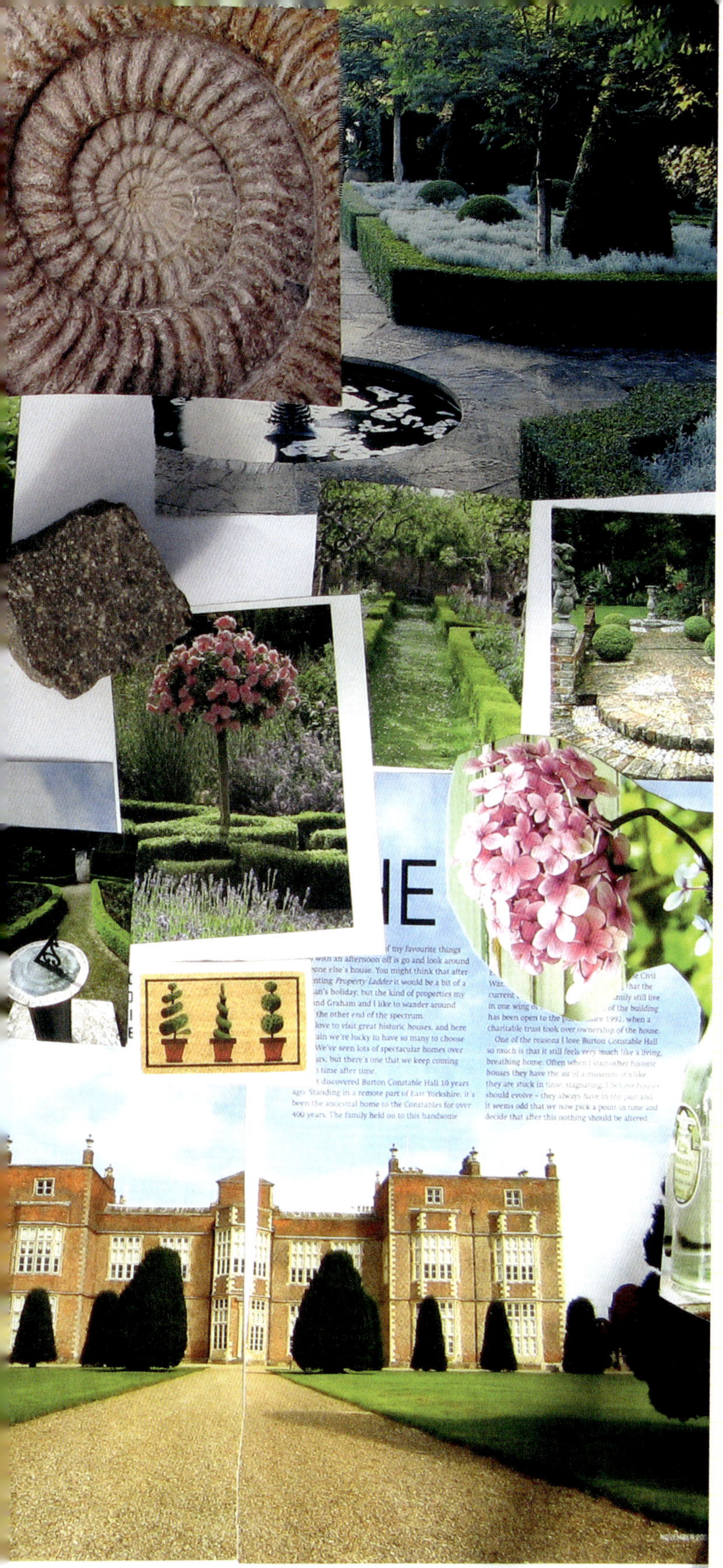

Beispiel 1: Der englische Garten

Dieses Storyboard stammt augenscheinlich von einem Gartenliebhaber, der die großen, makellos grünen englischen Rasenflächen bewundert.

Er ist angetan von akkurat geschnittenem Buchs und hätte am liebsten ein richtig beeindruckendes Exemplar davon in seinem Garten. Mit Hecken gefasste Beete sind für ihn ein Muss und doch hat er trotz aller Geradlinigkeit ein Faible für eine romantische Bepflanzung, die bunte und freundliche Farbtupfen setzt. Er wünscht sich zum Beispiel duftende Rosen, an den Süden erinnernden Lavendel und hätte im hinteren Teil seines Gartens gerne einen alten Apfelbaum. Kieswege findet er schön, schlichte Bodenplatten wären aber auch nicht verkehrt.

Und als besonderes Kleinod wünscht er sich einen kleinen weißen Pavillon, von dem aus er einen wunderbaren Blick in seinen Garten hat und in den er sich zurückziehen kann, um die verwunschene Stimmung zu genießen.

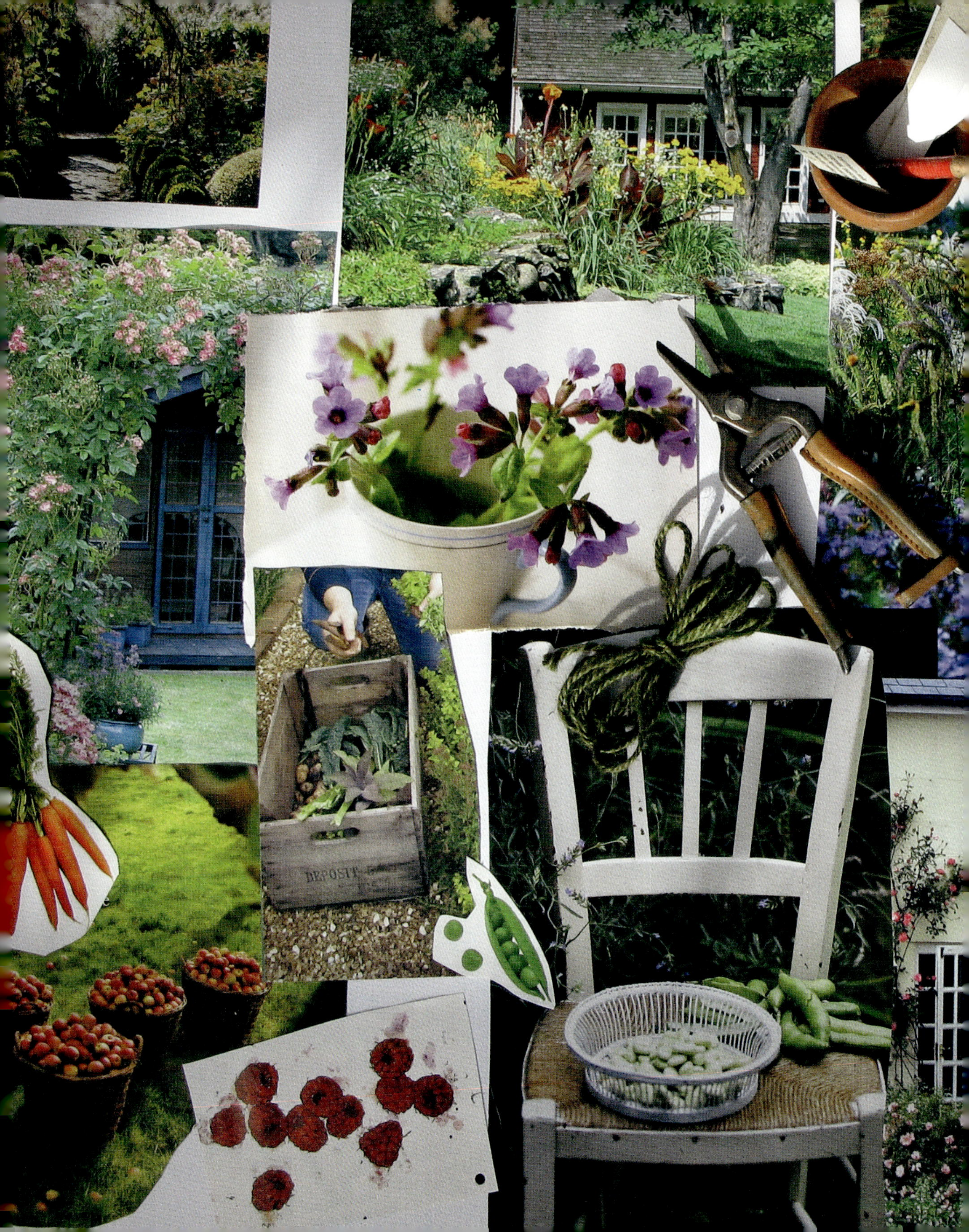
DEPOSIT

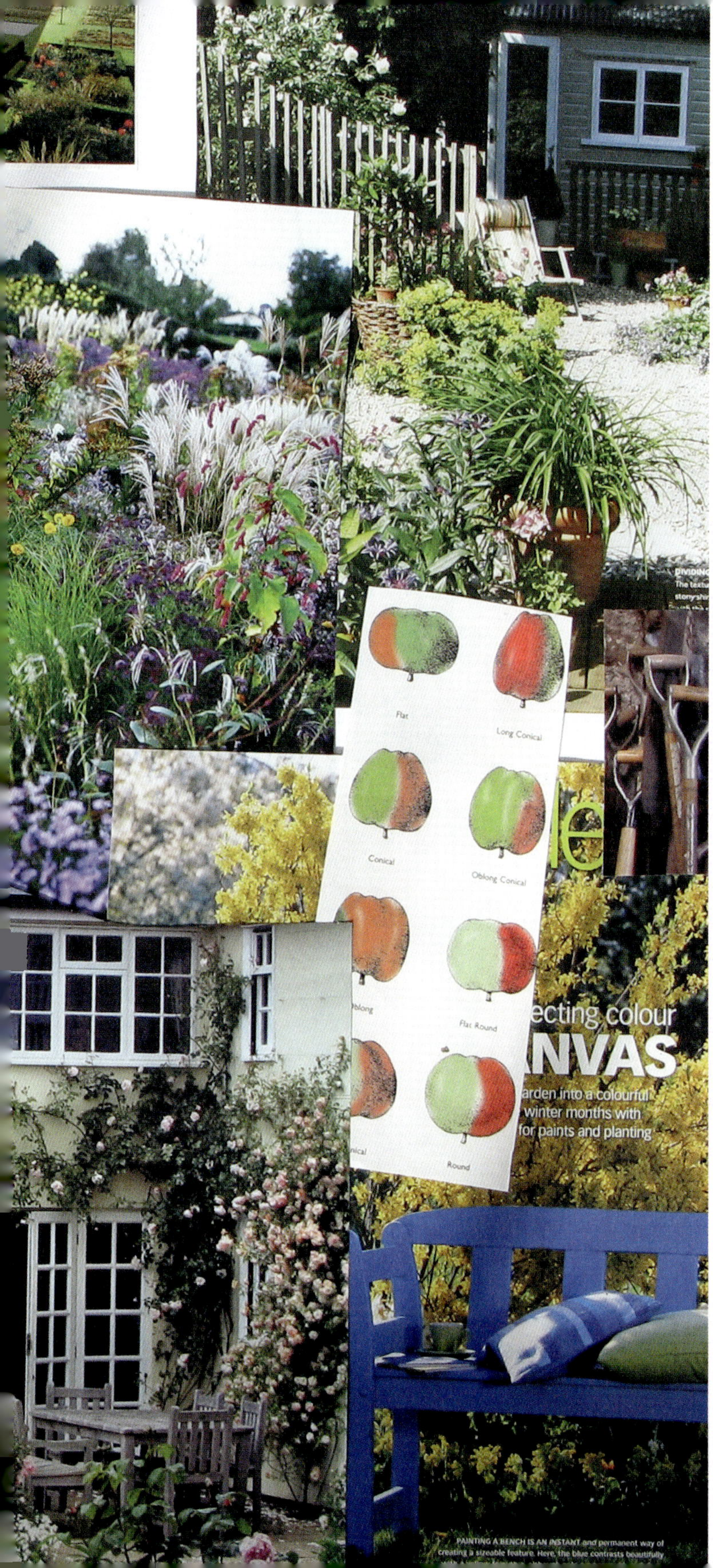

Beispiel 2: Der Bauerngarten

Dieses Moodboard zeigt viele Facetten von einem ursprünglichen Bauerngarten. Farbenfrohe Blumen lassen sich zu leuchtenden Sträußen binden. Obst und Gemüse gedeihen in allen erdenklichen Sorten und lassen sich zu köstlichen Speisen verarbeiten.

Das ist auch ein Garten, in dem gearbeitet wird: Hier sind die Gartengeräte wichtig, die natürlich auch über einen ganz eigenen Charme verfügen. Natürliche Materialien ohne Schnickschnack zeichnen diesen Stil aus. Die Wege sind nicht gepflastert, sondern gekiest, der Zaun besteht aus verwitterten Holzlatten – und die Vogelscheuche mit alten Lumpen sollte natürlich auch nicht fehlen.

Trotzdem sind kleine »Stilbrüche« erlaubt und ein schöner Essplatz, eine bunte Bank zum Ausruhen oder ein idyllischer Rosenbogen geben dem Garten das gewisse Etwas – und dem Gartenliebhaber einen Ort zum Ausruhen und zum Genießen.

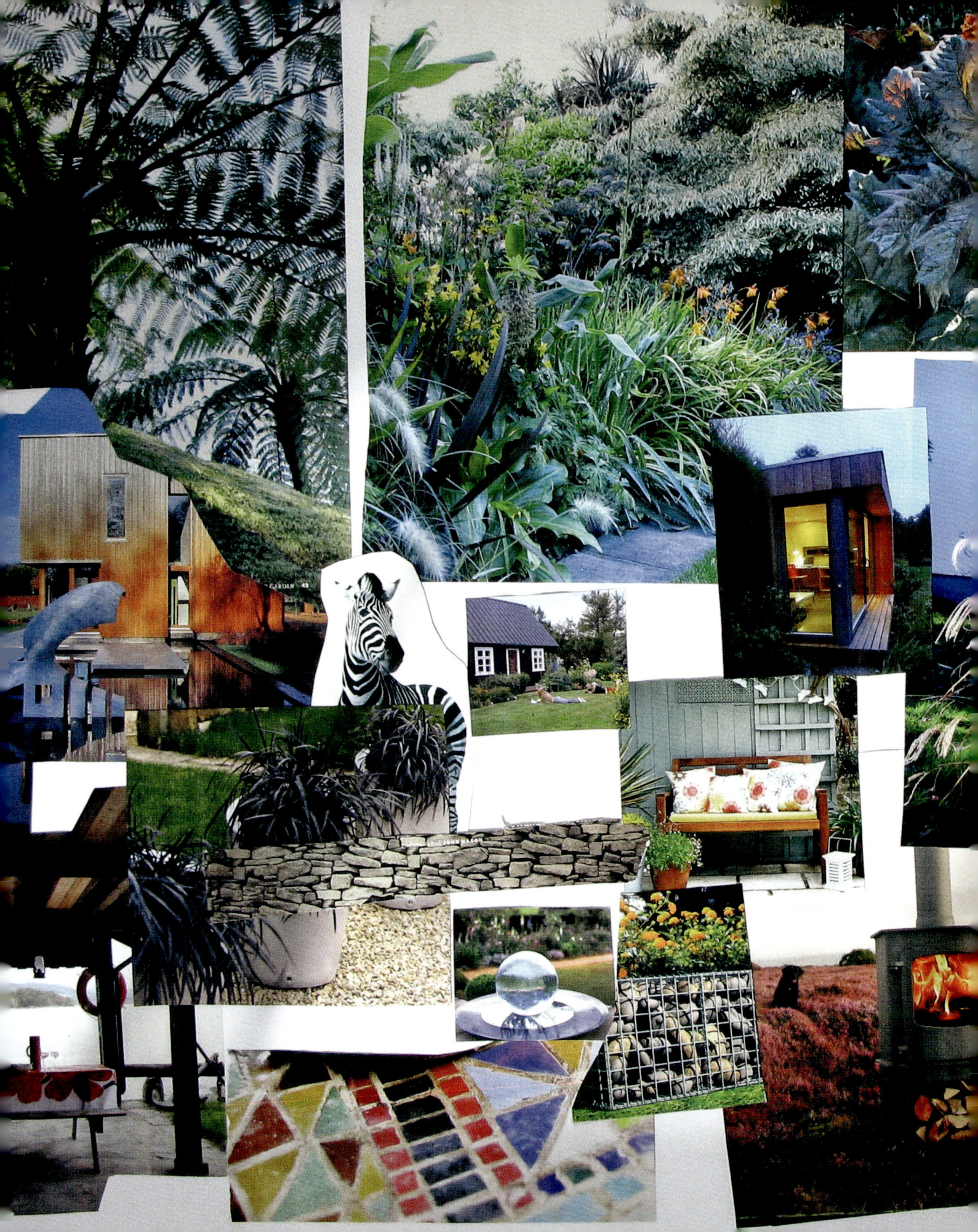
GARDEN 49

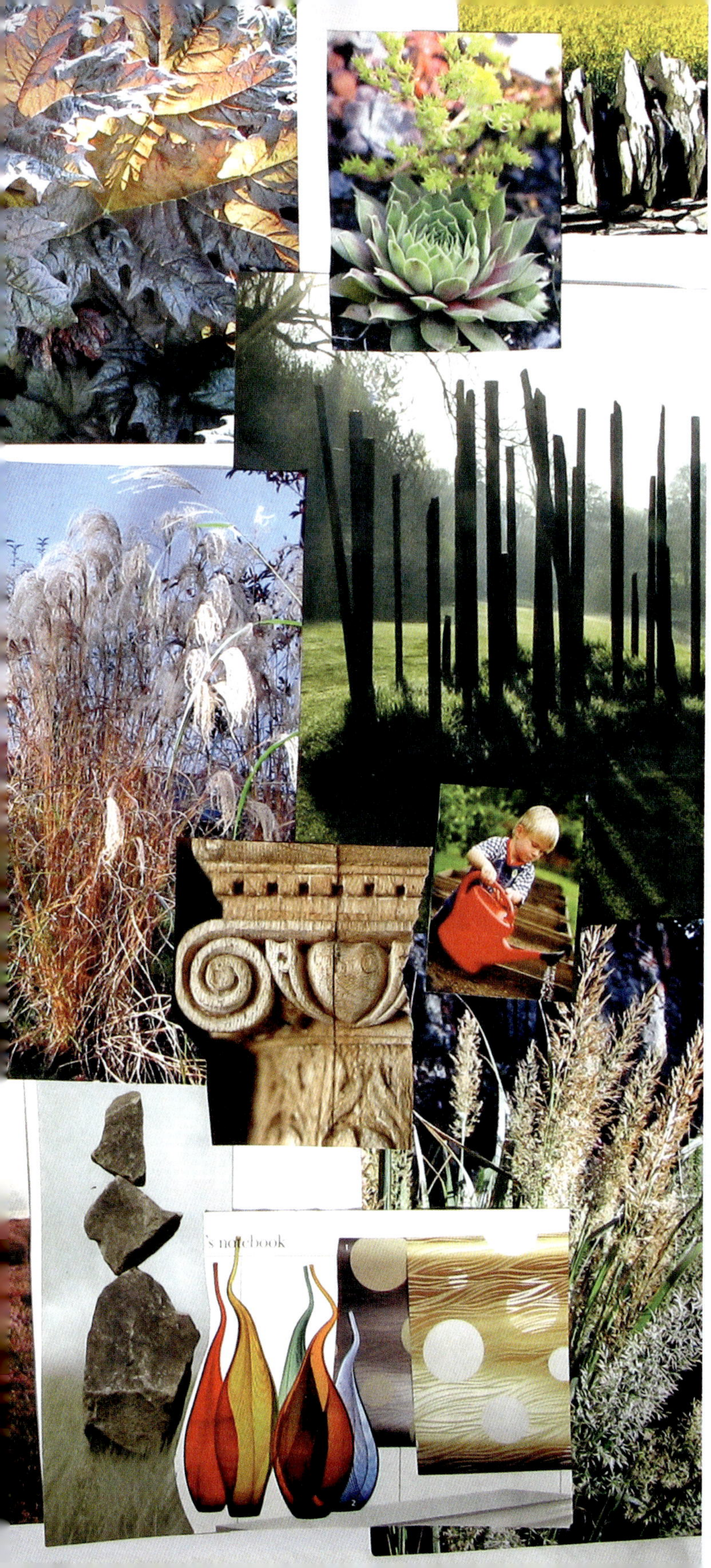

Beispiel 3: Der Fernweh-Garten

Auf diesem Storyboard findet sich eine Fülle von ganz verschiedenen Eindrücken: tropische Pflanzen und fremdländisch anmutende Skulpturen neben bunten Mosaiken, ein charmantes Holzhäuschen aus dem Norden gegenüber einem puristisch modernen Holzhaus mit Bassin, eine alte Säule und eine romantische Bank – und was macht das Zebra da eigentlich? Wenn man genauer hinschaut, lassen sich aus dieser Vielzahl von Impressionen einige »Kernelemente« herausfiltern. Die Vorliebe für tropische Pflanzen und natürliche Materialien etwa. Oder auch eine künstlerische Ader, die auch im Garten ihren Ausdruck finden soll. Genauso wird auf eine entspannte Atmosphäre Wert gelegt, die den Gartenbesitzer in Urlaubsstimmung versetzt.

Sie sehen also, dass sich aus einem Storyboard schon sehr viel herauslesen lässt. Und wenn Ihnen Beispiel 3 noch etwas unscharf erscheint: Die gewonnenen Erkenntnisse sind für dieses Stadium der Vorbereitung schon sehr viel. Darauf lässt sich in den noch vor uns liegenden Kapiteln wunderbar aufbauen.

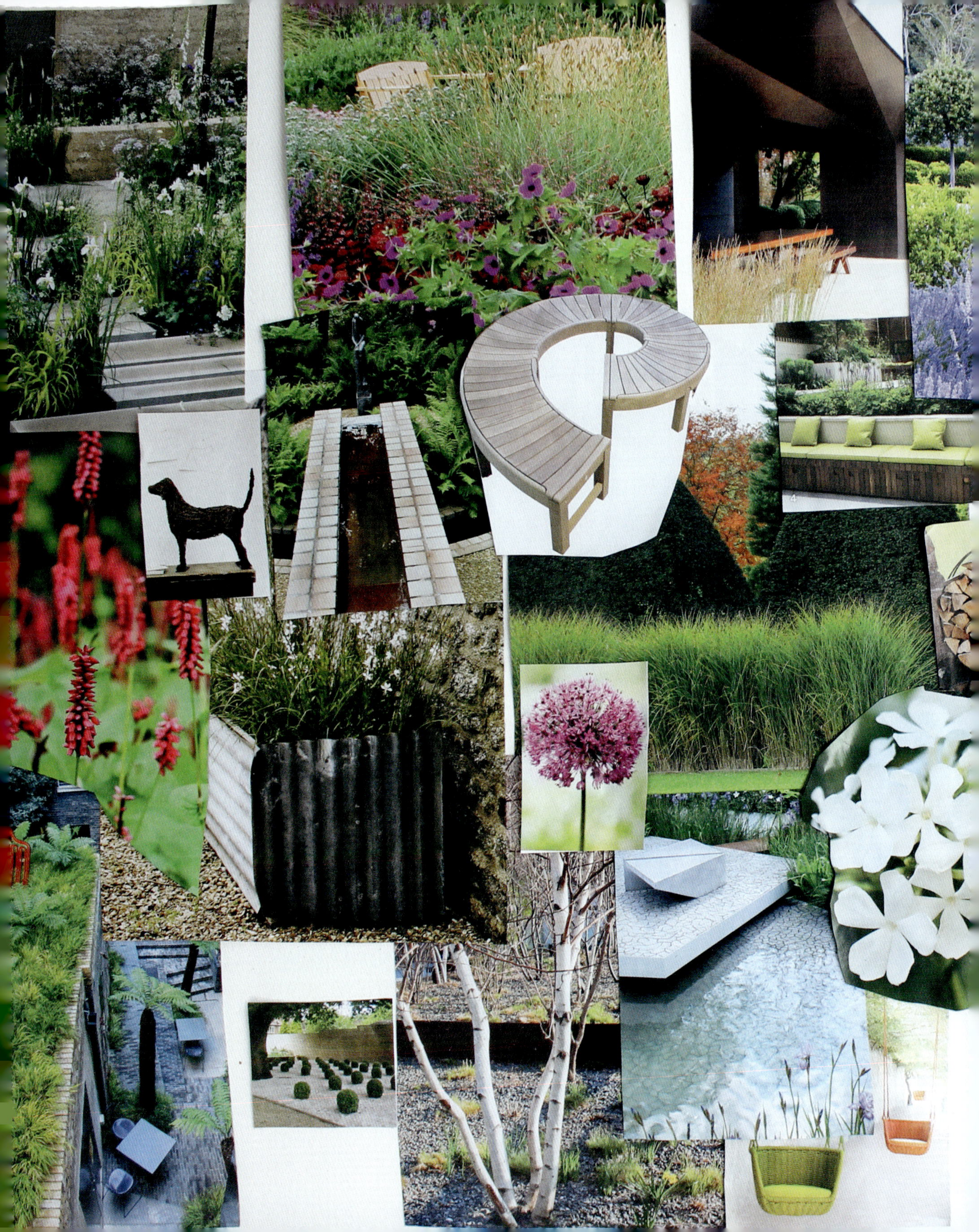

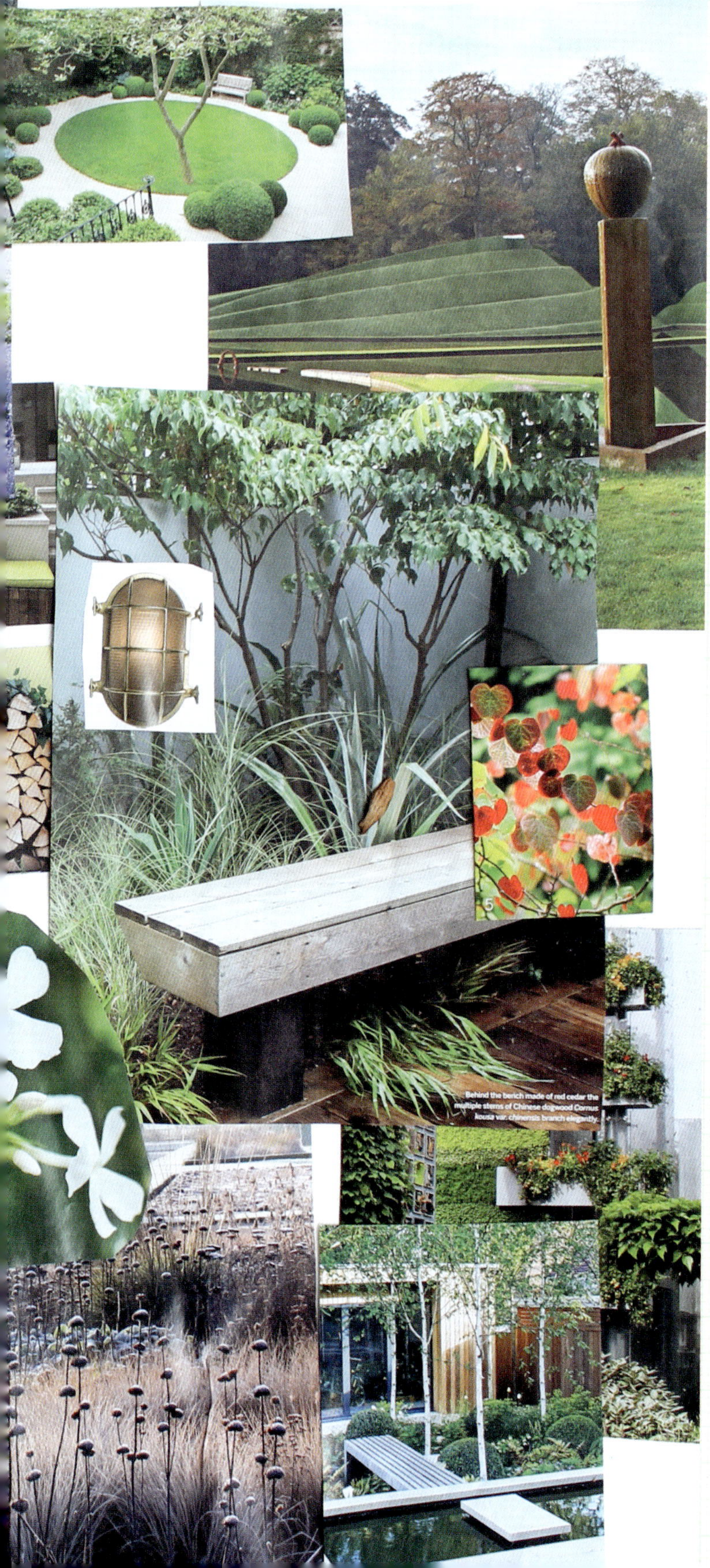

Beispiel 4: Der »moderne« Garten

Man fragt sich natürlich, wodurch sich ein moderner Garten auszeichnet, und richtig ist, dass dieses Design dem Wandel der Zeit ausgesetzt ist. Ich kann fast jeden Garten, den ich sehe, nach seiner Bepflanzung und den verarbeiteten Materialien datieren. Somit ist auch das hier von mir gebastelte Storyboard nur meine Interpretation dessen, was ich momentan für modern beziehungsweise zeitgemäß halte. Interessanterweise fallen gerade der Begriff »Outdoor living« und das Minimalistische als Erstes ins Auge. Less is more. Man verzichtet auf üppige Stauden und Rosenbeete und zelebriert stattdessen die Gartenmonate Mai bis September mit Gräsern, Holzdecks, Gartenmöbeln und unbedingt ein klein wenig eigenem Gemüse. Die Linien sind klarer, die Materialien aus dem eigenen Land und die Pflanzen am besten auch. Cortenstahl und Holz sind ein unbedingtes Muss, der Rasen ist nur noch Zierde oder für den Sonnenanbeter.

Grundstücksanalyse

Bodenbeschaffenheit, Sonneneinstrahlung und beeinflussende Elemente des Nachbargrundstücks sind bei der Planung zu berücksichtigen.

Den Garten aufzumessen und aufzuzeichnen ist ja eher eine sachliche und objektive Angelegenheit, wohingegen die Analyse zwei Elemente hat: das Festlegen der Fakten und die fast gänzlich subjektive Bewertung, die ausschließlich vom Eigentümer erstellt werden sollte. Die Ergebnisse dieser Analyse können Sie auf den Seiten 118–119 festhalten.

Erster Schritt: Analyse

Die Analyse beinhaltet wichtige Faktoren, die sich bildlich nicht darstellen lassen, die aber großen Einfluss auf die Gestaltung des Gartens haben. Da wären als Erstes einmal die Art des Bodens und dessen chemische Werte, wie zum Beispiel der pH-Wert (*Potentia hydrogenii*). Ist der Boden sandig, ist er meist auch eher im sauren Bereich anzusiedeln, der pH-Wert liegt dann zwischen 5 und 7, wobei pH 7 der gewünschte Mittelwert ist. Man spricht von einem alkalischen, also eher kalkhaltigen Boden, wenn der pH-Wert über 7 liegt.

Andere wichtige Faktoren sind natürlich der Sonnenstandsverlauf, also wo, wann und wie lange Sonne oder Schatten ist. Sonne und Schatten sind zwei Faktoren, die für Mensch, Tier und Pflanze ähnliche Schwierigkeiten bringen. Allerdings gibt es mehr Pflan-

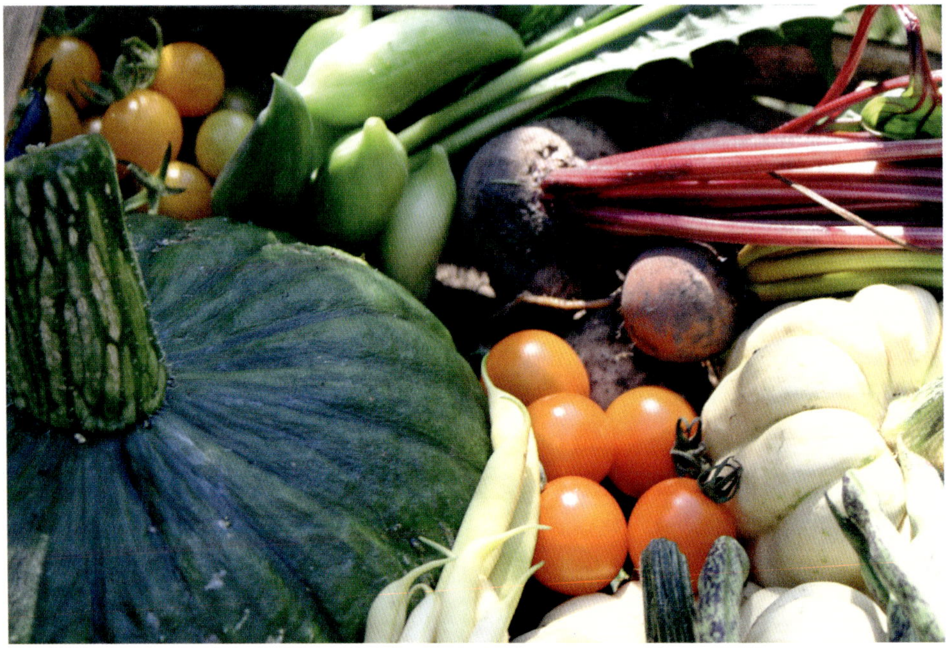

◄ Wenn Sie einen Gemüsegarten planen, sollten Sie darauf achten, dass dieser genug Sonne bekommt.

zen, die es unentwegt in der Sonne oder im Schatten aushalten, als Menschen. Wichtig ist jedenfalls, dass man auf dem Gartenaufmaß zumindest jene Bereiche einzeichnet, die im Sommer weniger als fünf Stunden Sonne bekommen, und jene, die über acht Stunden Sonne bekommen. Dies hilft später wesentlich bei der Aufteilung der Nutzungsbereiche. Versuchen Sie es gar nicht erst, einen Gemüsegarten in eine Ecke zu setzen, an die weniger als sechs Stunden Sonne kommen.

Dieses Buch ist für den deutschsprachigen Raum gedacht. Es wird aber oft vergessen, dass es auch in unseren Breiten große Klimaunterschiede gibt. Sehen Sie daher unbedingt nach, in welche Klimazone Ihr Garten fällt. In Hamburg und München hat man beispielsweise eine wesentlich größere Auswahl an funktionierenden Pflanzen

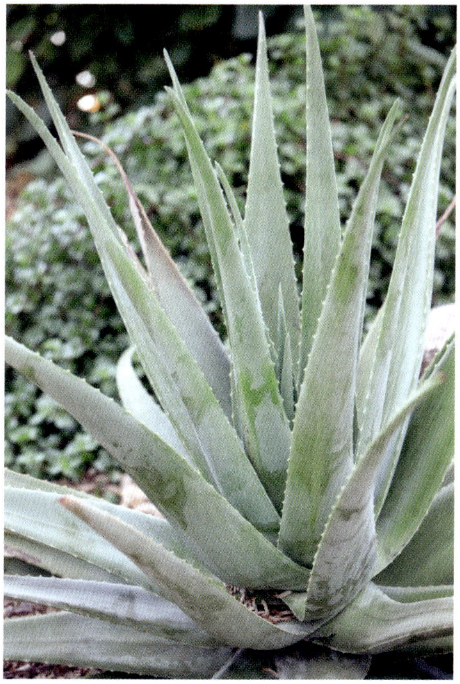

▲ Agaven brauchen viel Wärme und können auch umgepflanzt werden.

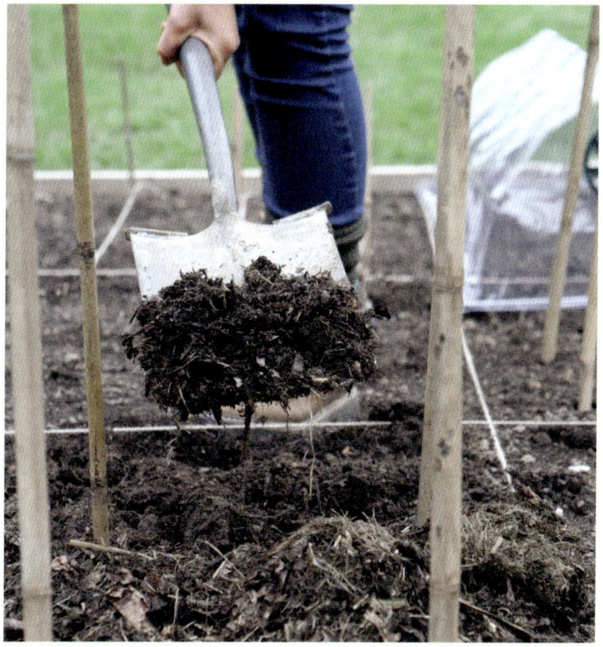

▲ Selbst gemachter Gartenkompost wird im Frühjahr gesiebt und dann auf die Beete verteilt.

Expertentipp: Den Boden verbessern

Der pH-Wert eines Bodens kann grundsätzlich durch regelmäßige Gaben von organischen oder anorganischen Produkten verändert und verbessert werden. So kann man saure, sandige Böden durch regelmäßige Gaben an Komposterde oder Humus zu neutralen, guten Gartenböden werden lassen und umgekehrt können auch lehmige Böden durch Zugaben von Sand und Humus zu guter Gartenerde werden. Besser ist es aber, die Pflanzen dem eigentlichen Bodenwert anzupassen, da der Boden früher oder später gerne konvertiert. Damit meine ich, dass es auf lange Sicht kaum möglich sein wird, in einer Kalksteinregion den pH-Wert neutral zu halten oder gar sauer, da sich immer wieder das Urgestein durchsetzen wird. Sollten Sie also auf alkalischem Boden Rhododendron anpflanzen wollen, müssten Sie nicht nur einen gänzlichen Bodenaustausch veranlassen, sondern auch ein Trennvlies zwischen Urgestein und Torf legen.

als in Berlin, wo es eine trockene Kälte und viel länger tiefere Temperaturen gibt. Und im Kölner Raum oder Richtung Bayreuth ist das Klima so mild, dass man sogar Palmen im Garten haben könnte. Und last but not least ist es auch wichtig zu sehen, wie exponiert der Garten liegt oder welchen klimatisch schwierigen Situationen er ausgesetzt ist. Dass ein am Feld liegender Garten aller Wahrscheinlichkeit nach eine schützende Hecke braucht, ist ziemlich einleuchtend, dass aber ein städtischer Innenhofgarten ähnliche Winde ertragen muss, ist einigen nicht bekannt – nur ist da mit einer Hecke nicht viel auszurichten. In Berlin etwa ist es meist nicht die Kälte, die den Pflanzen den Garaus macht, sondern der Winterwind, der über die Gärten pustet, die zudem meist nicht von Schnee geschützt werden.

Mit zur Analyse gehören auch die beeinflussenden, benachbarten Elemente wie beispielsweise die Häuser, Garagen, Bäume, Gartenschuppen oder Komposthaufen aller Nachbarn. Man sollte es sich beispielsweise gut überlegen, ob man seinen schönen Gartensitzplatz in die Abendsonne des Gartens legt, wenn der Nachbar dort seinen Spielplatz, Parkplatz oder Komposter hat. Jedenfalls empfehle ich meinen Kursteilnehmern, die ihren Garten selbst gestalten möchten, immer, auch diese Elemente so gut es geht in ihren Plan mit einzuzeichnen. Natürlich können Sie nicht zum Nachbarn gehen und dessen Grundstück aufmessen, doch kann man durchaus Entfernungen und Positionen vieler Gebäude etc. gut schätzen. Sobald diese Elemente auch auf dem Bestandsplan eingetragen sind, beginnt der unterhaltende Teil der ganzen Sache, nämlich das Grundstück zu bewerten.

▼ Wie die Bepflanzung eines Beetes aussehen kann, wird vom Boden und Sonnenstand bestimmt. Hier ein halbschattiges Beet auf saurem Boden

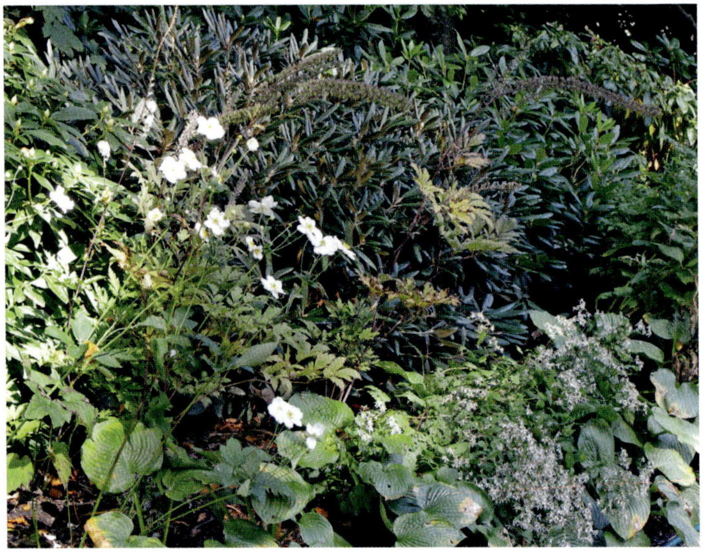

Zweiter Schritt: Bewertung

Die Fakten zu analysieren ist recht einfach, dagegen werden Sie feststellen, dass jedes Haushaltsmitglied, soweit es welche gibt, eine andere Meinung zu den umgebenden Dingen hat. So wird der eine die Tannen vom Nachbargrundstück lieben und sagen: »Die schützen uns vor den Blicken des Nachbarn«, wohingegen der andere sagt: »Der Nachbar stört uns doch gar nicht und ohne den Schatten durch Bäume haben wir viel mehr Morgensonne.« Der eine fühlt sich auf seiner Terrasse wie auf dem Präsentierteller und möchte am liebsten eine 7 Meter hohe Hecke um das ganze Grundstück und der Nächste findet es herrlich, wenn die Fläche offen bleibt. Erstaunlich ist, dass es die meisten Menschen eher in die schattige Isolation treibt als ins »Open living«. Die meisten meiner Kunden jedenfalls möchten sich zu allen Seiten eher abschotten.

Ihr Garten sollte zwar kein schattiger Schuhkarton werden, aber andererseits ist es schließlich auch die Aufgabe der Gestaltung, Ihnen durch entsprechende Maßnahmen Ihre Intimsphäre zu ermöglichen. Deswegen ist Ihre Bewertung der Fakten hier so wichtig.

Gerne können Sie diese Bewertung direkt auf einer Kopie Ihres Bestandsplanes eintragen (siehe nächstes Kapitel »Einen Bestandsplan zeichnen«), dann haben Sie gleich alles beisammen. Hier sollten auch schöne Aussichten und besonders geschützte Plätzchen markiert werden, Bäume, die einen stören oder die man unbedingt erhalten möchte etc., sowie eigene Schuppen oder Komposthaufen, von denen man sich eine Umquartierung vorstellen könnte.

Wichtig ist für die dann folgende Gestaltung immer, dass Sie ein wenig flexibel bleiben und sich auch mit der Idee von Veränderungen anfreunden, denn sonst wird die Sache schwierig.

In diesem Stadium ist es das Beste, den Bestandsplan noch einmal ohne die Objekte, die man nicht unbedingt behalten möchte oder die nicht unbedingt an dem Ort bleiben müssen, zu zeichnen. Sie werden sehen, es ist schon viel mehr Platz für Neuerungen. Wenn das nicht so ist, sollten Sie sich die Frage stellen, ob Veränderung überhaupt das ist, was Sie wollen.

Manchmal kommt es vor, dass ich Teilnehmer im Kurs »Gestalten Sie Ihren eigenen Garten« habe, die während des Kurses merken, dass sie eigentlich ganz zufrieden mit ihrem Garten sind und nur ein paar Bepflanzungen ändern möchten. Das ist dann auch in Ordnung. Ich sage gerne: Es ist Ihr Garten, Sie sollen dort leben, nicht ich.

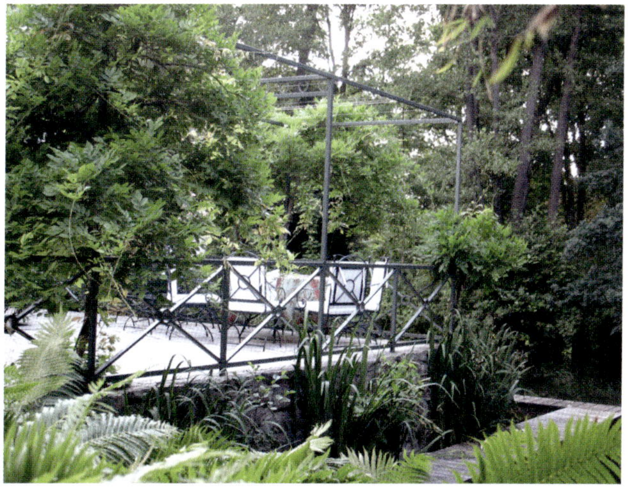

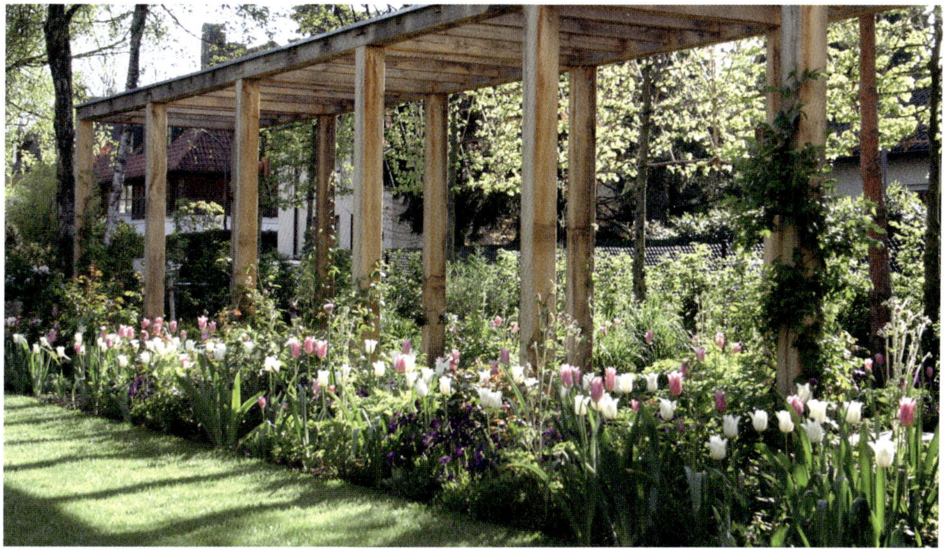

▲ Terrassenberankung an einem halbschattigen Plätzchen am Wasser
◀ Ein Morgensonnenbeet entlang einer modernen Pergola aus Eiche

Einen Bestandsplan zeichnen

Nach der Vermessung des Grundstücks folgt nun der Eintrag aller wichtigen Elemente des Gartens.

Bäume

Hier verfahren Sie bitte nach dem gleichen Prinzip wie beim Vermessen des Grundstücks (s. S. 51), nur dass nun die Hausecken E, F, G, H und I die Anschlagpunkte sind (Abb. 4). Um zum Beispiel den großen Baum in der Gartenecke hinten links einzumessen, wird die Entfernung von der Mitte des Baumstamms zu Punkt G und I gemessen, dann werden diese Entfernungen mit dem Zirkel von Punkt G und I eingetragen (Abb. 2). Dort wo sich die beiden Kreise treffen, ist der Mittelpunkt des Stamms J. Markieren Sie diesen Punkt mit einem Kreuz in einem kleinen Kreis, das zeigt einen vorhandenen Baum an (Abb. 3). Nach dem Deutschen Institut für Normung (DIN) zeichnet man einen Baum nur mit einem Kreuz ein. Aber ich finde immer, das sieht dann – vor allem wenn es viele Bäume gibt – schnell wie ein Friedhof aus. Deshalb bevorzuge ich die Darstellung mit einem Kreuz in einem Kreis.

Für mich als Designer ist noch wichtig, die Stärke des Baumstamms zu kennen. Hierfür nehmen Sie das Maßband und legen es in 1 Meter Höhe um den Stamm. Die gemessene Zahl notieren Sie dann neben dem Kreis mit dem Kreuz (Abb. 3). Wenn Sie ganz besonders akkurat arbeiten möchten, können Sie auch noch die Baumkronenbreite eintragen. Hierzu messen Sie die Entfernung vom Stamm zum äußeren Ende der Baumkrone und machen einen großen Kreis auf dem Papier, der in etwa dem gemessenen Radius entspricht. Wenn die Krone kreisrund ist, können Sie dies auch mit dem Zirkel machen. Für alle anderen Objekte, die noch im Garten stehen, gilt das gleiche Prinzip.

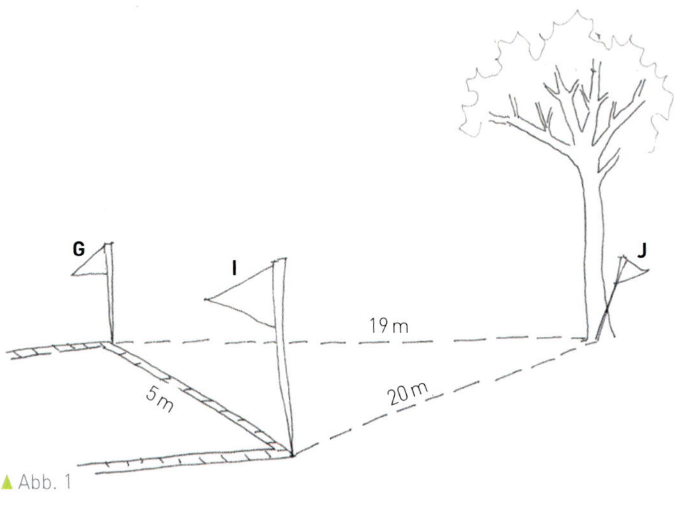

▲ Abb. 1

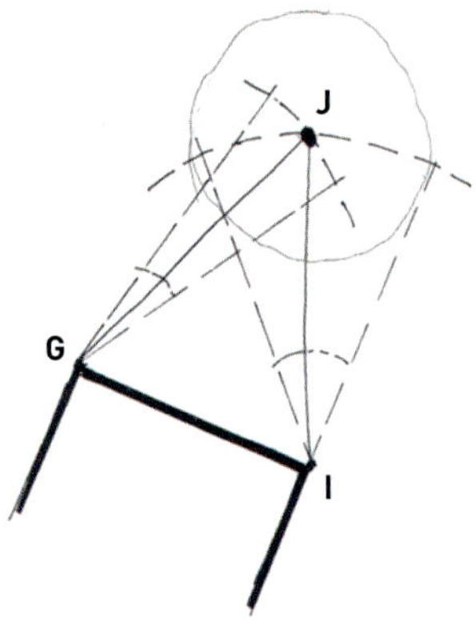

▲ Abb. 2

Beete und andere feste Elemente

Um vorhandene Rasenkanten und Beete oder auch andere feste Bestandteile des Gartens, wie Teiche, Treppen und Mauern, in den Plan einzuarbeiten, benötigen Sie nun zwei Maßbänder und eine weitere Person. Legen Sie zunächst das lange Maßband entlang einer imaginären Mittellinie von der Hauswand zum Ende des Gartens (s. S. 74, Abb. 4). Fixieren Sie dieses Maßband mit Zeltheringen, damit es sich im Eifer des Gefechts nicht verschiebt.

Nun beginnen Sie in Abständen von jeweils 1 oder 2 Metern, die Entfernung vom Zaun zur Mittellinie zu messen und einzutragen (Abb. 4). Ihr Helfer steht dabei mit dem Ende des Maßbands am Zaun und Sie befinden sich mit der Maßlänge an der Mittellinie. Ganz wichtig ist, dass Sie das Maßband im rechten Winkel über die Mittellinie halten. Sie können das sehr genau sehen, wenn Sie die beiden Maßbänder dicht übereinanderlegen.

Irgendwo zwischen dem Zaun und der Mittellinie liegt nun Ihr Beet oder die Rasenkante. Legen Sie das Maßband über die Mittellinie (nach wie vor im rechten Winkel) und gehen Sie zur Beetkante. Dort lesen Sie die Entfernung zum Zaun ab und tragen diese auf dem Plan ein. Das wiederholen Sie entlang der ganzen Mittellinie alle 1–2 Meter, je nachdem, wie ungleichmäßig die Kante ist. Bei einer geraden Kante brauchen Sie eventuell nur zwei- bis dreimal zu messen.

Wenn die linke Grundstücksseite eingemessen ist, gehen Sie bei der Vermaßung der rechten Seite genauso vor. Die Messungen, die Sie damit durchgeführt haben, nenne ich Ableger, weil Sie von einer Mittellinie ausgehend seitliche »Ableger« abmessen.

Sollte das Grundstück länger als 30 Meter sein, dann müssen Sie das Maßband nach 30 Metern neu anlegen. Die nächsten Schnittpunkte liegen dann bei 31, 32, 33 Meter usw. – beginnen Sie also nicht wieder von vorne bei 1, 2, 3 Metern usw.

Nun müssen Sie noch den Ausgangspunkt der Mittelachse am Haus einmessen. Bei unserem Beispiel liegt der Ausgangspunkt 5,8 Meter entfernt von der Hausecke H (Abb. 4).

Auf diese Weise werden nicht nur Beete und Rasenkanten eingetragen, sondern auch Teiche, Treppen, Mauern und andere feste Bestandteile des Gartens.

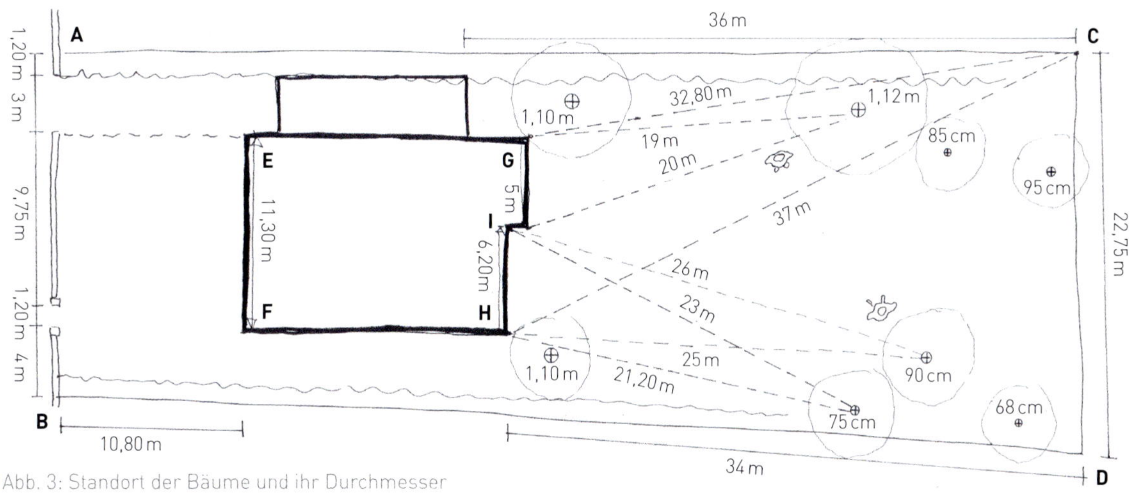

▲ Abb. 3: Standort der Bäume und ihr Durchmesser

Damit haben Sie bereits den größten Teil Ihres Gartens auf Papier gebracht! Es fehlen nur noch die Höhenvermessungen.

Höhenangaben

Höhenvermessungen sind kein besonders leichtes Thema, deswegen riet ich ja bereits dazu (s. S. 48), einen Profi mit der Vermessung Ihres Gartens zu beauftragen, wenn Sie ein sehr steiles oder abschüssiges Grundstück haben oder wenn Ihr Grundstück Höhenunterschiede von rund oder mehr als 1 Meter aufweist.

Hier also eine Anleitung zur Vermessung, wenn nur kleinere Höhenunterschiede vorhanden sind.

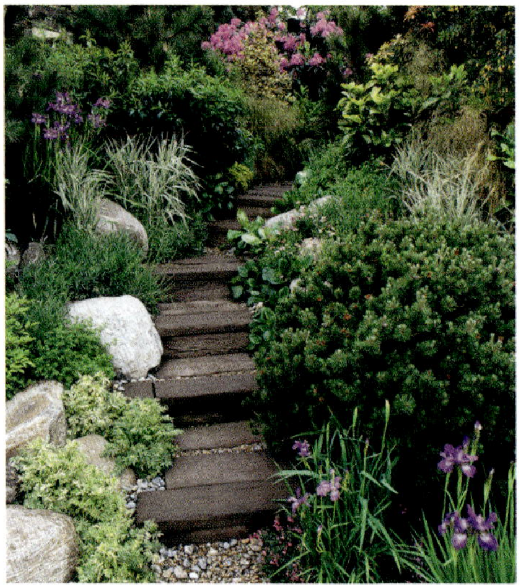

► Höhenangaben sind unverzichtbar für einen Gestalter, damit er schöne Stufendetails einplanen kann.

Treppenstufen und Mauern

Die Tatsache, dass es eine Treppenanlage gibt, haben Sie ja bereits im obigen Aufmaß eingetragen. Sie haben auch schon die Länge und Breite der Treppe vermessen. Nun fehlt nur noch die Anzahl der Stufen und die Stufenhöhe.

Jede Stufe wird mit einer Linie markiert, fünf Stufen entsprechen also fünf Linien. Dann zeichnen Sie bitte einen Pfeil von der untersten Stufe zur obersten Stufe zeigend ein (Abb. 5 oben). Nun messen Sie die Höhe einer Stufe, denn ich gehe davon aus, dass alle Stufen gleich hoch sind. Schreiben Sie die Anzahl der Stufen und deren Höhe neben die Treppenanlage.

Genauso gehen Sie auch mit Mauern und Zäunen vor und schreiben deren jeweilige Höhen dazu – besonders wichtig ist das vor allem dann, wenn

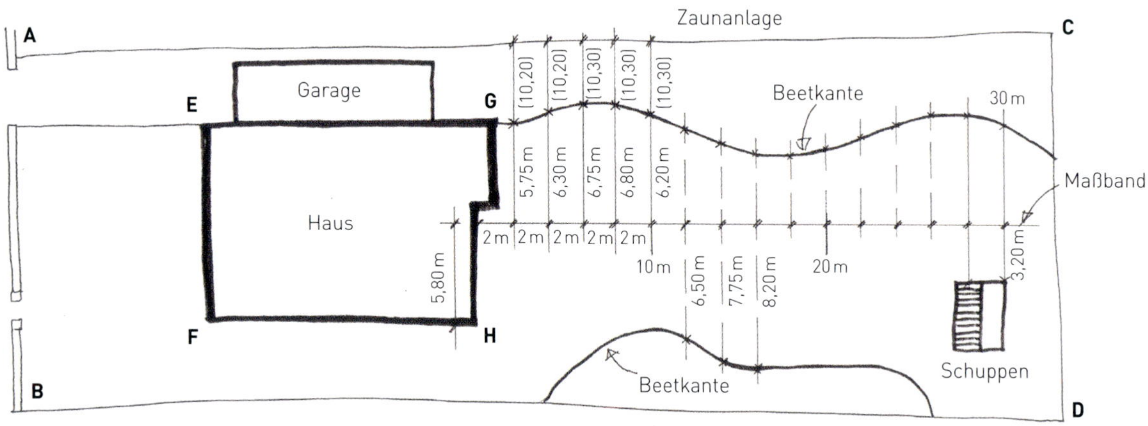

▲ Abb. 4: Beete und andere feste Elemente

die vorhandenen Treppen und Mauern so erhalten bleiben sollen.

Falls es einzelne Stufen vor dem Haus oder der Terrassentür gibt, ist dies auch eine wichtige Information für den Gestalter.

Andere Höhen im Garten

Sollte es auf dem Gelände Ihres Grundstücks sanfte Erhebungen oder Senkungen geben, die 20 oder 30 Zentimeter übersteigen, sollten auch diese eingezeichnet werden. In der Planung des Designers können Höhenunterschiede im Garten, zum Beispiel für Bewässerungs- und Dränage-Systeme, ausschlaggebend sein. Es ist deshalb wichtig, dass Sie die vorkommenden Höhenbereiche des Gartens in Ihrer Zeichnung zumindest angedeutet haben.

Zeichnen Sie nun alles noch ins Reine – dann ist Ihr Aufmaß perfekt (Abb. 6) und Sie können zum nächsten Kapitel gehen.

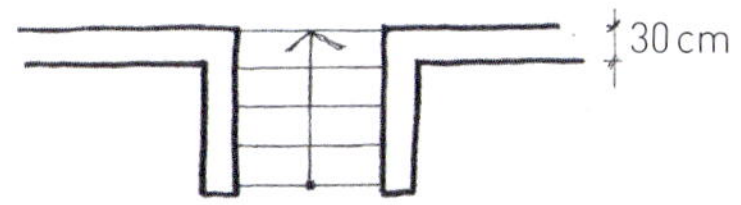

Detail: 5 Stufen × 15 cm hoch = 75 cm Gesamthöhe

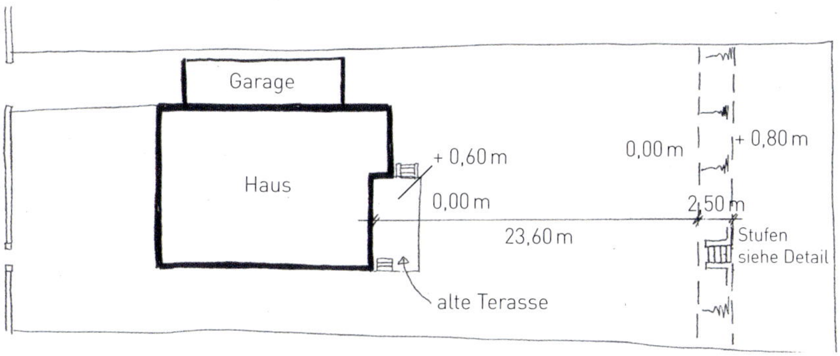

Abb. 5: Vorhandene Höhen

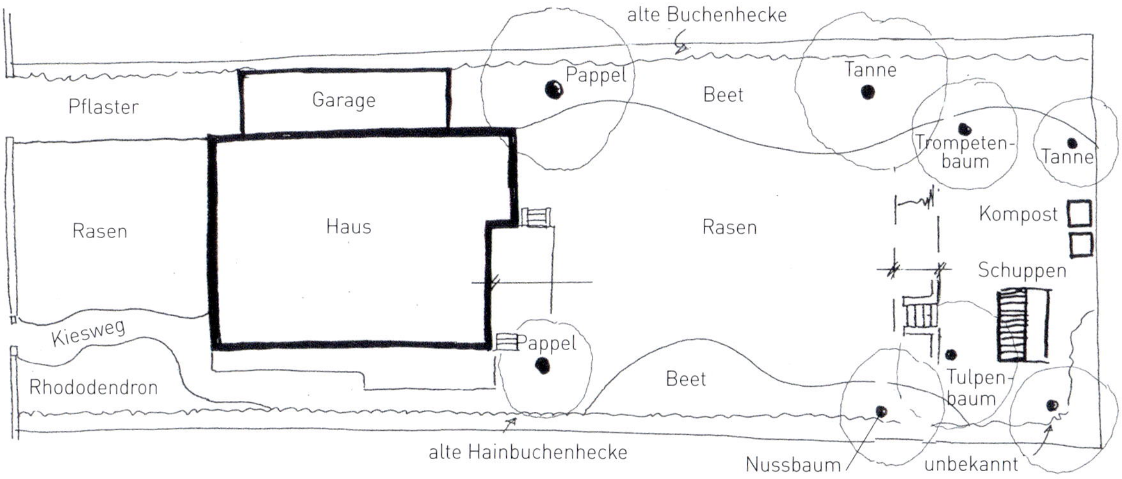

Abb. 6: Fertiges Aufmaß

Meinen Wunschgarten zeichnen

Mit dieser Zeichnung legen Sie fest, welche Elemente Ihres Gartens auch im neuen Konzept beibehalten werden sollen und was Sie verändern möchten.

Haben Sie alle Elemente beisammen, wie Ihren Bestandsplan (den Sie auf die wichtigsten Dinge reduziert haben), Fotos von Ihrem Garten, Ihr Story- oder Moodboard (das alles, was Sie mögen, beinhaltet und auch Ihren Stil zeigt) und noch eine Liste der Dinge, die unbedingt in den Garten sollen, dann folgt der nächste Schritt: die Planung des neuen Gartens. Ich schlage vor, ganz pragmatisch mit den gesammelten Informationen umzugehen und unbedingt auch die Gegebenheiten Ihres Gartens zu berücksichtigen (s. S. 68–71). Das sage ich, weil ich oft sehe, dass Gartenbesitzer gerne mal einen Gemüsegarten in den tiefsten

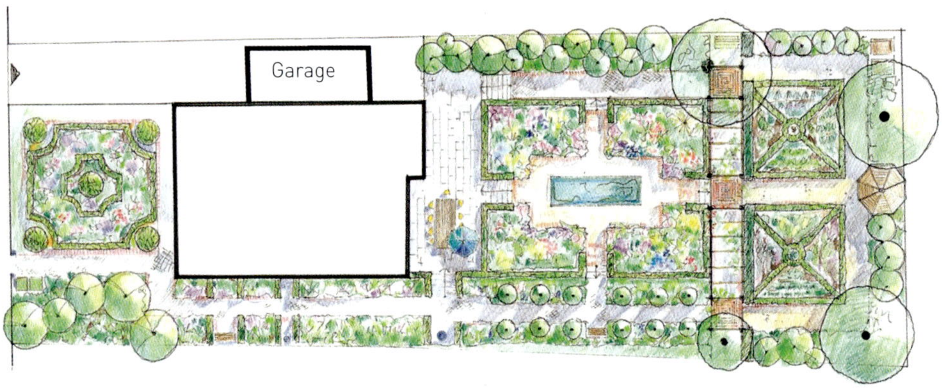

◄ Beispiel für einen formalen Garten

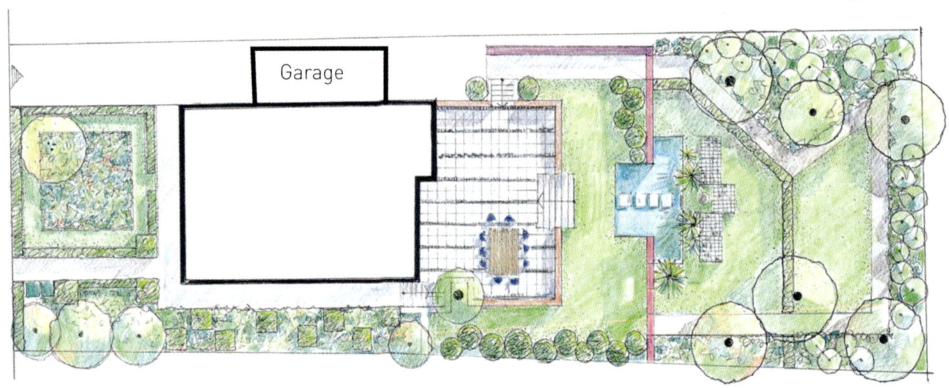

◄ Beispiel für einen jungen, modernen Stil mit viel größerer Terrasse

Schatten setzen, weil sie denken, dass es ja vielleicht in den nächsten Jahren dort besser wird mit dem Licht. Na, das ist unwahrscheinlich und deshalb empfiehlt es sich auch, einen Konzeptplan zu erstellen. Darauf sind nur das Haus, die Garage und vielleicht ein paar Bäume fest eingetragen. Den Rest der Fläche gilt es auszufüllen.

Wenn Sie eine Gin-Tonic-Terrasse haben wollen, von der aus Sie zum Haus zurücksehen können, dann platzieren Sie diese am besten in die Abendsonne. Ein Weg dorthin muss nicht sein, es sei denn, Sie trinken sehr viel Gin Tonic. Sollten Sie sich aber entschließen, stattdessen einen Fahrradschuppen in die Ecke zu setzen, dann brauchen Sie unbedingt einen Weg, weil sonst der Rasen schon sehr bald ruiniert ist. Allerdings ist hier wiederum zu überlegen, ob es überhaupt klug ist, den Fahrradschuppen so tief in den Garten zu legen, denn bei Regen oder Schnee läuft da niemand gerne hin. Also sollte so ein Fahrradschuppen, (oder ein Müllcontainer etc.) viel dichter an der Garage und dem Eingang platziert werden.

Aber zurück zum Konzept. Als Erstes gilt es, dem ganzen Grundstück einen Rahmen zu geben. Der kann aus Hecken, Mauern oder Holzpalisaden oder einer Mischung mehrerer Materialien bestehen. Wichtig ist nur, sich private Bereiche zu schaffen, ohne sich »einzuboxen«. Dann werden die Wunschelemente nach bestem Wissen und Gewissen platziert und anschließend mit einem Wegesystem verbunden. Anregungen zu diesen Elementen wie Wege, Mauern etc., aber auch zur Pflanzenauswahl finden Sie in den nachfolgenden Kapiteln.

Sie müssen nicht gleich die Größe der Gestaltungselemente definieren, Sie können einfach in Zonen arbeiten, die In-etwa-Bereichen entsprechen. Dadurch gibt es am Anfang nur Zonen für das Gemüse, den Schattengarten, die Terrasse etc. Achten Sie darauf, dass sich diese Zonen berühren, sodass später Übergänge und Verbindungen in der Gestaltung geschaffen werden können. Was ich damit konkret meine, ist auf den Zeichnungen gegenüber zu sehen. Es handelt sich um den gleichen Garten, aber völlig unterschiedliche Ansprüche.

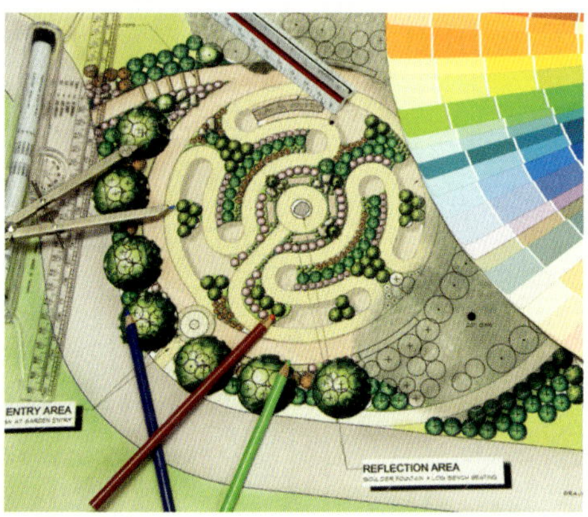

▲ Kolorierungen helfen, die Planungselemente besser zu verstehen, dabei ziehe ich Handzeichnungen noch immer vor, sie sind einfach schöner.

Expertentipp: Planungssoftware

In den vergangenen Jahren hat sich einiges auf dem Gebiet der Planungssoftware getan, allerdings habe ich persönlich keine der vielen Angebote wahrgenommen, da wir im Designstudio mit professionellen Programmen arbeiten, die ich nicht unbedingt einem Amateur empfehlen kann. Ich habe dennoch einige Kunden befragt, die sich eine solche Software aus dem Internet gekauft haben, doch sind hier vor allem die jungen Gartenbesitzer, die mehr Zeit am Computer verbringen als im Garten, diesen Programmen zugeneigt. Da einem diese Programme wenig bei der Gestaltung, sondern vor allem beim Erstellen der Zeichnung helfen, waren die Ergebnisse nicht so berauschend.

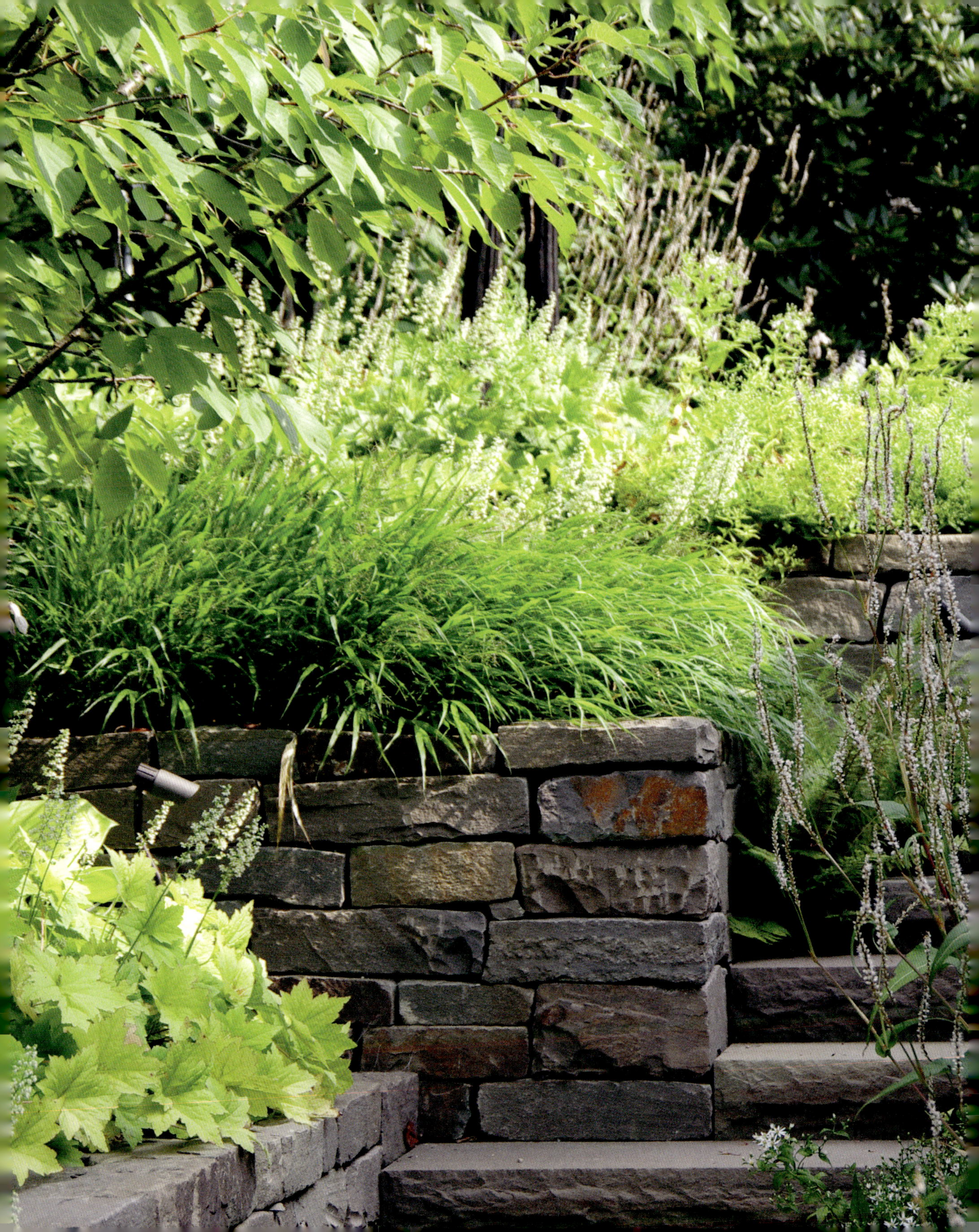

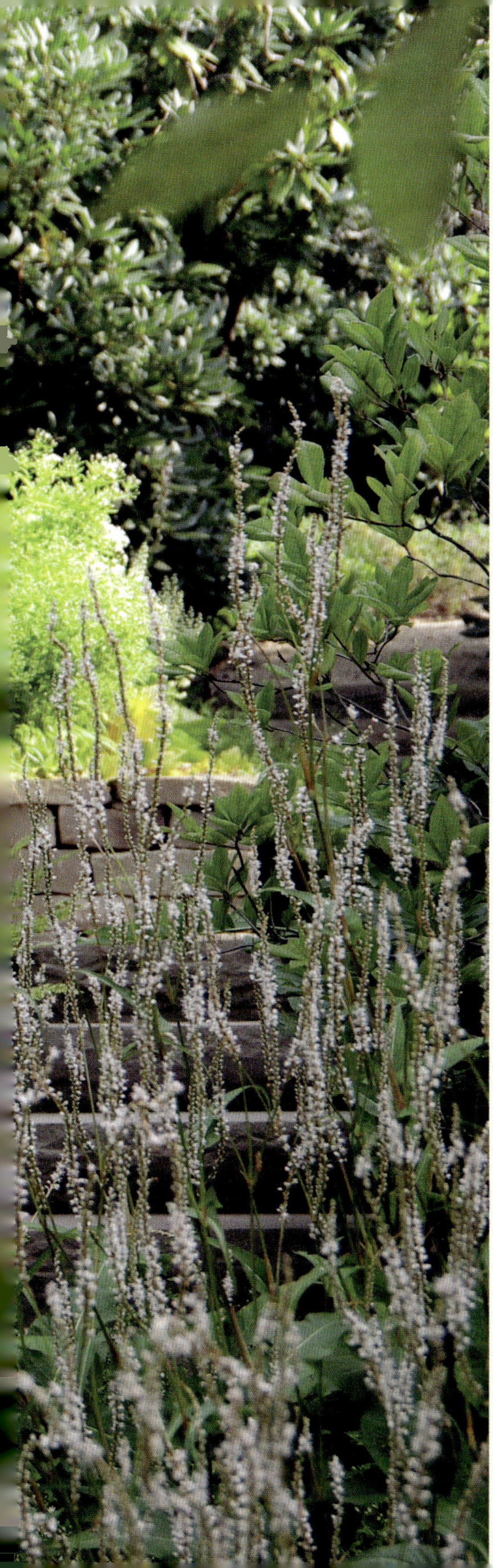

Architektonische Elemente

Zur Strukturierung eines Gartens dienen Wege, Gartenhäuschen, Zäune, Hecken und vieles mehr. Auf den folgenden Seiten finden Sie inspirierende Ideen und Tipps für die Anlage dieser Elemente.

Hard Landscaping

Die Engländer trennen die Gartengestaltung in harte und weiche Gestaltungselemente, also feste Materialien und Bepflanzung. Dieser Ansatz ist sehr hilfreich.

Der Begriff »Hard Landscaping« umfasst im englischen Sprachraum alle Materialien, die einem Garten das architektonische Gerüst geben – etwa Eingrenzungen, Bodenbeläge für Wege und Terrassen, Wasserbehältnisse, Kinderspielgeräte, Pergolen, Gartenhäuschen etc. In der Regel sind dies alles Elemente, die als feste Einbauten einen Garten für lange Zeit prägen.

»Soft Landscaping« meint hingegen die Pflanzen, die im Garten zum Einsatz kommen. Diese sind größeren Veränderungen unterworfen, allein schon durch den Wechsel der Jahreszeiten, und sie werden auch öfter einmal ausgetauscht. Um Hard Landscaping, die architektonischen Elemente in Ihrem Traumgarten, geht es nun in diesem Kapitel.

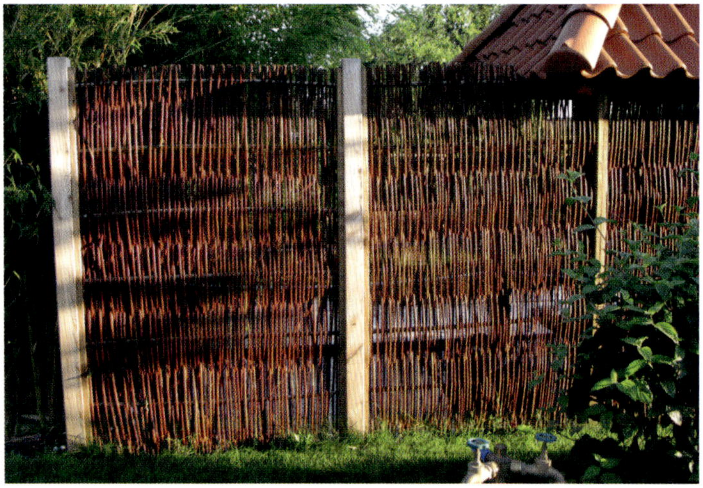

▲ Ein leicht transparenter Weidenflechtzaun als Sichtschutz

Detailinformationen

Mit der Erstellung einer Wunschliste, der Vermessung des Gartens und mit Ihrem persönlichen Moodboard haben Sie gute Vorarbeit geleistet, um nun mehr ins Detail gehen zu können. Sammeln Sie Beispiele für bauliche und gestalterische Details, die Ihnen gefallen. Das können Bilder in irgendeinem Magazin oder einer Broschüre sein oder auch Fotos einer Treppenanlage, eines Zauns oder einer Pflanze, die Sie im Urlaub gesehen haben. Besuchen Sie Schaugärten und Gärtnereien. Lassen Sie sich, wo immer Sie sind, inspirieren.

Materialien

Richten Sie das Augenmerk vor allem auf die verwendeten Materialien. Ein Naturstein, ein besonderer Betonstein, eine Holzart oder ein Metall, aus dem Sie sich Elemente im Garten vorstellen können, ergänzen Ihre Sammlung – als Bild oder auch als Original.

Vor allem, wenn Sie eine professionelle Gartenplanung in Anspruch nehmen, sind diese Informationen für den Designer sehr wertvoll. Es ist mir wichtig zu betonen, dass Materialien und Texturen, die Ihnen gefallen, durchaus nicht nur aus der Gartenwelt stammen müssen. Sammeln Sie unbedingt auch Stofffetzen, Tapetenstücke oder Badezimmerkacheln. Sie sind immer auch Stimmungskommunikatoren, die es dem Designer ermöglichen, den Gartenbesitzer ein wenig kennenzulernen und mit dem Wissen um seine Träume und besonderen Wünsche einen Schlüssel zu seinem Gartenparadies zu finden.

Es wird konkret

Wenn Sie selbst Ihren Garten planen, hilft Ihnen die vorherige Recherche, aus der Fülle der Möglichkeiten immer präziser Ihre eigenen Wünsche herauszukristallisieren und sich gezielt auf die Suche zu machen – sei es in Fachgeschäften oder im Internet.

Die folgenden Kapitel möchten Ihnen einige Denkanstöße zur Planung Ihrer grünen Oase geben. Es gibt viele Fragen zu beantworten: Wie möchte ich meinen Garten eingrenzen und unterteilen? Eignet sich dafür besser eine Hecke oder soll es ein Zaun oder eine Mauer sein? Welche Materialien kommen für Wege, kleine Plätze und Terrassen in Betracht? Welche weiteren Elemente sollen in meinem Garten Akzente setzen – sei es ein Brunnen, ein kleiner Wasserfall oder ein Spielplatz für die Kinder?

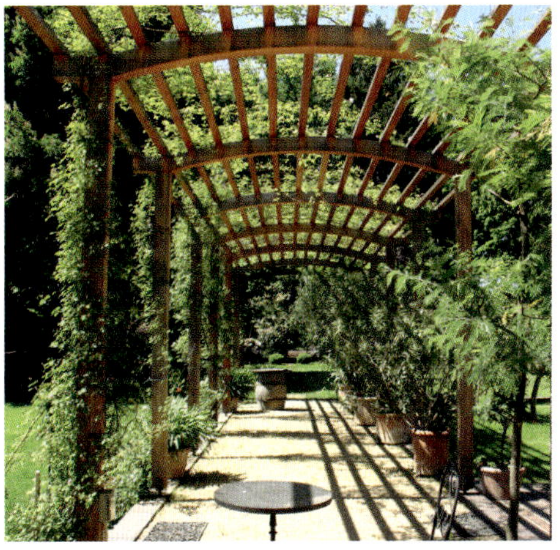

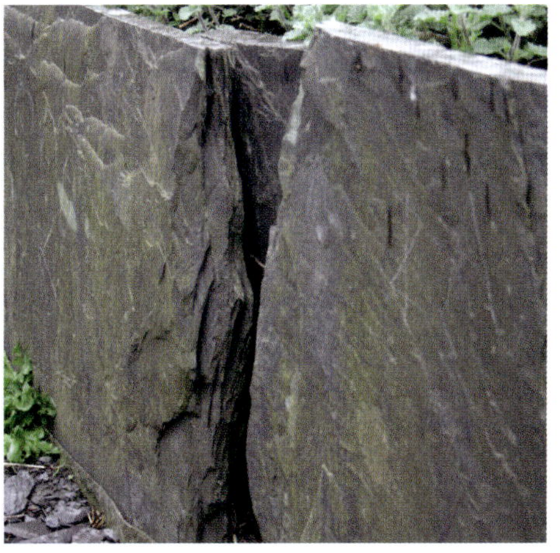

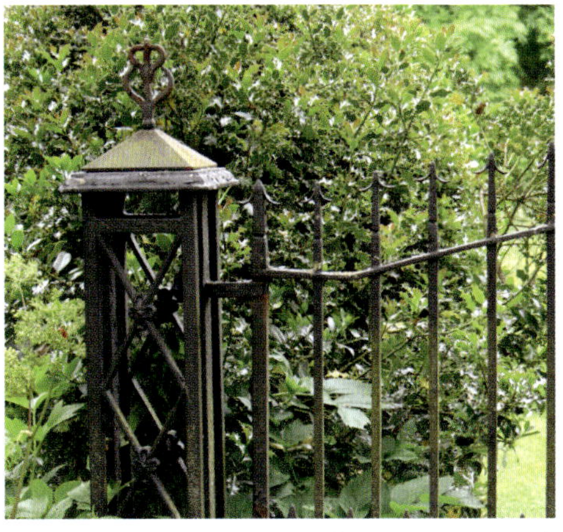

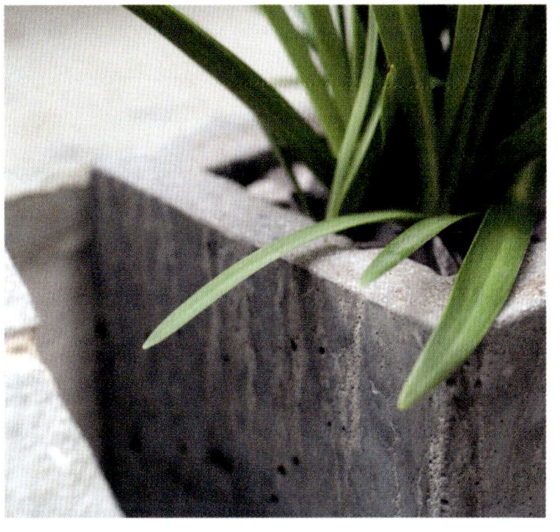

▲▲ Holzpergola mit Geißblatt (*Lonicera heckrottii*) ▲ Ein besonders liebevolles Detail – eine schmiedeeiserne Zaunanlage

▲▲ Edles Material kunstvoll eingebaut – Schiefer als Hochbeeteinfassung ▲ Moderne Architektur braucht auch modernere Dekoelemente

Hecken und Zäune

Sie dienen als Einfassung, Raumteilung oder zur Markierung der Grundstücksgrenze.

Wer einen einfachen Zaun haben will und dabei nicht auf seine Herkunft oder sein Haus hinweisen möchte, sollte sich ganz einfach für einen schwarzen oder anthrazitfarbenen Maschendrahtzaun entscheiden. Hier liegt die Betonung auf schwarz, denn leider wird immer noch gern im ganzen Land darauf bestanden, dass es den Zaun nur in diesem Grünton gibt, der durch die gesamte Nachbarschaft leuchtet. Seit über 20 Jahren kämpfe ich gegen den Verkauf von grünem Maschendraht und immer wieder höre ich: »In Schwarz jibts den nich.« Das stimmt aber so nicht.

Mein Gebet scheint erhört worden zu sein, denn mittlerweile gibt es Webseiten, die schwarzen Maschendraht als besonders edle Variante verkaufen. Schwarz ist nämlich eine Farbe, die in der Natur sehr viel vorkommt und die sich völlig in die Landschaft integriert, was einem grünen Zaun nie gelingen wird. Wer plant, von der Innenseite des Grundstücks noch eine Hecke vor den Zaun zu setzen, sollte auf keinen Fall an ein anderes Material zur Einzäunung denken.

Aufwendigere Lösungen

Wenn Sie sich vor dem Haus eine edlere Variante des Zaungitters mit Sockelmauer wünschen, sollten Sie sich dies gut überlegen, denn wenn dahinter noch eine Hecke gepflanzt wird, geht der edle Zaun leicht unter. Was nicht heißen soll, dass ich mich nicht für diese edle Variante entscheiden würde. Ihre Planung sollte aber sinnvoll sein, denn es ist auch eine Kostenfrage – ein

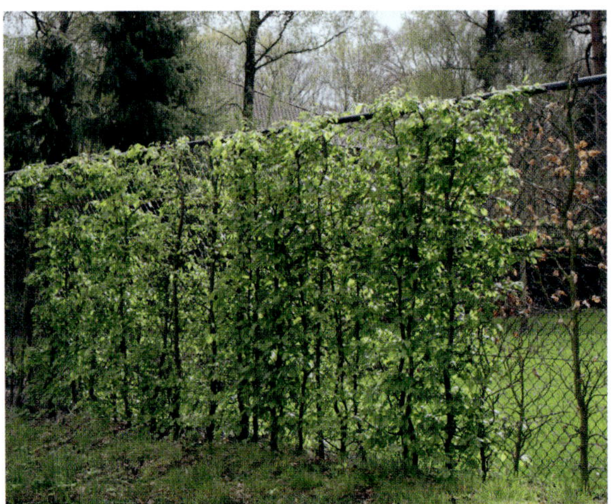

▲ Hainbuchenheister, an einem Maschendrahtgitter befestigt, ergeben eine sehr dünne und dichte Hecke.

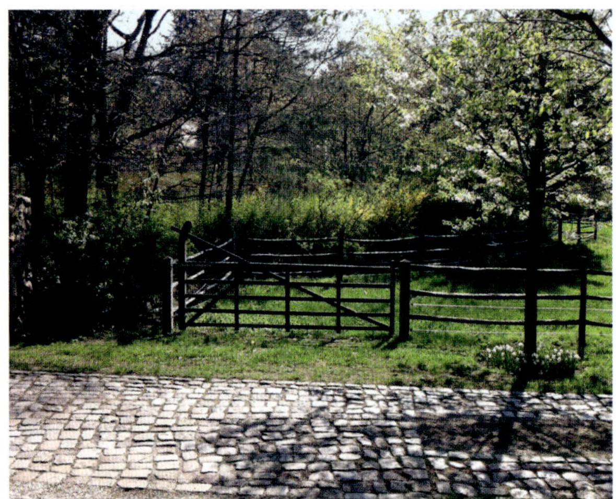

▲ Paddockzaun aus Kastanie für große Vierbeiner

Zaun mit Sockelmauer kann schon erheblich teurer sein als Maschendraht.

Wer sich gerne einen aufwendigeren Zaun machen lassen möchte, der hat die Qual der Wahl und sollte sich vielleicht in der Nachbarschaft einmal umsehen, was so in der Region verwendet wird. Jägerzaun ist ja eher nicht so meins, hat aber an ganz bestimmten Stellen auch seine Reize. Bei einem Holzzaun muss auch immer beachtet werden, dass man diesen alle zwei bis drei Jahre streichen muss. Kommt für Sie ein schmiedeeiserner Zaun infrage, informieren Sie sich unbedingt auch, wie hoch die Kosten für die Sockelmauer sind, damit es da kein böses Erwachen gibt. In vielen Regionen Deutschlands müssen Sockelmauern frostfrei gegründet werden, sodass die Mauer manchmal teurer ist als der Zaun. Schmiedeeiserne Zäune sollten unbedingt verzinkt und dann pulverbeschichtet sein, damit diese nicht nach zwei Jahren beginnen abzublättern.

Grüne Begrenzungen

Eine Hecke hat natürlich den Vorteil, dass sie den Vorgarten und auch den hinteren Garten zum Nachbarn blickdicht macht, es sei denn, die Hecke verliert im Herbst ihre Blätter, wie es zum Beispiel bei vielen Naturhecken mit Weißdorn, Rotdorn, Rosen, Schlehen und Berg-Ahorn vorkommt. Auch meine heißgeliebten Kornelkirschen (*Cornus mas*) werfen im Winter die Blätter ab. Wer es nicht blickdicht braucht, sollte überlegen, eine Hartriegelhecke zu pflanzen, die im Sommer dicht belaubt ist und im Winter ihre bunten Rinden zeigt, deren Farbspektrum von Feuerrot über Orange bis hin zu Knallgrün reicht. Ist aber die Blickdichte ein wichtiger Punkt für Sie, sind immergrüne Hecken die beste Wahl.

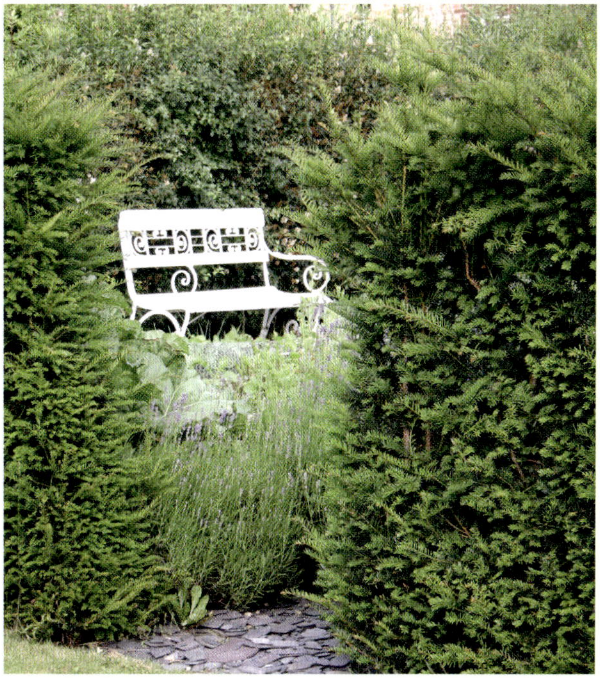

▲ Wem die Eibe zu langsam wächst, der sollte ein paar Jahre nur die Seiten schneiden und nicht die Höhe reduzieren.

Expertentipp: Eibenhecken

Irgendwie hat sich leider der Vorbehalt gegenüber Eiben (*Taxus*) verstärkt, weil man meint, sie seien Friedhofspflanzen und außerdem sehr giftig. Beides kann ich nicht bestreiten, dennoch sind sie die schnittfähigsten und dichtesten immergrünen Hecken in unserer Klimazone. Wenn die Eibenhecke einmal zu hoch oder zu breit wird, kann ich sie einfach auf die gewünschte Dimension zurückschneiden, denn sie verträgt einen Schnitt sehr gut. Thujahecken nehmen Ihnen einen starken Rückschnitt dagegen sehr übel, was übrigens der Grund dafür ist, warum es so viele völlig außer Kontrolle geratene Thujahecken gibt.

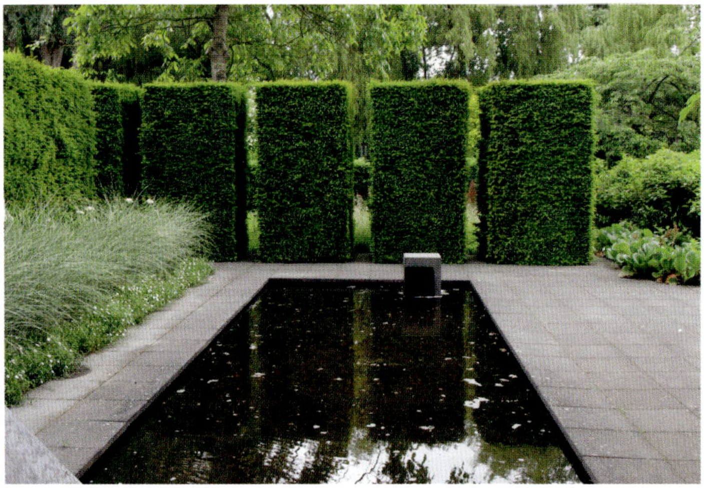

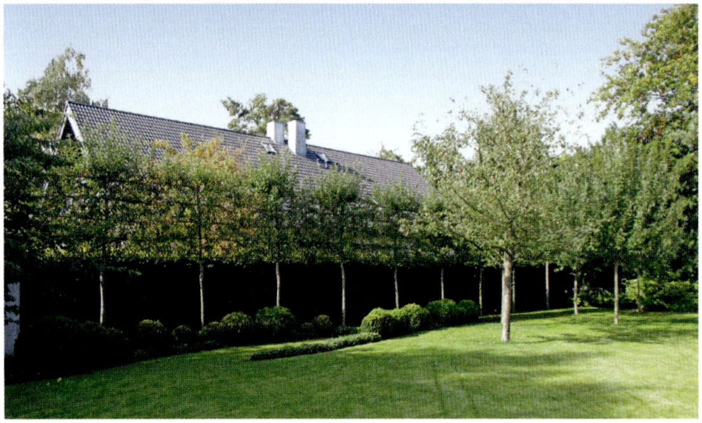

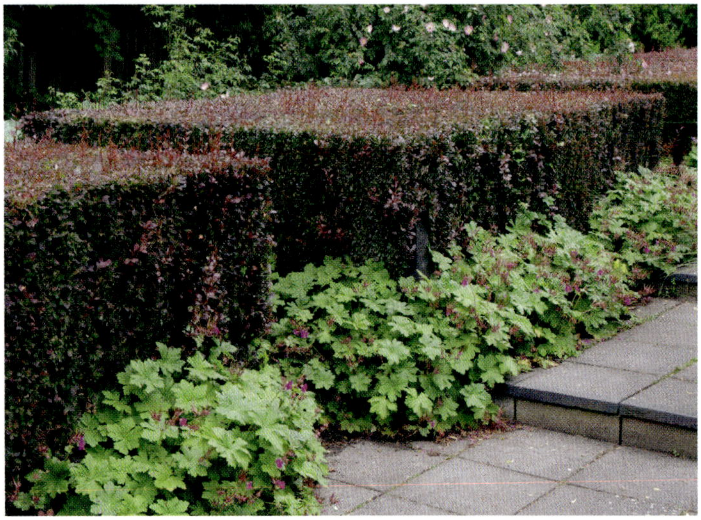

Mein absoluter Favorit ist nach wie vor die Rotbuche, die ihr Laub im Winter behält und im Herbst eine hinreißende Gelborangefärbung zeigt. Zusammen mit einem schwarzen Maschendraht ist diese Hecke eine bezaubernde Grundstücksbegrenzung zu jeder Jahreszeit.

In Form geschnitten

Wer schon einmal im Sommer durch Italien gefahren ist, der weiß, dass es wenige Pflanzen gibt, die man nicht irgendwie in eine Form zwingen kann. Allerdings gibt es auch eine ganze Reihe von Pflanzen, die einem solch eine Tortur übel nehmen. Gut zu schneiden, neben der bereits erwähnten Eibe, ist zum Beispiel die Kornelkirsche (*Cornus mas*), die trotz starken Rückschnitts immer im Frühjahr herrlich blüht und im Herbst Früchte trägt. Dann gibt es natürlich noch all die stacheligen Berberitzen, Buchs, Miniaturstechpalmen (*Ilex crenata*) und eine neue Minieibensorte mit dem Namen 'Renkes Kleiner Grüner'.

▲▲▲ Absolut blickdicht im Winter wie im Sommer: Die Eibe (*Taxus*), Mien Ruys Garten in Holland
▲▲ Entlang der Grundstücksgrenze reduziert ein Zierapfelspalier die Wirkung des Nachbardaches.
▲ Rote Heckenberberitze 'Atropurpurea' (*Berberis thunbergii*) als farbige Kuben, Mien Ruys Garten in Holland

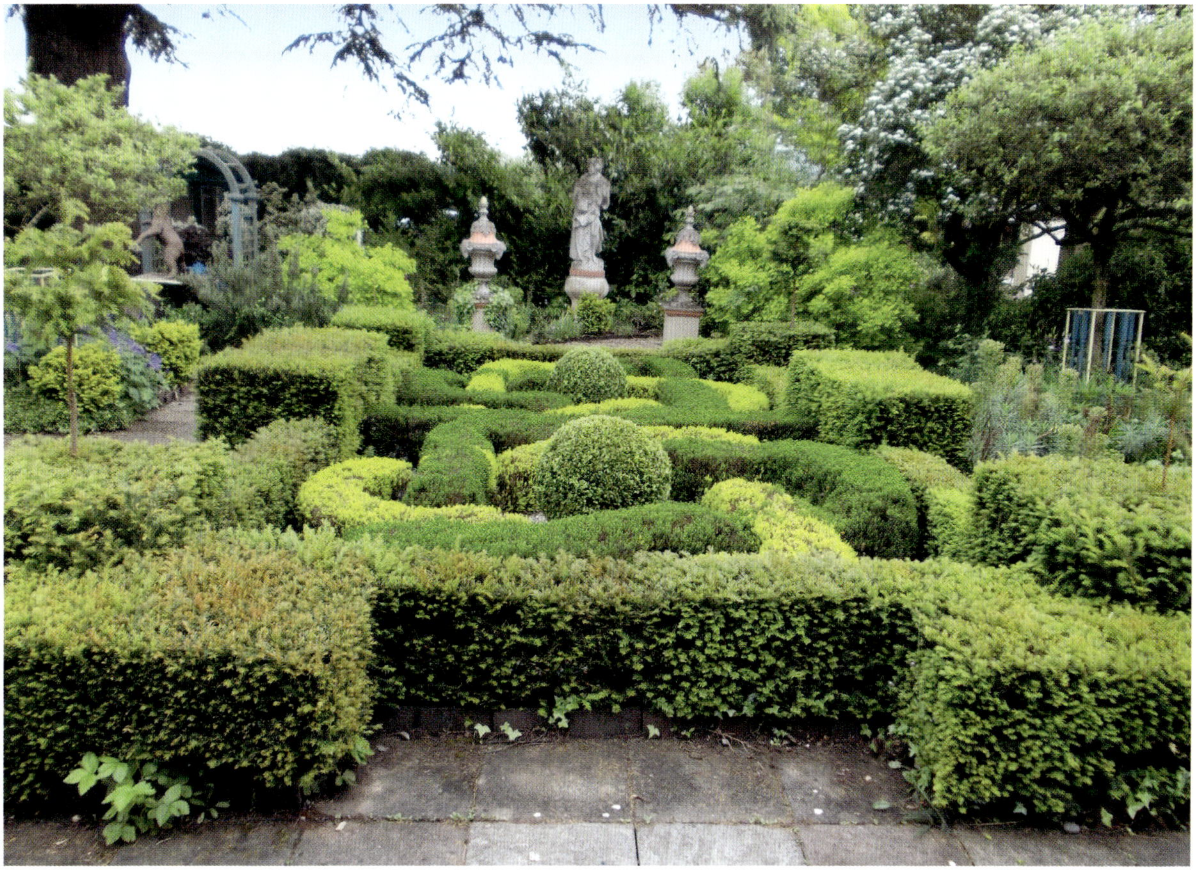

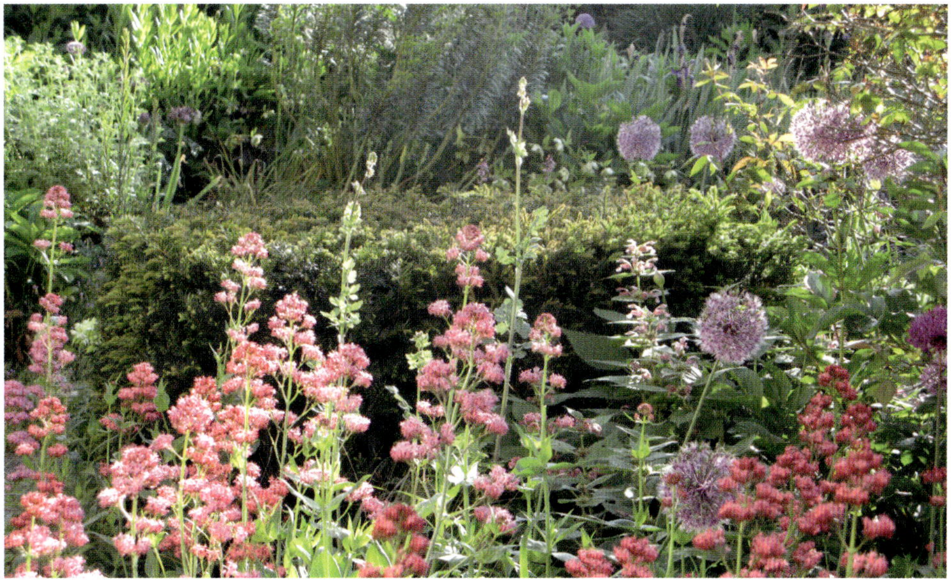

▲ Ein sogenannter Knotengarten aus zweierlei Erika mit einer Eibeneinfassung in Laskett Gardens. Auch Buchs eignet sich gut für Einfassungen.
◄ Ein Eibenkubus bringt Spannung zwischen die Spornblumen und Struktur im Winter.

Der passende Stein

Es ist oft schwierig, sich für ein neues oder altes Material zu entscheiden. Häufig lohnt es sich, das Vorhandene mit frischen Augen zu betrachten.

Für viele Gartenbesitzer ist es immer wieder eine große Herausforderung, welcher Stein für welche Flächen, Mauern oder Stufen gewählt werden soll. In Baumärkten und Gartencentern sind die Menschen aufgrund der riesigen Auswahl fast überfordert und vermissen dort oft kompetente Fachberatung.

Ich sehe so unglaublich viele Terrassen, die sich bereits nach wenigen Jahren auflösen, vor allem wenn südländische Natursteinplatten verbaut wurden (s. S. 88). Ich erinnere dann gern daran, dass wir ein nordisches Land sind, in dem zu helle Platten eher fehl am Platz sind. Der beste Tipp ist, sich in der eigenen Nachbarschaft umzusehen, vor allem bei alten Gebäuden und Villen, denn dort liegt meist noch immer ein Stein, der bereits mit dem Bau des Hauses gelegt wurde. Dieser Stein ist durabel und könnte der Ihre werden.

Vielerorts wurden die lokalen Steinbrüche wieder geöffnet und von neuen Generationen weitergeführt, weil der Wunsch nach Nachhaltigkeit immer größer wird. Warum einen Stein kaufen, der Tausende von Kilometern gereist ist, wenn es einen ebenbürtigen um die Ecke gibt, der wahrscheinlich unseren Witterungsverhältnissen besser standhält. Menschen, die sich viel mit Steinen befassen, behaupten ja, dass Steine Jahrtausende von Begebenheiten des

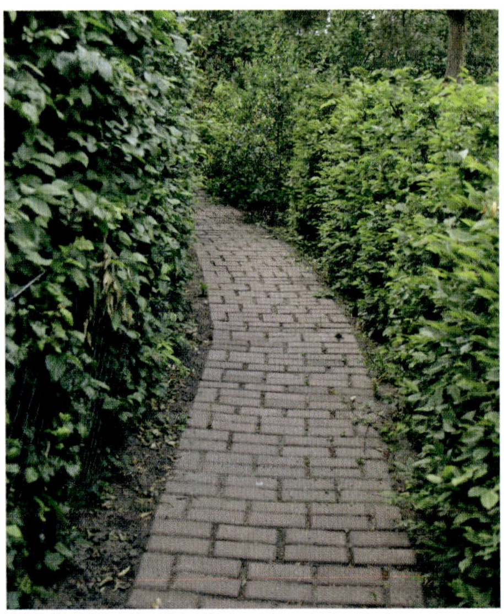

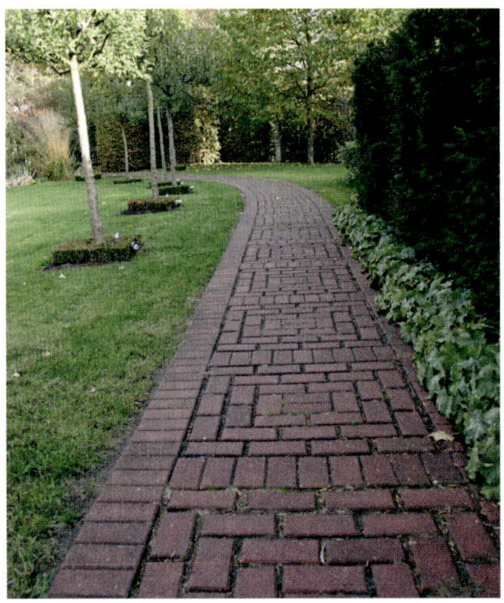

◄ Ein einfacher, roter Betonstein (20 × 10 cm) kann durch ein schönes Verlegemuster gut aufgewertet werden, hier zum Beispiel ein Korbmuster (links) und radialverlegt mit Läuferreihe (rechts).

Herkunftslandes in sich tragen, versteinerte Geschichte sozusagen, die sowohl gute als auch schlechte Schwingungen in den neuen Garten bringen können.

Regionale Materialien

Aber genug der esoterischen Gedanken, was ich sagen möchte ist, dass man sich Zeit nehmen sollte, einen passenden Stein auszusuchen, und dass die Steine aus der eigenen Region oft die schönsten und solidesten sind, sozusagen mit dem Qualitätssiegel »Made in Germany«, »in Austria« oder »in Switzerland« versehen. Überhaupt bin ich ein großer Fan dieses Slogans und so sind Waren »Made in China« wohl auch am besten in China zu verwenden.

In den Beispielen auf dieser Seite werden deshalb auch meine wichtigsten Prinzipien aufgezeigt. Jede Region hat eine oder mehrere Steinsorten und selbstverständlich kann man auch einmal einen Stein aus einem benachbarten Land nehmen, aber man sollte sich unbedingt Klarheit darüber verschaffen, ob der Stein der Begierde winterhart ist.

Wer sich aus Überzeugung oder aus finanziellen Gründen für einen Betonstein entscheidet, hat heutzutage wesentlich mehr Auswahl als noch vor fünf Jahren, also gilt auch hier das Motto: Nicht den Erstbesten nehmen, sondern den Besten zuerst. Betonsteine haben den Vorteil gegenüber vielen Natursteinen, dass sie selten rutschig werden, aber sie sind einfach niemals so stilvoll wie Natursteine. Einen Betonstein mit 20 × 10 Zentimetern kann ein schönes Verlegemuster immerhin aufwerten (siehe Foto links unten).

Wer sich für Klinker aus Ton entscheidet, sollte sicher sein, dass er nicht im Schatten pflastert, denn dort wird der Stein grün und glitschig.

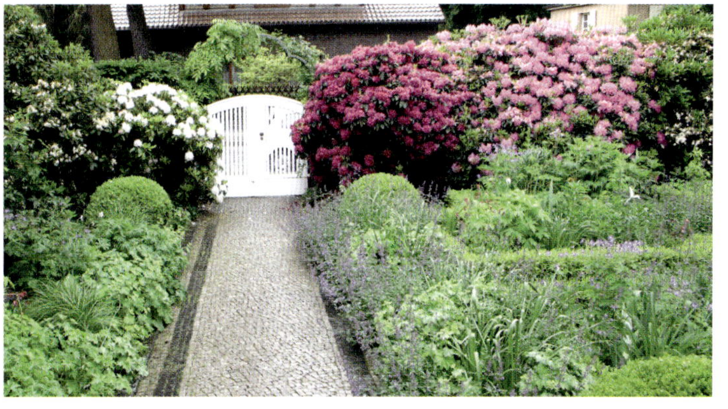

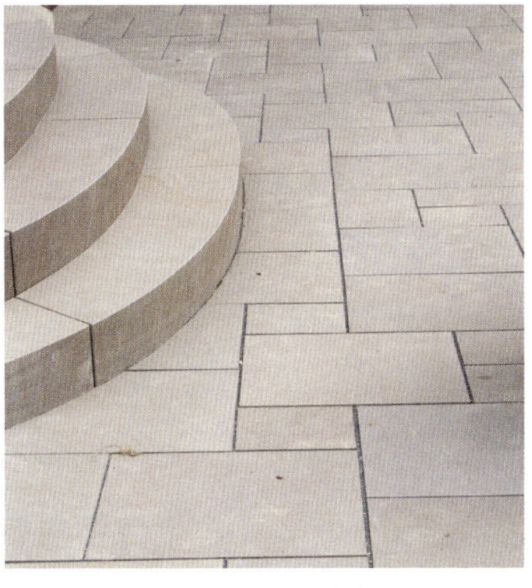

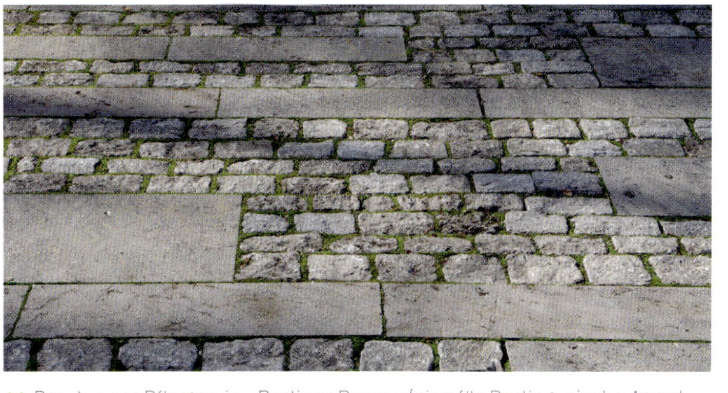

▲ Römischer Verband aus einheimischer Grauwacke

▲▲ Bernburger Pflaster, in »Berliner Passe« (eine für Berlin typische Anordnung der Steine im 45-Grad-Winkel), eingefasst von zwei Läuferreihen Basaltmosaik ▲ Muschelkalk als Großsteinpflaster und Platte in Bändern verlegt

Terrassenbeläge aus Stein

Nicht alles, was aus Stein ist, kann auch längerfristig für eine Terrasse verwendet werden.

Terrassenbeläge sollte man abhängig von der Ausrichtung der Terrasse wählen. Je schattiger eine Terrasse ist, desto stärker sollte der Stein gegen die Tücken des Schattens gewappnet sein.

Somit fallen vor allem helle Sandsteine und Travertine schon einmal völlig weg. Ich weiß, dass sich viele von Ihnen im Urlaub in die schönen Travertinterrassen an der Italienischen Riviera verlieben, aber das sind eben Länder, in denen die Sonne im Durchschnitt einfach länger scheint.

Ein Sandstein im Schatten wird in allerkürzester Zeit zuerst veralgen, dann vermoosen und vor allem lebensgefährlich glatt, es sei denn, Sie säubern die Flächen einmal im Monat mit dem Hochdruckreiniger, und das wiederum führt zu seinem sicheren Tod.

Granit oder Muschelkalk

Dies sind die Natursteine, die sich meiner Erfahrung nach am besten für eine verschattete Terrasse eignen. Bei beiden Optionen gibt es sehr große Qualitäts- und Farbunterschiede.

Neuer Granit wirkt oft zu hell und klinisch. Sehen Sie sich doch einmal nach gebrauchtem Material um. Vor allem bei Kleinstein- oder Kopfsteinpflaster macht sich das gebrauchte Material sehr gut, es hat dann schon eine sanfte Patina, auf die man bei neuem Granit gut fünf bis sechs Jahre warten muss.

Wer sich gänzlich vor grauem Granit gruselt, der sollte sich einen Masur zeigen lassen. Hierbei handelt es sich um einen sandfarbenen Granit aus Polen, der sich besonders gut dafür eignet,

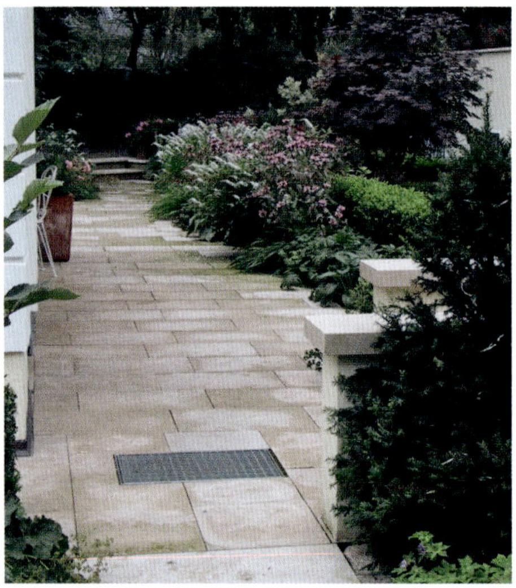

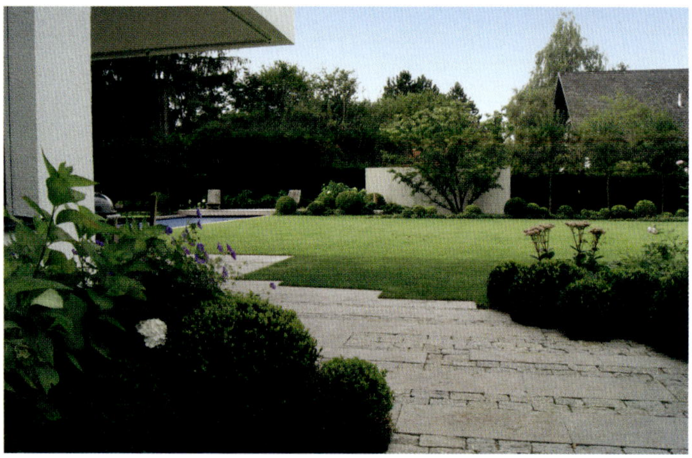

◄ Sandsteinterrassen können im Schatten leicht veralgen. ▲ Muschelkalk ist ein sehr unempfindliches und winterfestes Material.

mediterranes Flair in den Garten zu bringen. In Segmentbögen verlegt ist er eine echte Show, bei Vollschatten kann auch er leicht vergrünen. Das Gleiche gilt für italienischen Travertin: Er ist zwar ein sehr winterfester Kalkstein, sollte aber durch seine Grobporigkeit nur für Sonnenterrassen verwendet werden.

Hierbei sei darauf hingewiesen, dass ganz helle Steinplatten die Sonne reflektieren und eine Terrasse in unseren Gefilden sehr grell machen können. Dies hat zur Konsequenz, dass die Terrasse den Garten dominiert, was aus meiner Sicht kein gewünschtes Resultat ist, denn die Terrasse sollte sich eigentlich als Mediator zwischen Haus und Garten eingliedern. Muschelkalk oder Grauwacke wären meiner Meinung nach eine schönere, erdigere und lichtabsorbierende Alternative, wenn es um Naturstein geht. Vor allem der Muschelkalk ist nicht so wetterempfindlich, rutschfester und absorbiert auch durchaus den ein oder anderen Öl- oder Rotweinfleck, während Sandsteine und Travertine geradezu den Fleckendiven zugeordnet werden können.

Beton und Backsteinklinker

Am widerstandsfähigsten ist, ob man es glaubt oder nicht, Beton, wie an den unverwüstlichen Waschbetonplatten zu sehen ist. Es gibt aber mittlerweile sehr akzeptable, Natursteinen nachempfundene Terrassenplatten, die sich für schattige und sonnige Terrassen eignen. Unverzeihlich sind dagegen Terrassen aus Betonpflastersteinen. Die sehen auch bei schönstem Muster eben wie Betonpflasterstein aus.

Dann wären noch schöne Backsteinklinker zu nennen, die man vor allem gerne in Norddeutschland verwendet, weil sie sehr gut zu den Gebäuden passen. Auch hier ist Vorsicht im Schatten geboten, denn so ein Klinker kann im Schatten zur Rutschfalle werden. Kleiner Tipp: Bei Klinkern nach zweiter Wahl fragen, die wirken verlegt nicht ganz so steril.

▼ Weg aus Granit und Travertin ▼▼ Gelbes Granitmosaik aus Granit-Masur mit Muschelkalkplatten ▼▼▼ Granit eignet sich gut für Muster, da er in vielen Formen und Farben erhältlich ist.

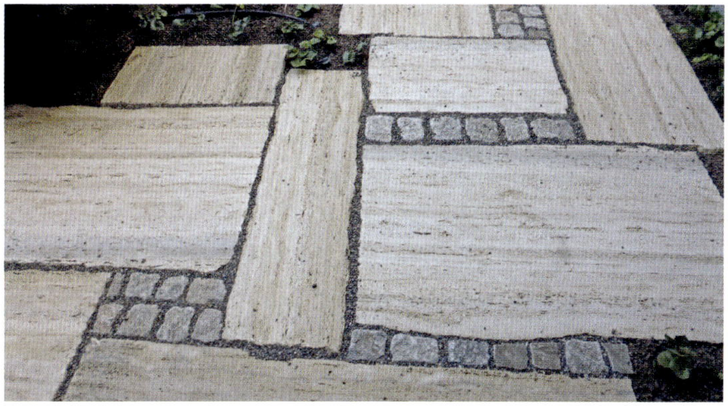

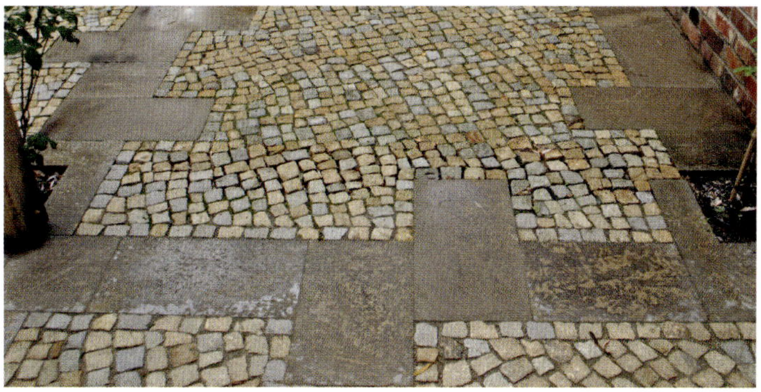

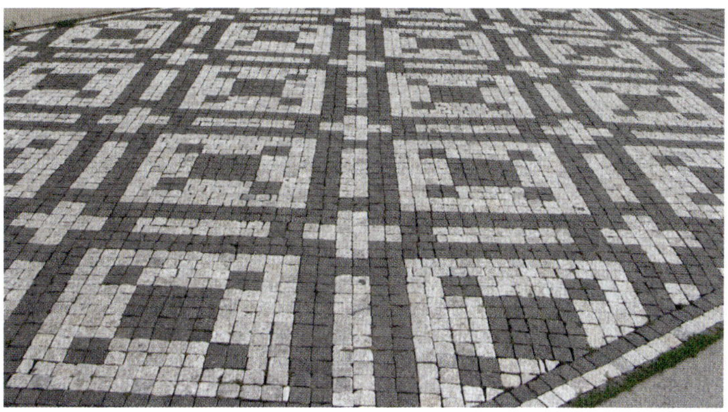

Holzterrassen und -decks

Holz hat in den letzten Jahren sehr an Popularität als Terrassenmaterial gewonnen und der Trend geht deutlich weg vom Tropenholz hin zu nachhaltigen Alternativen.

Das Angebot an Terrassenbelägen ist mittlerweile so groß, dass es den meisten Gartenbesitzern immer schwerer fällt, den richtigen für sich herauszufinden. Besonders erweitert hat sich das Sortiment von Steinplatten und Hölzern aus weit entfernten Ländern. Da ich grundsätzlich nur Materialien aus Europa für Gärten empfehle, reduziert sich die Auswahl schon drastisch, ist aber immer noch groß genug. Meine Überzeugung, keine Tropenhölzer zu benutzen, ist nicht nur darin begründet, dass ich den Zertifikaten der Holzlieferanten nicht traue, sondern auch darin, dass ich den 6000–7000 Kilometer langen Transport dieser Hölzer für reinen Irrsinn halte, wo wir doch eigene Lösungen haben. Es gibt zum Beispiel mittlerweile genügend einheimische Hölzer für Terrassendecks, die durchaus mit der Haltbarkeit von weitgereisten Tropenhölzern, wie Bongossi, Teak und Bangkirai, mithalten können.

Alternativen zu Tropenholz

Seit einigen Jahren verwenden wir sehr erfolgreich splitterfreies Deckmaterial aus Thermoesche oder -eiche, wobei Eiche etwas kostspieliger ist.

Die Thermoesche ist ein hitzebehandeltes Material, dessen ursprüngliche Lebensdauer von fünf bis sechs Jahren durch einen Hitzeprozess um etwa das Vierfache erhöht wird. Die hellen Lärchenhölzer, die zurzeit noch gern

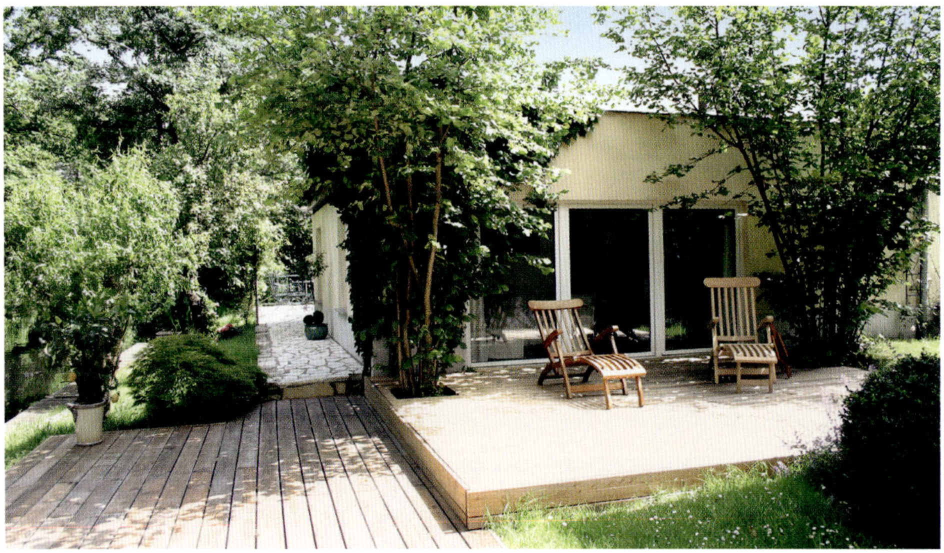

◄ Ein traditionelles Lärchenholzdeck, das bei richtiger Behandlung auch 15 bis 20 Jahre alt werden kann

verlegt werden, haben dagegen unbehandelt auch nur eine Lebenserwartung von fünf bis sechs Jahren. Hier empfiehlt sich unbedingt eine Behandlung des Holzes mit Öl oder Anstrich, um die Lebensdauer zu verlängern. Die Thermohölzer haben bei Lieferung bereits eine recht schöne dunkle Farbe, die über die Jahre, genau wie bei Tropenhölzern, in Grau übergeht.

Glatt oder geriffelt?

Seit Jahren werden Terrassenhölzer mit schrecklich geriffelter Oberfläche verkauft, um angeblich die Rutschfestigkeit bei Nässe zu erhöhen, was ich infrage stelle. Meine Erfahrung ist vielmehr, dass man darauf lediglich besonders zielsicher nach links und rechts wegrutscht. Optisch erfüllen diese geriffelten Hölzer auch meine ästhetischen Kriterien nicht so wie glatte Bretter, die einem Holzdeck sehr viel mehr Eleganz verleihen.

Außerdem bin ich der Meinung, dass geriffelte Hölzer schneller vergammeln, weil das Wasser in den Rillen langsamer abtrocknet als auf glatten Brettern. Rutschig wird das Holzdeck besonders an schattigen und halbschattigen Plätzen, sodass man dort öfters zum Schrubber greifen muss, um Algen und Moose zu entfernen.

Der Hochdruckreiniger trägt übrigens nicht zur Langlebigkeit der Hölzer bei, denn er öffnet die Holzporen und macht das Holz wetterempfindlicher, sodass es schneller verrottet. Das Holz sollte unbedingt in einer Stärke von 2,3–2,5 Zentimeter verlegt werden, da sich dünnere Hölzer beim Betreten mit Absatzschuhen wie Plastik anhören. Apropos Plastik, es gibt mittlerweile auch Kunststoffdecks aus recycelten Autoreifen, die allerdings bei praller Sonneneinstrahlung barfuß nicht mehr betreten werden können.

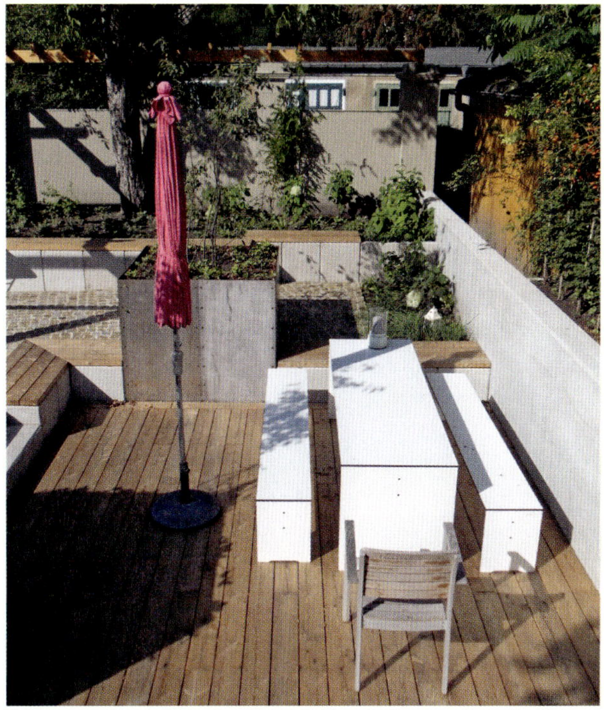

▲ Ein Lärchenholzdeck, bei dem das Holz auch auf den fest montierten Sitzbänken verlegt wurde

Expertentipp: Befestigung

Überlegen Sie sich gut, ob Sie die Bretter mit unsichtbaren Klammern oder doch lieber durch traditionelle Verschraubung einbauen wollen, denn wenn Ihnen bei der sogenannten unsichtbaren Verlegung mit Klammern einmal ein Ring unters Deck fällt, muss die ganze Terrasse aufgenommen werden und nicht nur ein Brett.

Und noch ein Tipp: Ich habe auf meiner eigenen Terrasse ein Material ausprobiert, das aus Monterey-Kiefern produziert wird und recht neu auf dem Markt ist. Es heißt Kebony und ist ein mit Ethylalkhol behandeltes Holz, das in Skandinavien hergestellt wird. Es hat eine sehr schöne Farbe und soll sehr langlebig sein.

Wasser im Garten

Ein Garten ist eigentlich nur komplett, wenn in ihm auch irgendwo und in irgendeiner Form Wasser zu finden ist. Es muss ja kein See oder Teich sein, manchmal reicht eine Schale, um die Vögel glücklich zu machen.

Ein kleiner romantischer Gartenteich kann ganz schnell in einer Sumpftragödie enden. Viele Bauherren wünschen sich bei der Gestaltung ihres Gartens, dass ein wenig Wasser im Garten berücksichtigt wird. Dies ist ein sehr interpretierbarer Wunsch, denn es wird nicht deutlich, was der Gartenbesitzer damit meint. Vielleicht einen kleinen Quellstein, einen Brunnen mit Pumpe, eine Fontäne mit Wasserbecken oder gar einen Teich mit Fischen, Fröschen und Algen?

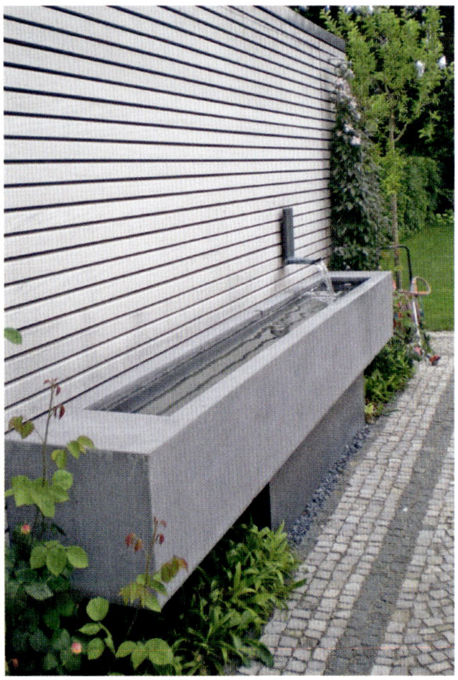

► Eine moderne Betontränke mit plätscherndem Edelstahlzulauf

Und damit beginnt das kleine Drama schon, denn der Hausherr träumt von einem Wasserlauf, der durch den Garten führt und in einem großen Teich endet. Auf einem fast waagerechten Terrain von etwa 140 Quadratmeter Gartenfläche ist von einem solchen Unternehmen völlig abzuraten, hier würde ich mich dann doch eher auf den Quellstein besinnen.

Kleine Teiche

Je kleiner der Teich ist, desto größer ist die Wahrscheinlichkeit, dass er sich zu einem algigen Sumpf voller Schlick und Grünzeug, aber wenig Wasser entwickelt. In vielen, recht kleinen Stadtgärten ist Laub das Hauptproblem, das sich im Teich ansammelt und über kurz oder lang eine Schlickschicht bildet, die dem Wasser immer mehr Sauerstoff entzieht und den Teich zum Umkippen bringt. Das bedeutet, dass Gewässer ihre chemische und physiologische Balance verlieren und nicht mehr ausreichend Sauerstoff führen, sodass letztendlich auch die Fische sterben. Es ist deshalb wichtig zu beachten, dass sich der Bewuchs proportional zur Größe des Teiches verhält und dass auch nicht zu viele Fische darin gehalten werden.

Ein zusätzliches großes Problem bei kleinen Teichen ist, dass sich bei zu großer Erwärmung Algen bilden, die auch zum Kippen des Wassers führen. Eine kleine Fontäne könnte helfen, ist aber in vielen Fällen nicht stark genug, um genügend Sauerstoff in den Teich zu bringen. Der Gartenteich sollte auch keinesfalls ganztägig der vollen Sonne ausgesetzt sein, da er sich dann auch zu schnell aufheizt.

Nachtkonzert

Glauben Sie mir, die Nachteile bei Teichen im Garten überwiegen. Wenn es Frösche gibt, die sich bei Ihnen zu Hunderten einfinden, könnte es sein, dass das Paarungsgequake zu nächtlicher Zeit vielleicht wie eine Zaubermelodie in Ihren Ohren klingt, häufig aber nicht in denen der Nachbarn. Die gute Nachricht ist: Wer Frösche hat, hat zwar mehr Probleme mit den Nachbarn, aber weniger mit Mücken, denn die Frösche fressen die Mückenlarven. In Gärten ohne Frösche gibt es dann wiederum ein Mückenparadies.

Wenn Sie Fische haben wollen, denken Sie daran, dass der Fischreiher die kleinen roten Goldfische aus höchster Höhe erspähen kann und dann zuschlägt, wenn Sie ins Büro gehen. Da hilft häufig nur ein gespanntes Netz, das allerdings weder zur Attraktivität des Ganzen beiträgt noch die Pflege des Teiches erleichtert. Und wenn Sie dann noch kleine Kinder oder Enkelkinder haben, würde ich das Projekt Teich einfach ins nächste Leben verschieben.

Brunnen und Wassertröge

Statt eines Teiches würde ich mir lieber einen netten kleinen Brunnen mit einer Durchlaufpumpe kaufen. Er macht wesentlich weniger Arbeit, wird von Mücken gemieden, verschlammt nicht und hört sich auch noch schön an. Versuchen Sie einen Brunnen mit einem Speier zu finden, von wo aus das Wasser in ein tiefes Becken fällt; dies erzeugt einen tieferen Ton und ist dem einer »Pieselfontäne« unbedingt vorzuziehen. Der ganz große Vorteil eines solchen Gewässers ist, dass das Geplätscher alle anderen Nebengeräusche, wie Nachbarn, Verkehrslärm und Ähnliches, sehr gut übertönen oder gar ausblenden kann. Auch sehr hübsch sind einfache Wassertröge, die ab und an nachgefüllt werden müssen, dafür aber die Vogelwelt in den Garten bringen und nur sehr selten als Laichstätte von Mücken und Fröschen genutzt werden.

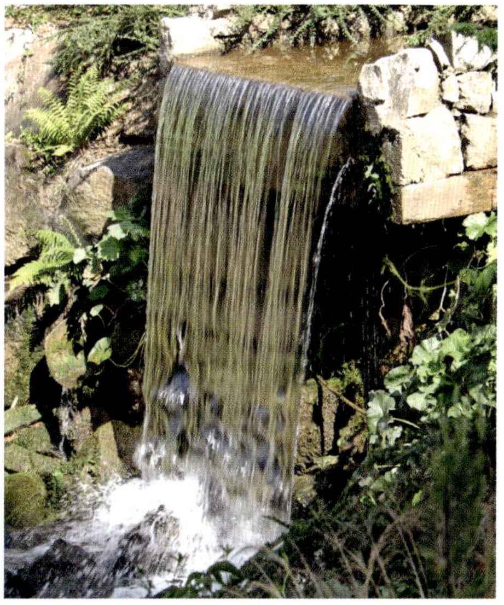

► Ein kleiner Wasserfall ist ideal, um Geräusche der Außenwelt zu übertönen. ▼ Wenn Wasser darin ist, kann dieses kleine Becken auch als Vogeltränke dienen.

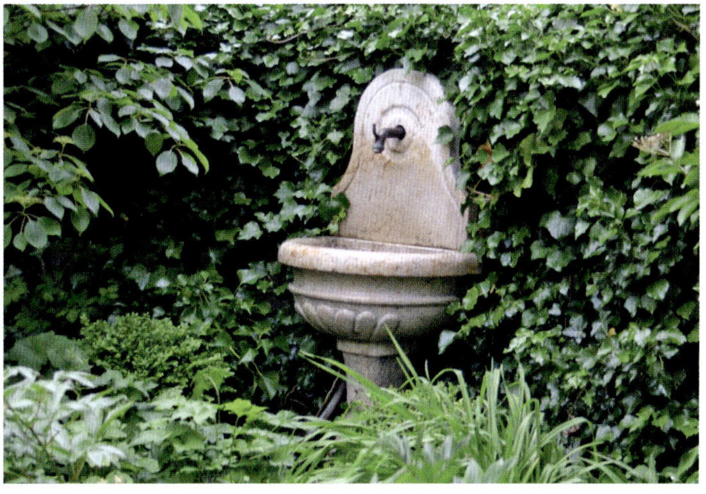

Platz für Kinder

Kinder möchten auf keinen Fall in eine Kinderecke gepfercht werden, sie lieben es, manchmal Teil des Geschehens zu sein und manchmal sich zurückzuziehen.

Ich bin kein Fan davon, dass junge Menschen ihren Traum vom Garten erst einmal zurückstellen, weil ihre Kinder sämtlichen Platz für ihr Equipment brauchen. Das ist auf lange Sicht weder schön anzusehen noch für die Kinder sehr abenteuerlich. Es sollte nicht allzu schwer sein, in einem Garten genügend Spielgeräte und Spaßanteile zu haben, ohne aus dem Garten einen Heidepark Soltau zu machen. Dafür ist es als Erstes einmal wichtig, die Kinder nicht in eine Spielecke zu verbannen, das mögen sie nämlich gar nicht.

Ganz kleine Kinder möchte man im Auge behalten, bei den größeren reicht es dann, wenn man sie hört. Also ist es immer eine schöne Idee, das Equipment auf den Garten aufzuteilen und dazwischen auch ein paar Obststräucher und Blumen zu haben.

Kleine Gärtner

Übrigens macht es Kindern sehr viel Spaß, auch eigenes Gemüse anzubauen. Wichtig ist hier nur, ihnen dafür ein kleines, möglichst eingerahmtes eigenes Beet zur Verfügung zu stellen. Im offenen, selbst zu definierenden Raum fühlen Kinder sich nicht wohl. Als Anfängersaat sollte man Radieschen, Sonnenblumen, Kürbisse und Zucchini

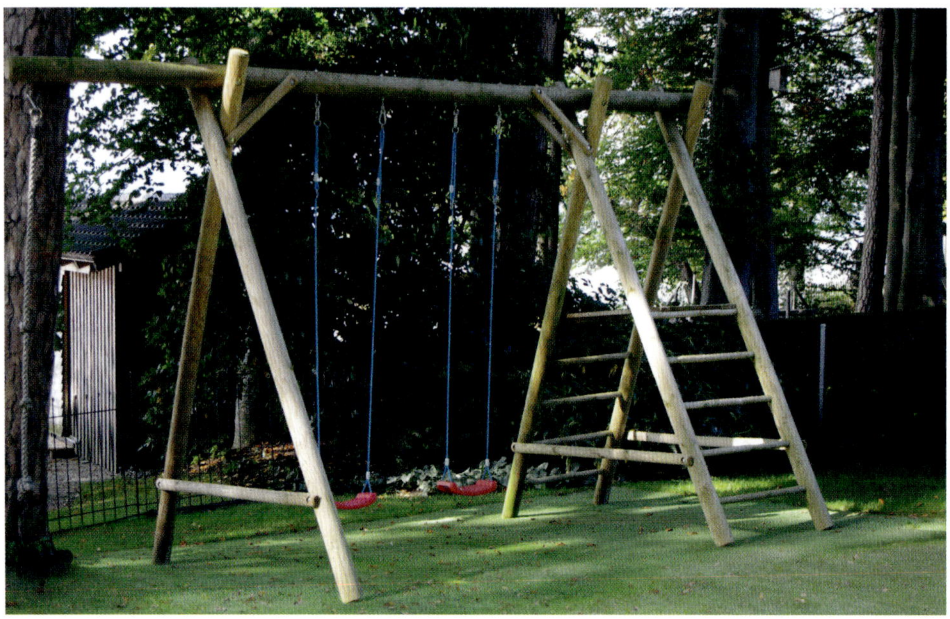

◄ Die unvermeidliche Schaukel, die nie fehlen sollte. Hier steht sie auf einem fast nicht erkennbaren Stück Kunstrasen, um Pfützen unter der Schaukel zu vermeiden.

verwenden, denn die brauchen nicht lange, bis sie sich zu einer ansehnlichen Pflanze entwickeln. Ganz im Gegensatz zu Karotten, roter Beete und Bohnen, die lange zum Keimen und Wachsen brauchen, sodass Kindern leicht die Lust vergeht.

Eine Schaukel muss nicht auf dem Rasen stehen, sie kann sich auch schön versteckt hinter einer Hecke inmitten flacher Bepflanzung befinden, denn es macht Kindern sehr viel Spaß, über Dinge hinüberzuschaukeln. Wer sich trotzdem für die traditionelle Variante im Rasen entschließt, sollte im Bereich der Schaukel Rollrasen legen, das sieht gut aus und ist auch schön weich.

Sandkästen

Sandkästen gibt es mittlerweile in allen Formen und Farben. Ich finde es immer wichtig, dass der Sand tief genug ist, damit man auch mal richtig buddeln kann, denn sonst ist die Sandkiste kurz nach der Installierung schon wieder out. Diese kleinen, zu füllenden Plastikschildkröten sind eher was für das Säuglingsalter und tragen dann schon sehr bald nur zum Plastikberg der Welt bei. Ein Deckel oder eine Abdeckung auf einem Holzrahmensandkasten ist eine gute Sache, damit Nachbars Katzen keine Überraschungen ablegen. Sandkasten und Schaukel sehe ich als Muss, weniger dagegen das Trampolin, das ja nun dank günstiger, vielerorts erhältlicher Modelle fast jeden Garten verschandelt, es sei denn, man versenkt das Gestell im Boden. Das wiederum ist im Budget der meisten Trampolinkäufer nicht eingeplant. Ehrlich gesagt stellt man das Ding am besten mitten auf den Rasen und wartet auf die Zeit, wo dieses angeblich sehr gesunde und sportliche Monstrum wieder out ist. Ich habe festgestellt, dass es Kindern sehr viel Spaß macht, durch angelegte Gärten auf geheimen Pfaden zu laufen. Leider ist die Menge an Equipment oft mehr ein nachbarschaftlicher Wettbewerb als eine echte Notwendigkeit für die Kinder.

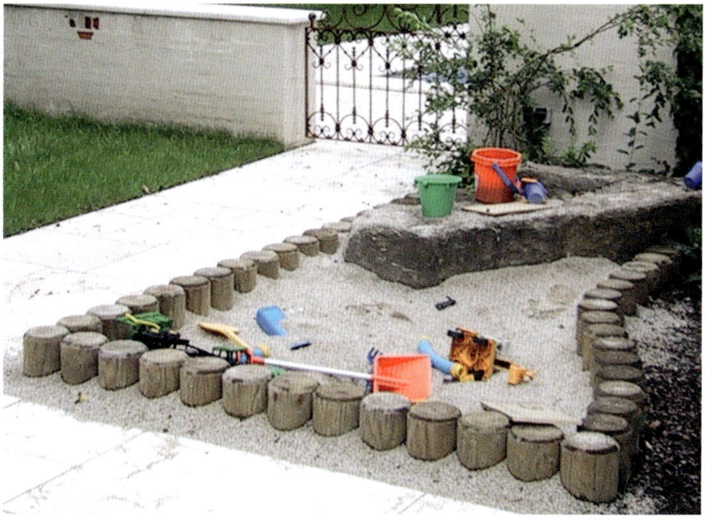

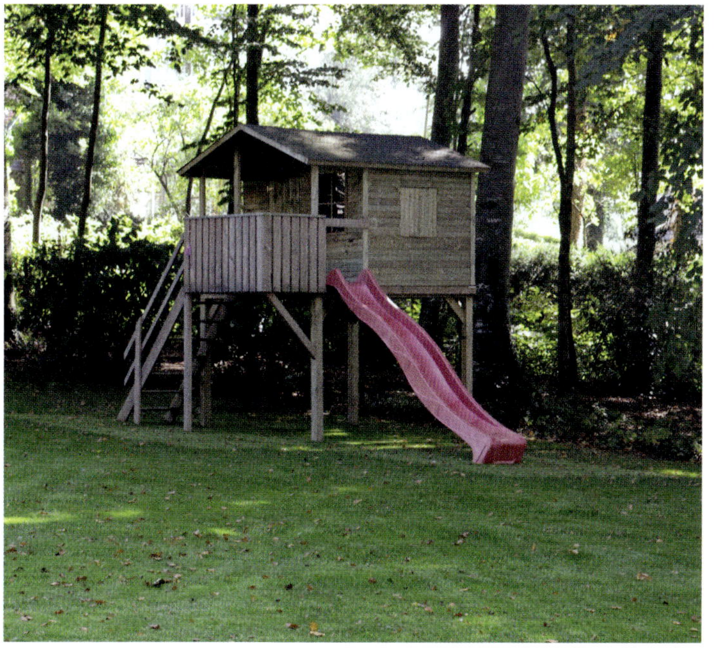

▲▲ Ein Sandkasten sollte nicht zu weit vom elterlichen Auge entfernt sein, da er meist von Kleinstkindern benutzt wird. ▲ Temporäres Hochhaus mit Balkon und Rutsche auf einer kleinen Fläche Kunstrasen

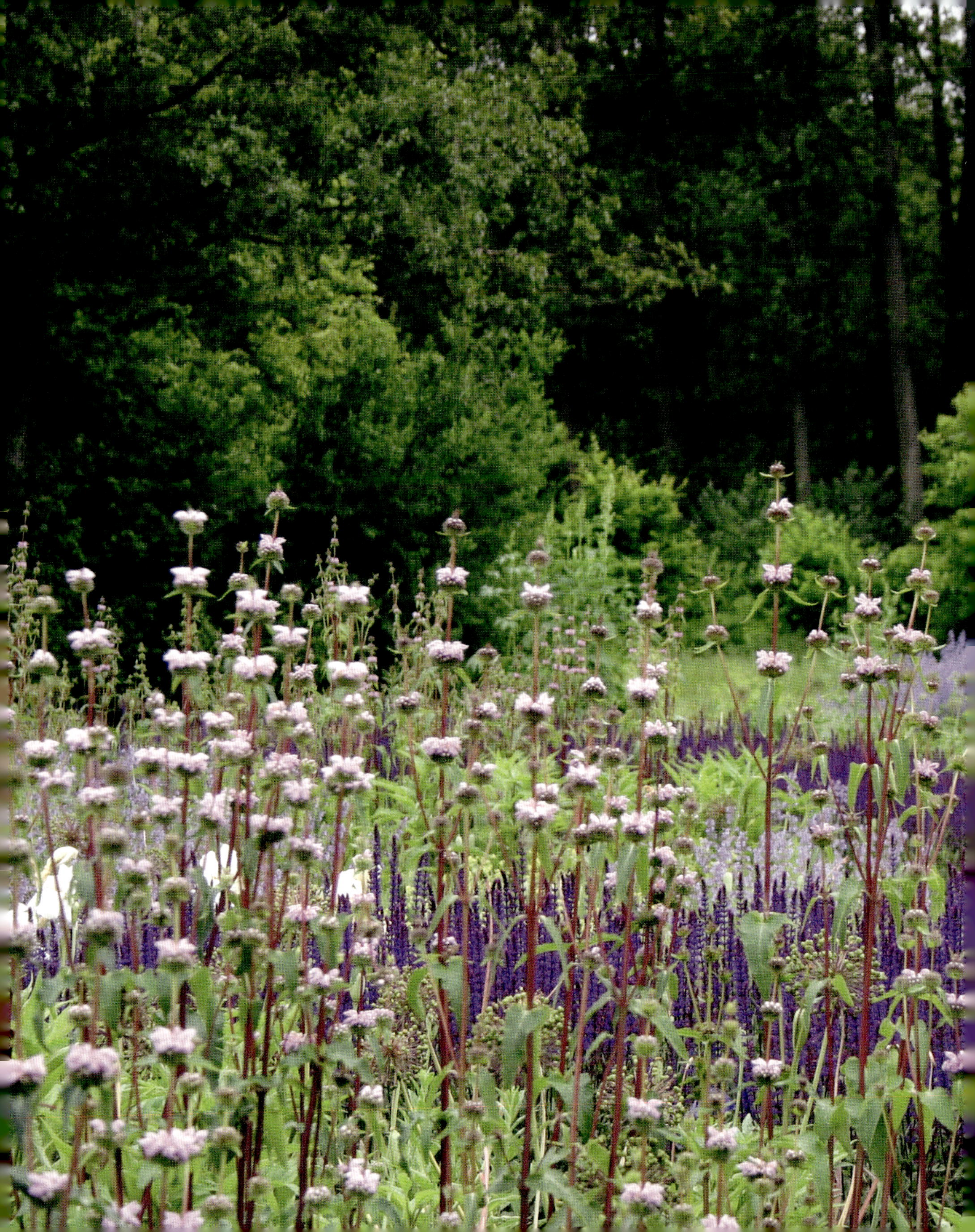

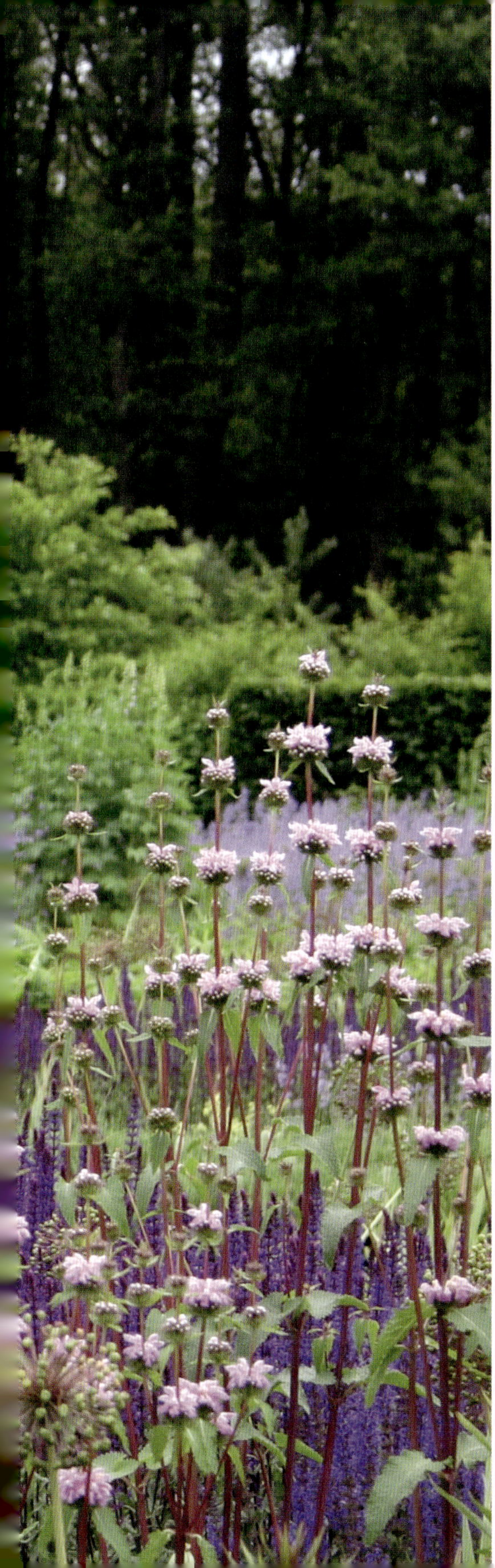

Pflanzen auswählen

Ob Gehölze, Stauden oder Ein- und Zweijährige – welche Pflanzen Sie verwenden, hängt nicht nur vom Geschmack ab. Dieses Kapitel zeigt Ihnen, wie Sie Ihre Lieblingspflanzen im Garten harmonisch und sinnvoll platzieren können.

Gehölze für Blüte, Duft und Struktur

Genau wie eine Opernaufführung eine Kulisse als Hintergrund braucht, braucht auch Ihr Garten einen Rahmen für die sich saisonal abwechselnde Pflanzenszenerie.

▼ Pfeifensträucher oder Falscher Jasmin (*Philadelphus* 'Belle Etoile') sind unkomplizierte Gehölze, die einen halbschattigen Standort lieben und den Garten mit Duftwolken füllen.

Im Garten wird die grüne Kulisse von Bäumen, Hecken und Sträuchern geformt. Sie schaffen permanente Strukturen, die das Jahr hindurch präsent sind, mal mit Blatt, mal mit Blüte, mit Frucht oder Herbstfärbung – ab und zu auch mit Schneedecke. Meist wachsen sie relativ langsam, sodass ihr jährliches Wachstum kaum auffällt.

Wichtige Entscheidungen

Die richtige Wahl zu treffen ist bei Gehölzen besonders wichtig, denn Fehler fallen oft erst nach mehreren Jahren auf. Auch brauchen sie meist einige Jahre, um an ihrem neuen Standort »anzukommen«, bevor sie richtig loslegen und wachsen. Bei einigen kann dies 10 bis 15 Jahre dauern, bevor sie überhaupt anfangen zu blühen. Dann merkt man nach einigen Jahren, dass sie viel zu kräftig für den gewählten Standort wachsen, dass die Blütenfarbe doch nicht ganz der Vorstellung entspricht oder dass der Duft (sowohl der Blüten als auch der Frucht) doch nicht so köstlich ist, wie man sich das erhofft hatte. Bis man solche Probleme feststellt, sind oft schon drei bis sechs Jahre ins Land gezogen, und es ist zu spät, um es zu ändern. Größere Bäume und Sträucher umzusetzen ist zwar möglich, aber recht arbeitsintensiv und wird daher meist nicht gemacht. Die falschen Pflanzen für die Hecke zu wählen ist noch fataler, weil man ungern den endlich geschaffenen Schutz verliert, ein Umpflanzen meistens nicht möglich ist, weil man keine zweite Hecke braucht, und die finanzielle Doppelinvestition auch nicht ganz schmerzfrei wäre.

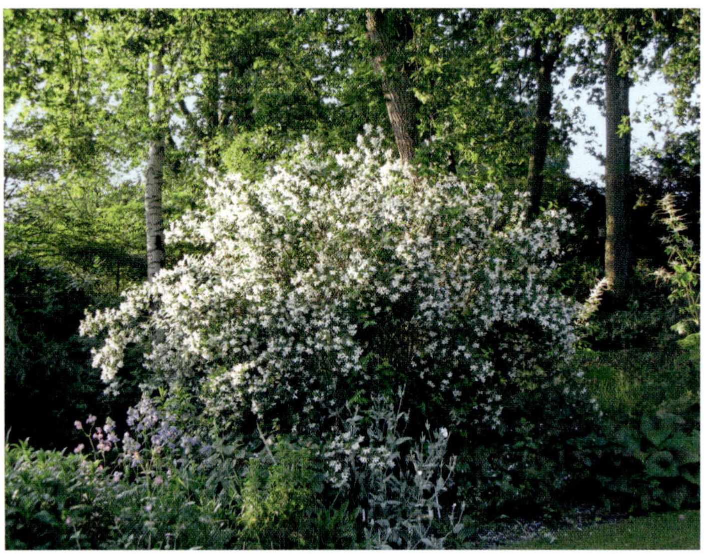

Gründliche Recherche

Also, nehmen Sie sich Zeit, um die richtige Wahl treffen zu können. Schauen Sie sich in anderen Gärten um, besuchen Sie botanische Gärten in Ihrer Region, und wenn Sie etwas sehen, das Ihnen gefällt, recherchieren Sie noch ein wenig weiter. Wenn Ihnen ein Zierapfel oder eine Eberesche aufgrund der schönen Blüten und des bunten Fruchtschmucks gefällt, vertiefen Sie sich weiter in dieses Thema, da es oft viele Sorten der gleichen Art oder Gattung gibt, die unterschiedliche Wuchsformen, Größen, Fruchtschmuck oder Blütenfarben haben. Im Internet, in Baumschulkatalogen oder Gehölzführern werden Sie weitere Informationen dazu finden. Aber lassen Sie sich von den botanischen Namen nicht abschrecken, die sind ganz wichtig, da jede Pflanze ihre eigene Bezeichnung hat und Sie unter Verwendung des wissenschaftlichen Namens genau das bekommen, was Sie von Ihrer Baumschule verlangen.

Lassen Sie sich nicht nur von hübschen Blüten verführen. Gehölze können oft noch viel mehr bieten, was besonders in den Jahreszeiten wichtig ist, in denen im Garten wenig los ist (siehe Expertentipp nächste Seite).

Hecken

Der Garten braucht Hecken, formal oder informal, als Grenze, als Sichtschutz, um Gartenräume zu definieren oder einfach um den Beeten Form und Rahmen zu geben. Gemischte Hecken bringen zu jeder Jahreszeit Abwechslung und sind vor allem nützlich für die Vogelwelt. Sie sind aber im architektonischen Sinn nicht strukturell, da die unterschiedlichen Pflanzen verschiedene Wuchsgeschwindigkeiten und Formen haben. Wenn Sie Hecken als architektonisches Element verwenden möchten, ist es empfehlenswert, sich auf eine einzige Art oder Sorte zu beschränken.

Eibe, Liguster, Hainbuche oder Rotbuche eignen sich dafür, die beiden Letztgenannten behalten nach einem Hochsommerschnitt sogar im Winter ihr bräunlich-orangefarbenes Laub.

Sichtschutz auf höherem Niveau bekommt man mit Hochspalieren (s. S. 54). Linden sind der Klassiker, aber auch Zieräpfel bieten eine abwechslungsreiche Alternative.

Bäume

Bäume können als Skulpturen eingesetzt werden. Ein gut geformtes Solitärgehölz, mehrstämmig mit attraktiver Rinde beziehungsweise Borke, ist sowohl im Winter als auch im Hochsommer ein Hingucker. Birken, Ahorne und einige Zierkirschen sind aufgrund ihrer attraktiven Rinde besonders dafür geeignet. Bäume allein oder in kleinen Gruppen kreieren Räume, schaffen Tiefe im Garten, spenden kühlen Schatten oder kaschieren das hässliche Nachbarhaus. Felsenbirne, Weiß- oder Rotdorn, Pfaffenhut und Zierkirsche bieten Blüte, Frucht und/oder Herbstfärbung.

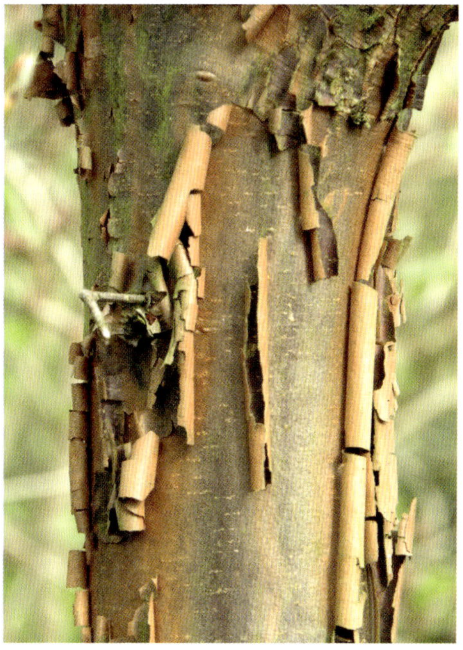

◄ Der Zimt-Ahorn (*Acer griseum*) hat schon als junger Baum eine sehr dekorative Rinde, die in der Wintersonne attraktiv leuchtet.

Sträucher

Sträucher sind vielseitig und meistens unkompliziert und anspruchslos, wenn sie sich einmal etabliert haben. Es gibt eine Vielfalt an Sträuchern, die im Winter oder das ganze frühe Frühjahr hindurch blühen, lange bevor der Garten überhaupt aufwacht. In einer Ecke im Vorgarten sind solche frühen Farb- und Duftspender, wie die Zaubernuss, ganz wunderbar. Einige Gattungen bieten besonders viele interessante Gartengehölze: *Viburnum* (Schneeball) ist sehr vielseitig mit oft sehr dekorativen Sträuchern, die ab dem Winter, einige sogar bis in den Hochsommer, blühen.

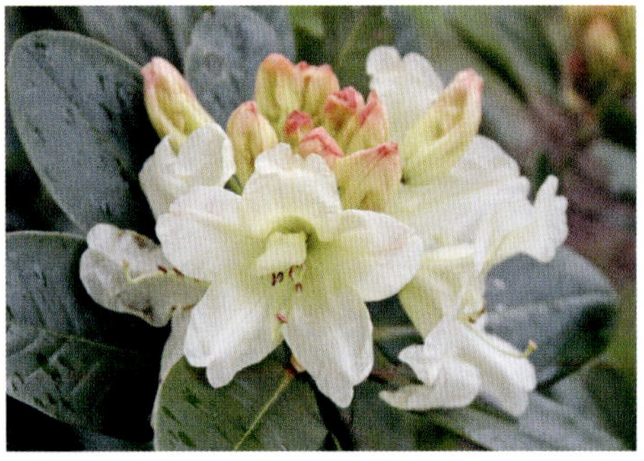

► Rhododendronblüten wie die der Alpenrose 'Graf Lennart' (*Rhododendron* 'Graf Lennart') schmücken den Frühlingsgarten.

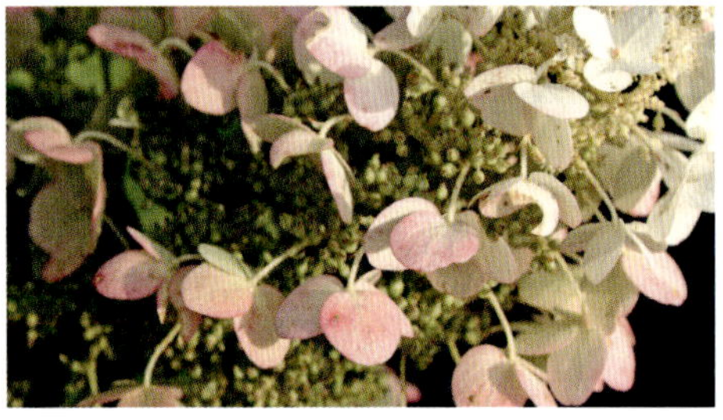

► Für den Spätsommer sind Hortensien wie diese Rispenhortensie 'Floribunda' (*Hydrangea paniculata* 'Floribunda') unentbehrlich.

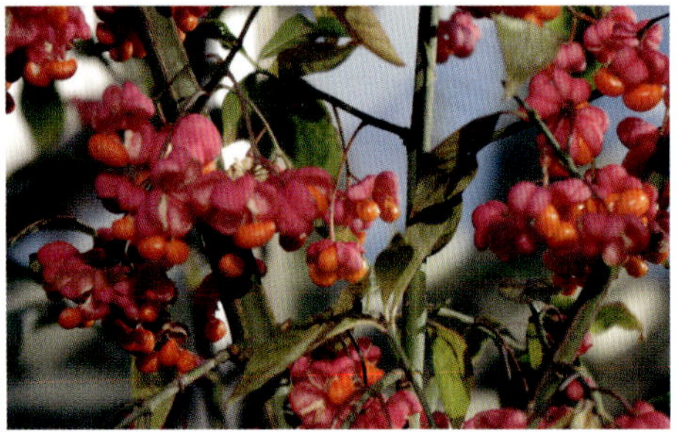

► Die Herbstfärbung des Pfaffenhütchens (*Euonymus europaeus*) ist zuverlässig und erscheint noch bunter dank der leuchtend gefärbten Früchte.

Hortensien sind sehr wertvoll für den Hochsommer und Spätsommer. Sie lieben einen halbschattigen Standort.

Wintergrüne Gehölze können in kälteren Regionen empfindlich reagieren, daher sollten Sie auf ihre Winterhärte achten und sie eventuell an einen geschützten Standort pflanzen. Rhododendron und andere verwandte Heidekrautgewächse sind meistens wintergrün und sehr winterhart. Diese brauchen allerdings einen sauren, humusreichen Boden.

Kletterer

Kletterpflanzen haben unterschiedliche Methoden entwickelt, um sich hochzuarbeiten. Einige haken sich über ihre Nachbarpflanzen hoch, wie Rosen und Brombeeren mit ihren gebogenen Stacheln. Andere, wie der Blauregen, winden sich an Rankgerüsten, Schnüren oder Pfosten hoch. Clematis und Duft-Wicken brauchen etwas Feineres, wie Reisig oder Stahlkabel, die sie mit ihren feinen Blattstiel- oder Fiederblattranken greifen können. Efeu und viele wilde Weinsorten schaffen es ohne jede Hilfe von ganz allein in die höhere Welt hinein: Sie produzieren feine Haftwurzeln oder Saugnäpfe, mit denen sie sich an Bäume oder Fassaden kleben. Meist hinterlassen sie allerdings Spuren, wenn man sie später zu entfernen versucht. Überlegen Sie sich, welche Hilfe Sie Ihren Pflanzen anbieten können, bevor Sie einen Kletterer auswählen – und bitte machen Sie sich die Mühe, unwillige Triebe anzubinden und nicht schnell hinter die Regenrinne zu stecken, denn eines Tages wird das dünne Ästchen dicker und könnte Ihre Rinne von der Hauswand wegdrücken! Es ist übrigens auch nicht so leicht, Rankhilfen an neu isolierte Hausfassaden anzubringen. Informieren Sie sich gut vor dem Kauf der Pflanze.

Rosen

Die Königin der Blumen hat ihren Ruf einerseits, weil sie tatsächlich sehr schön und edel sein kann, andererseits, weil sie oft ziemlich anspruchsvoll und kompliziert ist. Aber nicht alle sind schwierig: Wildrosen wachsen auf fast jedem Boden, sogar an leicht schattigen Standorten. Die Blüten sind meist einfach, aber höchst charmant und im Herbst und Winter zieren die attraktiven, bunten Hagebutten den Garten, wie etwa bei der Hecht-Rose. Je stärker eine Rose gezüchtet ist – aus einer charmanten, einfachen, kleinblütigen Rose verwandelt in eine große, gefüllte, öfter blühende, stark duftende – desto anspruchsvoller wird sie. Rosen brauchen einen guten Boden, sollten ordentlich gedüngt und gewässert werden, und das Wichtigste: Sie brauchen einen sonnigen Platz. Lassen Sie sich von den schönen Blüten verführen und suchen Sie welche aus, die Ihnen persönlich besonders gut gefallen, aber achten Sie auf Krankheitsresistenz und Duftstärke der Pflanzen!

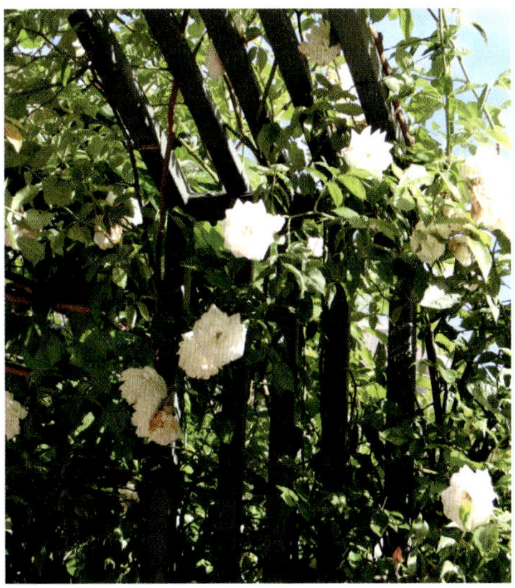

▲ Rosafarbene Kletterrosen wachsen auf Nasenhöhe an einem hölzernen Bogen.

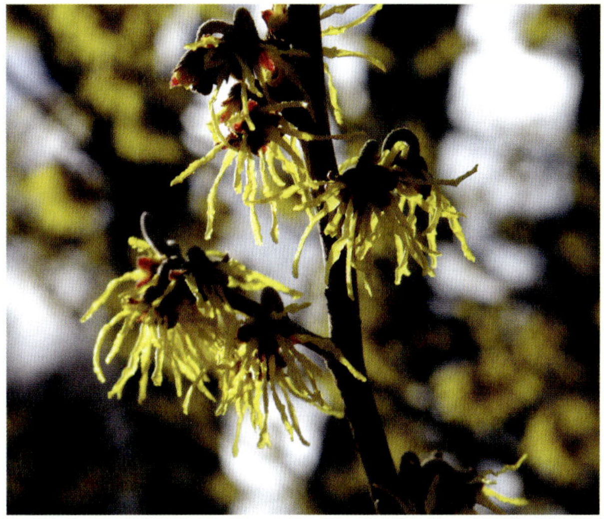

▲ Die stark duftenden Blüten der Hybrid-Zaubernuss 'Arnold Promise' (*Hamamelis* 'Arnold Promise') entfalten sich im Winter.

Expertentipp

Fragen Sie bei Ihrem Grünflächenamt nach, wie dicht zum Nachbargrundstück Sie Gehölze setzen dürfen, oder klären Sie es direkt im Gespräch mit dem Nachbarn, um Ärger zu vermeiden.

Worauf soll man bei Bäumen achten?

- Größe (Wuchsgeschwindigkeit)
- Silhouette
- Rinde beziehungsweise Borke
- Blatt (Austrieb, Form, Farbe, Herbstfärbung)
- Blüte (Saison, Farbe, Duft)
- Frucht (dekorativer Wert, wie lange sie bleibt, Essbarkeit für Mensch und Tier)
- Eventuelle Probleme (Ausläufer, Aussaat, Anfälligkeit für Krankheiten oder Insekten)

Winterblühende Gehölze

- *Viburnum farreri* 'Charles Lamont', *V. × bodnantense* 'Dawn' (Schneeball-Sorten)
- *Lonicera fragrantissima* (Heckenkirsche)
- *Sarcococca hookeriana* (Schleimbeere)
- *Jasminum nudiflorum* (Winterjasmin)
- *Chimonanthus praecox* (Winterblüte)
- *Hamamelis × intermedia* (Zaubernuss)
- *Mahonia* 'Winterbeauty' (Mahonie)

Farbe im Garten

Dies ist eines der auffälligsten Merkmale eines Gartens. Farbthemen sollten daher gründlich überlegt und geplant werden.

Viele reden und schreiben über Farbe, über das, was passt und was nicht passt, über Theorien und über Trends. Ich aber glaube, dass das Thema Farbe im Garten etwas ganz Persönliches und Intimes ist, denn jeder hat Lieblingsfarben und welche, die er gar nicht mag.

Ein Garten ist eine private Angelegenheit. Es ist Ihr kleines Paradies und Sie sollen sich darin wohlfühlen. Das kann nur klappen, wenn Sie sich mit Dingen umgeben, die Sie gerne mögen, und nicht damit, worüber Ihre beste Freundin gerade in ihrer Gartenzeitschrift gelesen hat oder was »man« gerade für akzeptabel hält. Wenn Ihnen Pink und Orange zusammen gefallen, sollten Sie es auch pflanzen.

Benutzen Sie Farben, um die unterschiedlichen Charakterbereiche im Garten zu unterstreichen. Warme, sonnige Farben steigern den »sonnigen« Aspekt eines Beetes, wogegen kühles Weiß und Grün erfrischend in einer lauschig schattigen Ecke wirken.

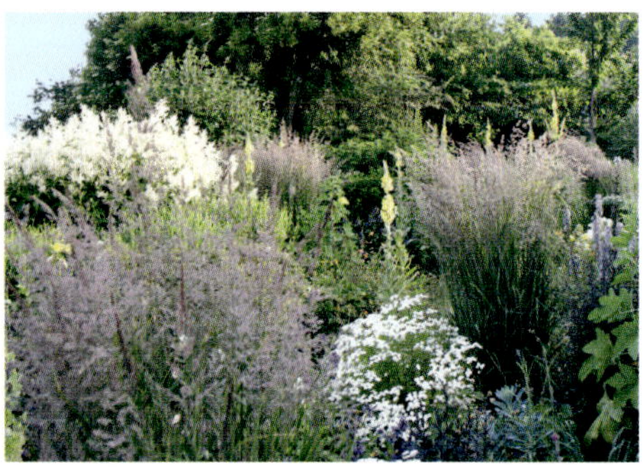

◄ Gräser lassen sich mit allen Farben gut kombinieren. Oben Garten-Reitgras 'Karl Foerster' (*Calamagrostis × acutiflora* 'Karl Foerster') mit Buschknöterich (*Aconogonon × fennicum* 'Johanniswolke') und gefülltem Mutterkraut

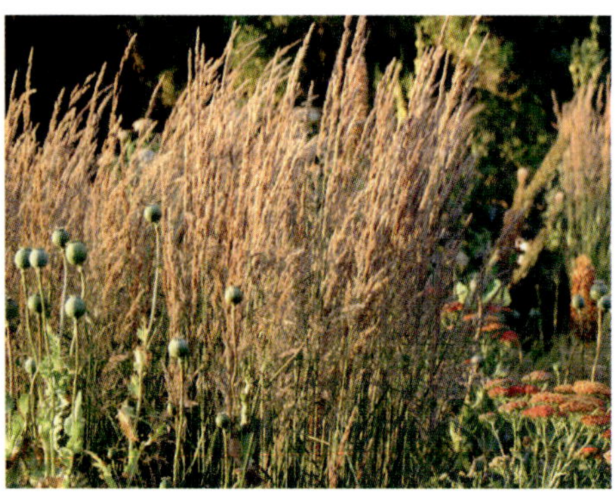

◄ Garten-Reitgras 'Karl Foerster' (*Calamagrostis × acutiflora* 'Karl Foerster') mit Mohn-Samenkapseln und Schafgarbe (*Achillea* Filipendulina-Hybride 'Terracotta')

Leuchtkraft

Die Farbe, die am meisten Licht reflektiert, ist Weiß, sie hat daher die größte Fernwirkung. Weiße Blüten ziehen das Auge in die Ferne und kontrastieren stark gegen einen dunklen Hintergrund. Bevorzugen Sie hellere Blütenfarben in finsteren Ecken.

Dunkelrote und blauviolette Farbtöne absorbieren viel Licht und sind daher nur wahrnehmbar, wenn sie vor einem hellen Hintergrund stehen oder gleich vorne im Beet.

Zartgelb kann Sonnenschein in dunkle Ecken bringen, als Blüte oder als Blatt.

Einfach grün

Grün bringt Ruhe in den Garten, besonders durch Pflanzen mit guter Blattstruktur oder großen Blättern, wie Funkien und Farne. Gräser bringen eine stark architektonische Note in Ihre Beete, sind allerdings farbneutral. Rot-, silber- oder gelbblättrige Pflanzen setze ich sparsam ein und nur als Unterstützung eines Farbthemas, nicht mehr als 20–30 Prozent.

Einige silbergraublättrige Pflanzen, wie Wermut, Lavendel oder Woll-Ziest, sind gute Begleiter für weiße Blüten oder kühle Blau- und Rosatöne. Die roten Blätter von Purpurglöckchen und Perückenstrauch passen wundervoll zu Rosa, Rot oder Orangetönen. Gelb, wie das vom gelb panaschierten Japan-Goldbandgras, ist perfekt als Begleiter für gelb blühende Pflanzen und bringt auch ein wenig Sonnenschein in kühle Farbmischungen, wie etwa Weißblau.

Monochrom

Wenn nur eine Farbe verwendet wird, ist das Design monochrom, aber Sie müssen aufpassen, dass es sich stattdessen nicht in monoton verwandelt. Mit Blau und Orange kann man nur schwierig die Saison füllen, da das Angebot an winterharten, mehrjährigen blau oder orange blühenden Pflanzen recht beschränkt ist. Rot kann ähnlich schwierig sein. Rosa muss mit Sorgfalt eingesetzt werden, da es warme und kühle rosa Farbtöne gibt. Der eine beinhaltet einen Hauch von Orange, der andere hat etwas Bläuliches. Meistens beißen sich diese zwei Rosatöne. Gelb kann leuchtend und erfrischend wirken, aber auch schnell überwältigend sein, besonders im Hochsommer, wenn die Sonnenhüte, Sonnenbräute und Sonnenblumenverwandten mit ihren satten Gelbtönen zu Gange sind. Das wirkt dann recht schnell wie ein zu großes Stück süße schwere Schokoladentorte. Violett kann leicht trüb erscheinen. Wenn diese dunkleren Farben dann auch noch mit dunkelroten Blättern kombiniert werden, kann das Ganze schnell einen finsteren, morbiden Touch bekommen. Weiß ist die einfachste Farbe, da das Angebot an weißen Blüten recht groß ist. Bitte achten Sie darauf, dass Sie nicht nur reinweiße Blüten, sondern ruhig auch ein paar Cremetöne und etwas Rosa-, Grün- oder Blauweiß dazunehmen, um Kontraste zu schaffen.

Expertentipp: der Farbkreis

Eine gute Kombination sind komplementäre Farben: Gelb und Violett beispielsweise ist eine schöne Zusammenstellung, da das Gelb gut mit dem dunkleren Violett kontrastiert und damit die Fernwirkung steigert.

Im Farbkreis nebeneinanderliegende Farben schaffen dagegen Harmonie: Gelb–Orange–Rot ist eine leuchtend warme Kombination, geeignet für Beete, die nach Süden orientiert sind. Die kühle Mischung von Weiß, Rosa, Blau und Violett wirkt dagegen erfrischend.

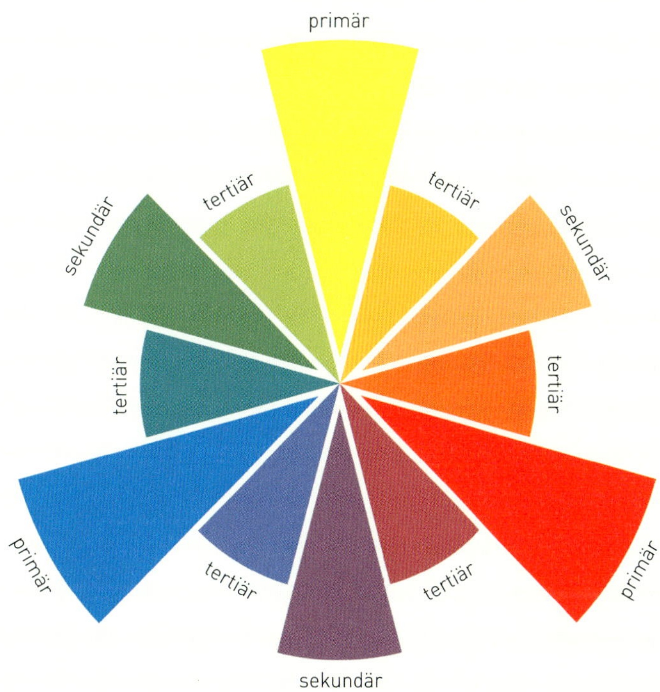

Krautige Pflanzen

Während Gehölze die permanente Struktur im Garten schaffen und sozusagen eine Kulisse bilden, findet im Vordergrund das saisonal abwechselnde Blütenspiel der Einjährigen, Zweijährigen und Stauden statt.

Im Gegensatz zu Gehölzen, die jährlich ihre holzige Struktur erweitern, bilden krautige Pflanzen nur einen nicht verholzenden Aufbau, der oberirdisch nicht länger als eine Saison vorhält. Diese Pflanzen bringen ihre ganz eigene Dynamik in den Garten, indem sie innerhalb weniger Monate mit viel Kraft und Energie aus der Erde treiben, dabei teilweise recht große Volumen schaffen, Blüten und Früchte ansetzen, um dann irgendwann wieder zu verschwinden – einige für immer, andere nur für eine Ruheperiode.

Unter den Einjährigen, Zweijährigen und Stauden existieren sehr unterschiedliche Charaktere und vielfältige Persönlichkeiten. Es gibt die lauten Diven, die selbst genügend imposant sind, dass sie ohne Begleiter ganz allein auf der Bühne stehen können, wie zum Beispiel Pfingstrosen und Mohn. Doch mindestens genauso wichtig sind die Statisten, die bescheidenen, unkompli-

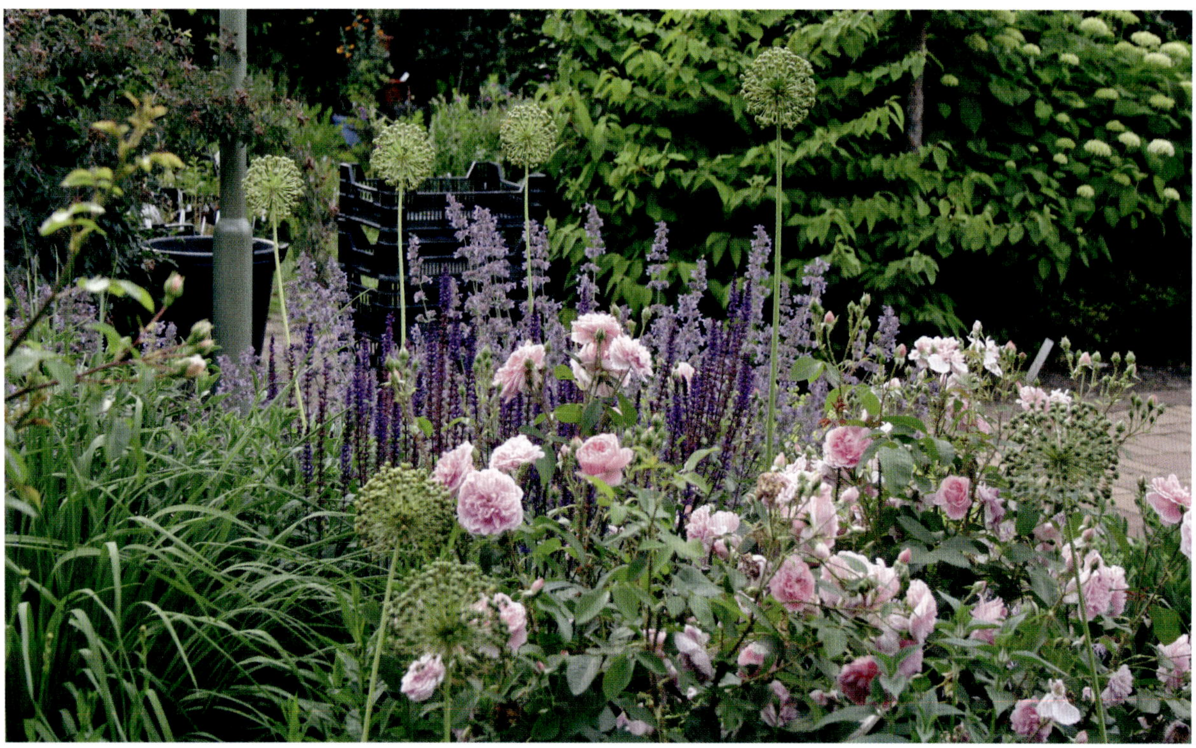

zierten Lückenfüller und Bodendecker, wie Storchschnabel oder Elfenblume, die ohne Aufwand fröhlich vor sich hin wachsen und blühen, ohne besondere Zuneigung einzufordern.

Die edleren, zimperlichen Blütenstauden gehören in die Staudenbeete nahe dem Haus und der Terrasse, ob sonnig oder schattig, als Einzelgänger gestreut, in kleinen Gruppen oder in Drifts. Hier soll eine so lang wie möglich anhaltende Show stattfinden, indem eine Staude nach der anderen blüht. Lassen Sie sich im Frühjahr nicht nur von dicken Knospen oder schon blühenden Stauden verführen, weil Sie dann den Rest des Sommers nur einen grünen Garten ohne jegliche Blüten haben werden. Machen Sie sich eine Wunschliste von Pflanzen, die zu Ihrem Beetthema passen, und achten Sie auf die Blütezeiten.

Es gibt Stauden, die ich wie einen Teppich unter Sträucher pflanze, sodass die Erde bedeckt ist, damit weniger Wasser verloren geht und kein Unkraut wachsen kann. Diese Bodendecker werden relativ eng gepflanzt, meistens etwa 9–12 Stück pro Quadratmeter, sodass die Fläche schnell zuwächst. Und natürlich wird das Beet dadurch auch pflegeleichter. Die Pflanzen werden eher funktional eingesetzt, daher ist mir ihre Bütenpracht weniger wichtig als eine effektive Laubdecke. Walderdbeere, Haselwurz und Stachelnuss sind bescheiden und unkompliziert.

◄ Ziersalbei (*Salvia nemorosa* 'Caradonna') und Katzenminze (*Nepeta × faassenii* 'Walker's Low') sind zwei ausgezeichnete Rosenbegleiter (Strauchrose 'Harlow Carr'), die viele Bienen anziehen.

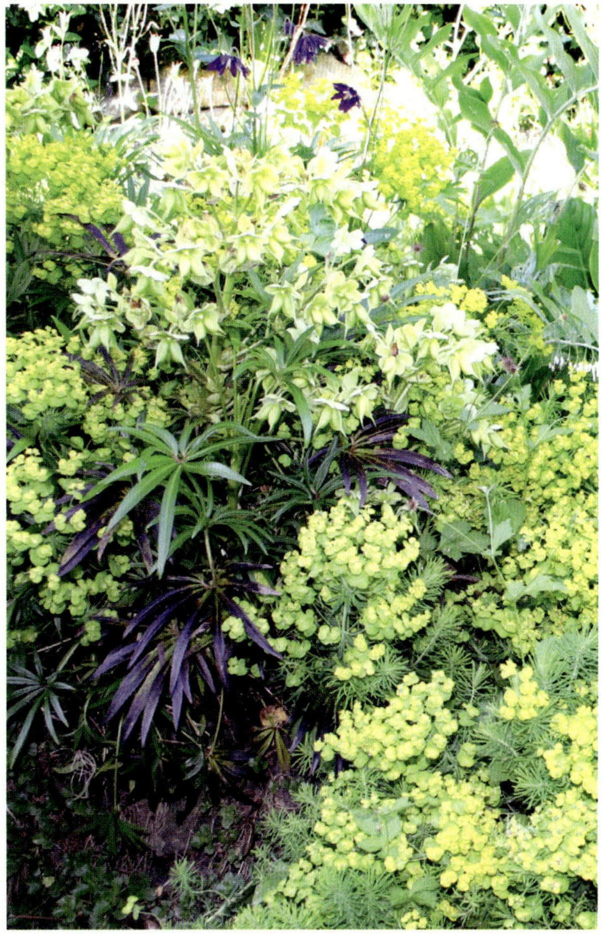

▲ Purpur-Zypressen-Wolfsmilch (*Euphorbia cyparissias* 'Fens Ruby') als Bodendecker unter Stinkender Nieswurz (*Helleborus foetidus*)

Expertentipp: Pflanzlisten

Gärten bepflanzen ist wie Kochen: Sie wollen bestimmt nicht jeden Tag das Gleiche zubereiten. Genauso sollte jeder Gartenbereich seine eigene Identität und seinen Charakter bekommen. Um dies zu erreichen und zu erhalten, sollten Sie eine Liste von passenden Pflanzen erstellen, so als ob Sie eine Einkaufsliste für eine köstliche Mahlzeit schreiben würden. Achten Sie auf die Blütezeit, die Form, die Höhe und die Farben, sodass zu jeder Zeit etwas im Beet blüht.

Blütenstandsform und Struktur

In meiner Pflanzenwahl achte ich nicht nur auf die Blühsaison, die Farbe und die Höhe, sondern auch auf die Form der Blütenstände, die ebenfalls sehr wichtig ist. Schlanke, aufrechte Blütenstände, wie bei Salbei und Ehrenpreis, bringen kräftige vertikale Linien ins Beet. Im Kontrast zu diesen aufrechten Formen empfehlen sich flache Blütenstandsformen von Schafgarben und Fetthenne. Die kugeligen Blütenstände von Zierlauch und Kugeldistel haben eine klar definierte Form, die Struktur im Beet schafft. Diese Formen sind auch besonders in den Wintermonaten wichtig, wenn ihre Silhouetten in Frost und Schnee eine ganz eigene Landschaft kreieren.

Charakterbereiche identifizieren

Bevor Sie eine Pflanze aussuchen, ist es wichtig, dass Sie sich darüber im Klaren sind, was Sie in welchem Gartenbereich erreichen wollen. Im Vorgarten freut man sich auf Spätherbst-, Winter- und Vorfrühlings-Zauber, beispielsweise in Form von Herbstfärbung oder von strukturellem Aufbau der Pflanze im Winter. Dazu kommen noch die Winterblüher und ganz viele der frühen Zwiebeln, auf die man sich täglich, auch beim schlechtesten Wetter, freuen kann. Um Ihre hintere Terrasse herum sollte es dagegen zwischen Mai und Ende September bunt blühen. Einen attraktiven Blick aus dem Küchenfenster in den Garten braucht man im Frühling, Frühsommer und Herbst. Die Randbereiche des Gartens schließlich sollten ordentlich, aber pflegeleicht sein, was mit Bodendeckern, die als Unterbepflanzung der Gehölze gut gedeihen, erreichbar ist.

▼ Die kugeligen Blütenformen von Granat-Kugellauch (*Allium atropurpureum*) bieten während der Blütezeit eine tolle Struktur im Beet, aber auch im Spätsommer/Herbst sind ihre vertrockneten Skelette reizend.

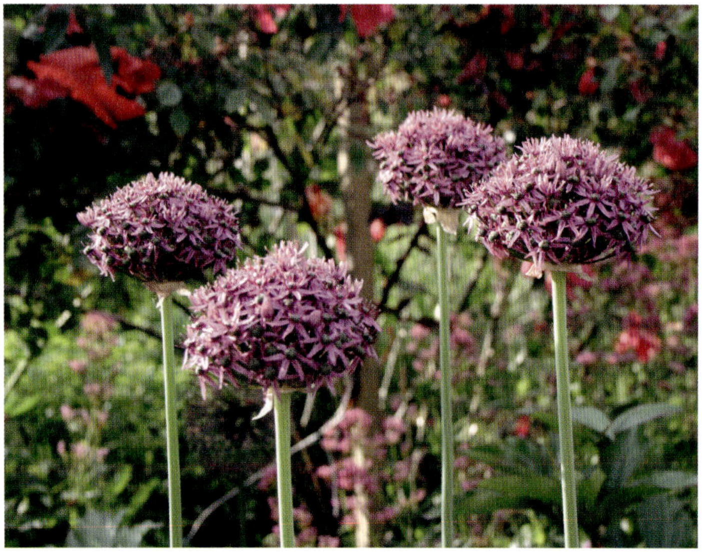

Stauden

Blumen, die jedes Jahr wieder austreiben, blühen, Samen produzieren und dann einziehen, ohne eine holzige Struktur zu hinterlassen, sind Stauden. Die ersten beginnen zu blühen, sobald sich die Erde im Frühjahr erwärmt, die letzten blühen im späten Herbst, bis der Frost sie erwischt. Es gibt kleine Stauden, die nicht höher wachsen als 10 Zentimeter, und es gibt Exemplare, die über 2 Meter Höhe in einer Saison schaffen. Manche Sorten breiten sich rasant innerhalb eines Beetes aus (wo sie dies dürfen, sind es perfekte Bodendecker, doch in einem Staudenbeet kann sich derartig starkes Wachstum in einen Albtraum verwandeln), andere verweilen schön brav an einer Stelle. Meistens erkennt man beim Kaufen ausbreitungsfreudiger Pflanzen schon Wurzelausläufer am Topfrand.

Wenn der Garten sowohl sonnige als auch schattige Bereiche hat, versuche ich meistens die schattigeren Ecken in ein Frühlingsparadies zu verwandeln, da viele früh blühende Stauden, wie Kaukasusvergissmeinnicht, Salomonssiegel, Akelei und Geißbart, Schattenliebhaber sind. Für die Sommermonate sorgen einfache Bodendecker und Farne für Form und Struktur. Die sonnigen Beete werden für den Hochsommer bestückt, vor allem mit sonnenanbetenden Körblütlern, wie Sonnenhut und Sonnenbraut, aber auch Phlox, Kandelaber-Ehrenpreis, Katzenminzen und Salbei. In den Herbstmonaten sind dann Astern, Chrysanthemen und Gräser die Stars der Gartenbühne.

Pfingstrosen oder Eisenhut brauchen einige Jahre, um sich im Beet zu etablieren, gedeihen dann aber jahrzehntelang ungestört an der gleichen Stelle. Andere, wie die Duftnessel oder Stockrosen, sind innerhalb von zwei bis drei Jahren völlig ausgelaugt, weil sie es nicht schaffen, jahrein, jahraus diese riesigen Massen an Blütenpracht zu produzieren. Dafür sind sie bereits im ersten Jahr schon recht repräsentativ im Beet und entwickeln sich schnell und kräftig. Ich setze beide gern in meinen Beeten ein: die Frühentwickler für den ungeduldigen Menschen in mir, der ab sofort den Garten genießen möchte, und die anderen, die Zeit haben dürfen, um anzukommen und die Blütenpracht für die Zukunft zu sichern.

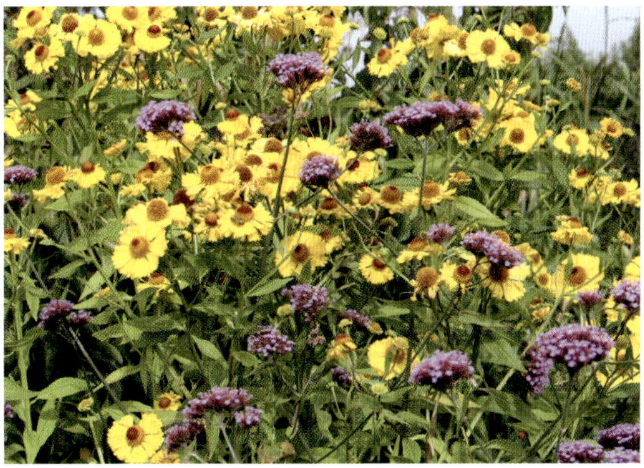

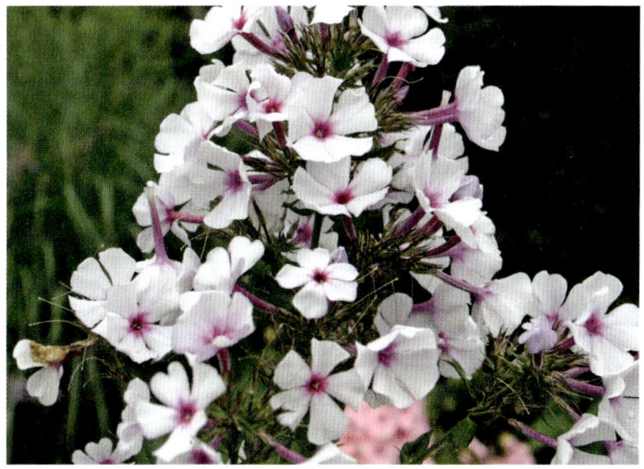

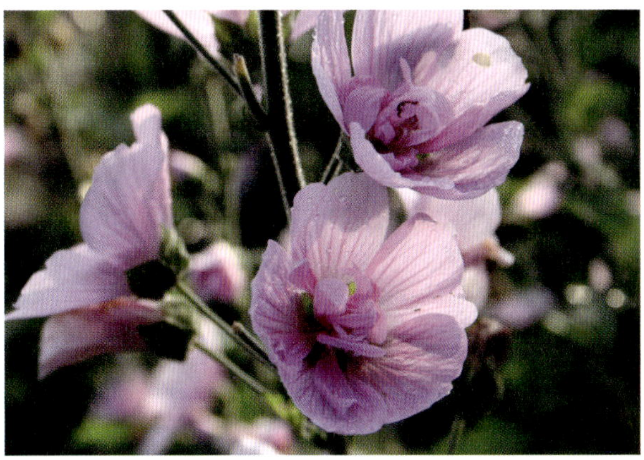

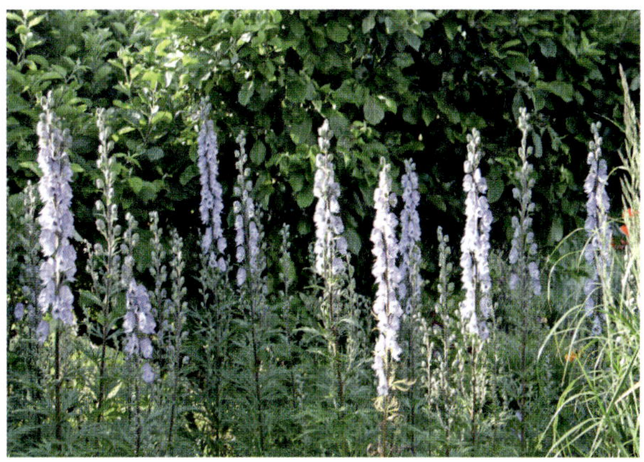

▲▲ Am schönsten wirkt Sonnenbraut (*Helenium Hybride* 'Butterpat') – hier mit kurzlebigem Eisenkraut (*Verbena bonariensis*) – in Gruppen von drei oder mehr Pflanzen. ▲ Vertikale Linien schafft man mit Ausdauernde Stockrose (*Alcea-Hybride* 'Parkrondell') – eine Alternative für rostempfindliche Stockrosen

▲▲ Ein Beetklassiker ist die stark duftende Flammenblume (*Phlox × paniculata* 'Rauhreif'), sie wirkt am besten in der Gruppe. ▲ Der hochgiftige und Halbschatten liebende Eisenhut (*Aconitum × cammamarum* 'Stainless Steel') setzt vertikale Akzente.

Ein- und Zweijährige

Ein- und Zweijährige sind exzellente Lückenfüller. Wenn Sie die richtigen Pflanzen für den richtigen Standort ausgesucht haben, werden diese sich meistens von allein wieder aussäen und in Ihrem Garten jährlich ein anderes Bild zeigen, da sie sich dort etablieren, wo sie gerade Platz finden. Jungfer im Grünen und Mohn sind oft solche Opportunisten, die bis zum Spätsommer verblüht sind, attraktive Samenkapseln bilden und sterben, um dann in der nächsten Saison, irgendwie und irgendwo, ohne fremde Hilfe wieder aufzutauchen. Andere, wie Ziertabak und Spinnenblumen, werden besser auf der Fensterbank oder im Gewächshaus

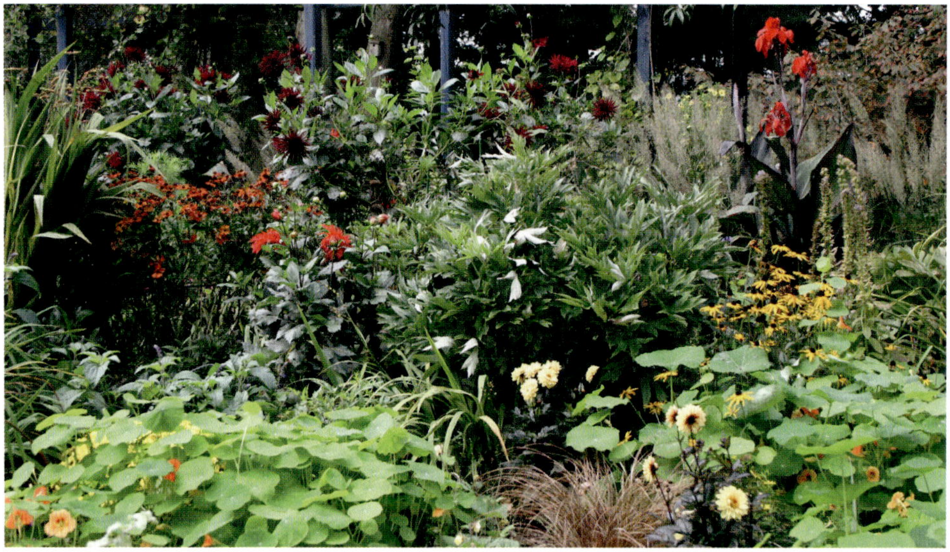

► Eine »Mixed Border« (klassische englische Staudenrabatte) mit Strauch-Pfingstrosen und winterharten Stauden und Gräsern wie Sonnenhut (*Rudbeckia fulgida* var. *sullivantii* 'Goldsturm') und Segge, Einjährigen wie Kapuzinerkresse und nicht winterharten Exoten wie Dahlien und Cannas.

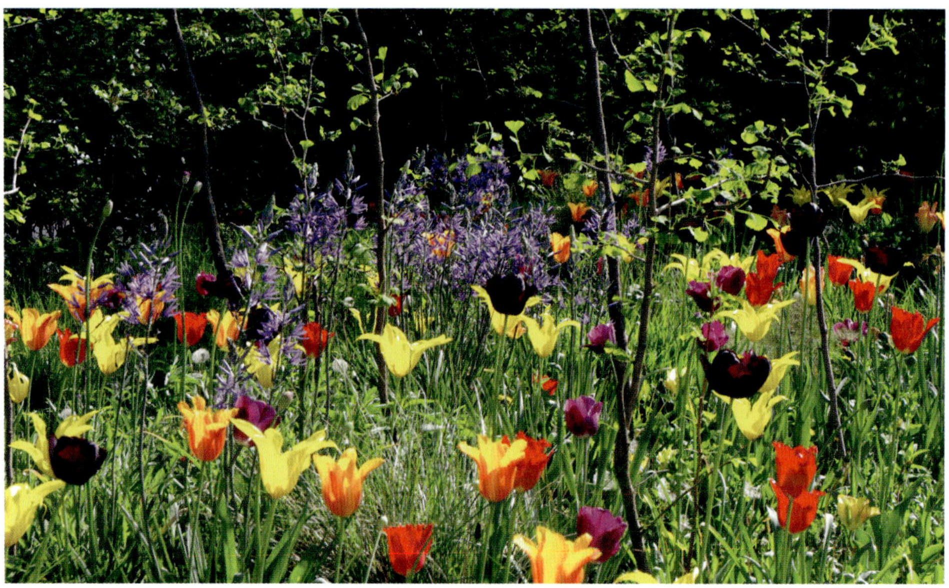

► Die Saison fängt erst richtig an, wenn in den Beeten Tulpen in großer Menge blühen: 'West Point', 'Queen of the Night', 'Ballerina', 'Muriel' und 'Red Appeldoorn'.

vorgezogen, um dann gezielt in Beetlücken eingesetzt zu werden. Die rasant wachsende Kapuzinerkresse ist ein toller Bodendecker, den ich, zusammen mit Kürbissen, in den ersten Jahren zwischen langsamer wachsende Gehölze setze, bis die Flächen geschlossen sind.

Zweijährige, wie der imposante Muskat-Salbei, bilden im ersten Lebensjahr eine große Rosette, aus der sich im zweiten Jahr eine große, lang blühende Pflanze entwickelt, die danach abstirbt.

Zwiebeln, Knollen und Rhizome

Den Frühlingszauber im Garten schaffen Sie mit vielerlei Zwiebeln, die im Herbst gepflanzt werden sollten. Im Vorgarten (auch in schattigeren Bereichen) gibt es die letzten und die ersten charmanten Freudenbringer der Saison zu verteilen: Herbstzeitlose, Alpenveilchen, Schneeglöckchen und Anemonen. Verstecken Sie auch ein paar feine Besonderheiten am Wegesrand, wie Hundszahn oder *Trillium*, die Ihnen mehrere Wochen Freude bringen werden. Zwischen Bodendeckern, vor Gehölzgruppen oder an Wegrändern können sich Traubenhyazinthen, Blausternchen und Narzissen etablieren.

Im Staudenbeet werden die Knollen und Zwiebeln in Mengen gestreut: Rechnen Sie mit mindestens 30 Stück pro Quadratmeter Fläche. Krokus, Hyazinthen, Narzissen, Tulpen und Zierlauch werden das Beet in den Sommer hinein begleiten, bis die Stauden richtig loslegen.

Für den Rasen sind Krokusse besonders schön, da deren Laub nach der Blüte schnell wieder abstirbt, sodass sich der Anfang der Rasenmähsaison nicht wesentlich nach hinten verschiebt.

Für die Sommermonate können Beete im Frühjahr durch die Pflanzung von Dahlienknollen bereichert werden.

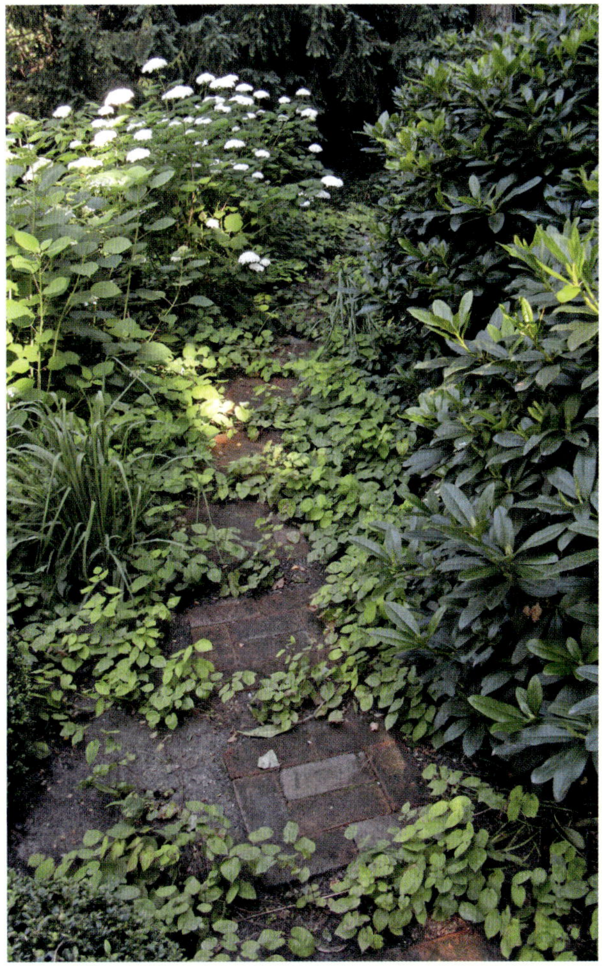

▲ Die schattenliebende Elfenblume ist ein effektiver Bodendecker und dadurch viel pflegeleichter als Rasen.

Expertentipp: Schattenpflanzen

Achten Sie auch auf die Lichtverhältnisse: Wo Pflanzen unter Bäumen gedeihen sollen, wählen Sie nur Schattenliebhaber aus. Steht der Garten im Schattenwurf eines Gebäudes, eines Zauns oder einer Hecke, wo nur morgens früh oder abends spät für einige Stunden Sonne hinkommt, fühlen sich auch Halbschattenpflanzen wohl. Nur dort, wo mindestens sechs bis acht Stunden die Sonne scheint, sollten Sie Sonnenstauden pflanzen.

Pflanzplan für einen Vorgarten

Der Vorgarten ist Ihre Visitenkarte: Es ist der allererste Eindruck, den jeder Besucher von Ihnen bekommt. Und es ist auch ein Bereich, den Sie täglich durchschreiten.

Es lohnt sich wirklich, sich ein wenig Mühe zu geben und zu überlegen, wie der Vorgarten pflegeleicht, aber trotzdem interessant bepflanzt werden kann. Denn schließlich werden Sie täglich Freude daran haben und Ihre Besucher können das Haus beeindruckt von Ihrer Gartenkunst betreten.

Schon mit einer begrenzten Palette an Pflanzen, die umsichtig hinsichtlich ihrer Blütezeit und -dauer als auch im Hinblick auf ihren Pflegeaufwand ausgewählt wurden, ist es möglich, zu jeder Jahreszeit etwas Interessantes im Garten beobachten zu können.

In diesem Garten wurde Rasen entfernt und, um die Straße in den Hintergrund zu drängen, eine Pergola am Zaun gebaut sowie ein immer abwechselndes Blatt- und Blütenspiel im Vordergrund geschaffen. Eine permanente Struktur bilden die Buchskugeln.

Im frühen Frühjahr beginnt die Show mit Narzissen und der Elfenblume, einem der erfolgreichsten Bodendecker mit zarten Blüten, die sich je

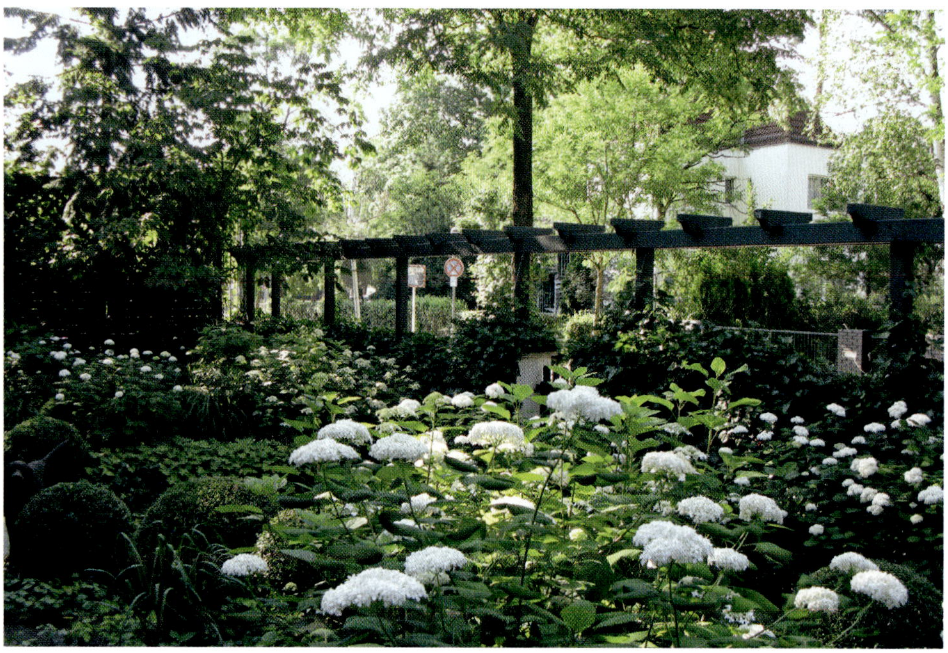

► Perfekt geschnittene Buchskugeln, Rhododendron und die Hortensie 'Annabelle' geben permanente Struktur. Storchschnabel, Elfenblume, Herbstanemonen und Pfeifengräser sind saisonal abwechselnde Stauden.

nach Wetterlage im März und April zeigen. Wenn sie verblüht sind, legen die Rhododendren im Hintergrund los. Danach beginnt der zweite Bodendecker: der Balkan-Storchschnabel mit seinen duftenden, teils wintergrünen Blättern. Es folgen die Annabelle-Hortensien, deren Blütenfarbe von Grün ins Weiß geht, um dann später elegant in einem Beigebraun in den Herbst überzuleiten. Im August beginnen dann die letzten Pflanzen mit ihrem Auftritt: die Pfeifengräser. Diese zieren den Garten bis ins neue Jahr hinein.

Während der schwierigen Wintermonate zeigt der Garten schöne Kontraste. Die eleganten, aufrechten Blütenrispen der Pfeifengräser in leuchtender goldorangener Farbe im Wechselspiel mit den perfekt geschnittenen Buchskugeln. Der Boden ist bedeckt von winterlichem Laub der Elfenblumen und der Storchschnäbel, die Hortensien dekorieren das Beet mit ihren getrockneten Blumenhauben und im Hintergrund am Zaun befindet sich das dunkelgrüne Laub von Rhododendron und Efeu. Ein einfaches, aber wirkungsvolles Rezept!

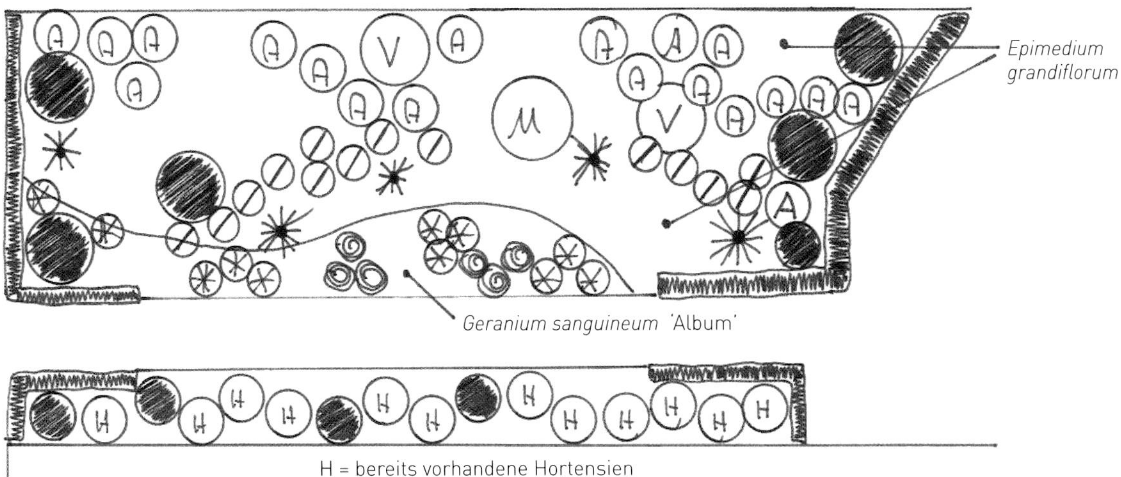

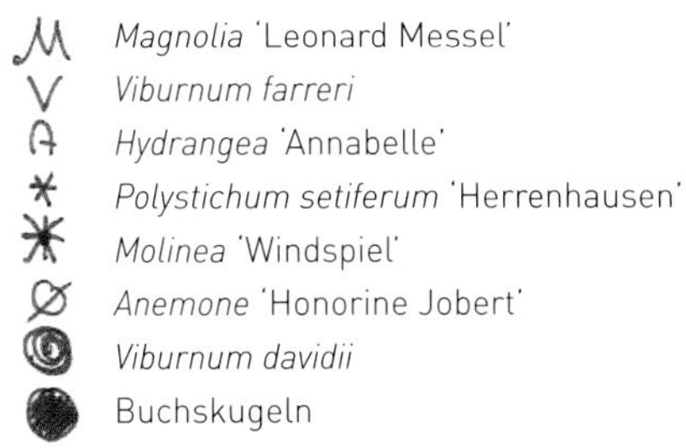

▲ Pflanzplan für einen Teil des Vorgartens: Aus einem Teppich von bodendeckenen Stauden erheben sich kleine Drifts von Herbstanemonen und Hortensien, Gruppen von Farnen sowie einzelne Gräser und Gehölze.

Pflanzplan für einen Staudengarten

Dieses Beispiel zeigt einen Pflanzplan für einen größeren Staudengarten in einer sonnigen Lage, der auch vom oberen Stockwerk im Haus gesehen wird.

Besonders wenn Beete von Weitem betrachtet werden, ist es wichtig, mit den Pflanzengruppen großzügig zu sein. Viele kleine Einzelheiten bewirken einen unruhigen Effekt im Beet.

Die meisten Stauden in diesem Beet wachsen hüft- bis brusthoch, es finden sich zudem einzelne höhere, oft transparente Pflanzen, wie das Knollen-Brandkraut und die Gräser. Die Farbpalette ist mit Weiß, Rosa, Blau und Violett relativ kühl.

Ein Salbeiband (*Salvia nemorosa* 'Caradonna') zieht sich wie ein Wasserlauf durch die vier Dreiecke, um die Beetflächen zusammenzuhalten. Hier und da sind kleinere Gruppen von der etwas helleren *Salvia nemorosa* 'Mainacht' mit eingearbeitet, die wie weißer Schaum in einem kleinen Bach an die Felsen stoßen. Großzügige Gruppen von Herbstastern, Duftnesseln und Sonnenhüten durchkreuzen diesen Fluss. Der mittlere Bereich ist von der dunkelroten Rose 'Darcey Bussell' eingefasst, und links und rechts am Eingang der Wege steht jeweils eine Dreiergruppe Englischer Rosen. Schwertlilien, Mohn und Gräser werden in kleineren Gruppen oder

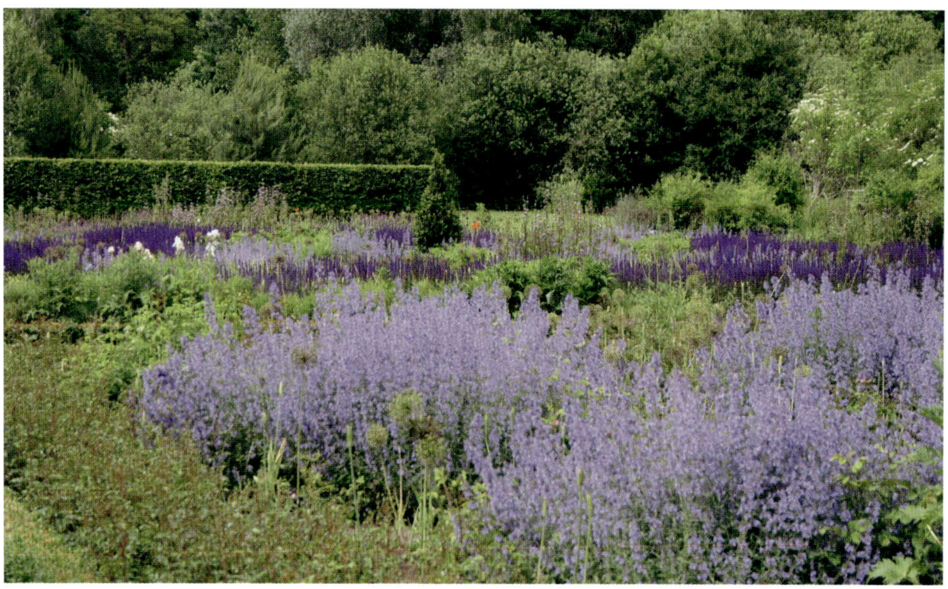

► In weitläufig gestalteten Gartenräumen sollten die Pflanzengruppen groß sein. Hier steht Katzenminze (*Nepeta × faassenii* 'Walker's Low') im Vordergrund, dahinter ein Fluss von Salbei.

auch als Einzelgänger eingestreut. Nur am Wegesrand ist die Bepflanzung kleinteilig und intim: Da schaut man beim Vorbeilaufen genauer hin.

Das Frühjahr beginnt mit größeren Mengen von Narzissen, Tulpen und Zierlauch (es werden ungefähr 30 Zwiebeln pro Quadratmeter gesetzt). Bis sie verblüht sind, haben die ersten Stauden, wie Schwertlilie, Mohn, Salbei und Katzenminze, angefangen zu blühen. Danach setzen Rosen, Duftnesseln, Kugeldisteln, Sonnenhüte und Kandelaber-Ehrenpreis ein. Das Spätsommercrescendo erfolgt dann durch die Gräser, Astern und Fetthennen. Viele Stauden wurden aufgrund ihrer schönen Winterstruktur ausgewählt. Salbei, Kandelaber-Ehrenpreis, Sonnenhut, Duftnessel und natürlich auch die Gräser stehen wunderbar bis zum Frühlingsanfang, bis die letzten heruntergeschnitten werden und alles wieder von vorn beginnt.

▼ Der »Salbei-Fluss« hält die vier Beete zusammen. Innerhalb dieser Beete sind große Gruppen von Stauden und kleinere von Gräsern und Rosen verteilt.

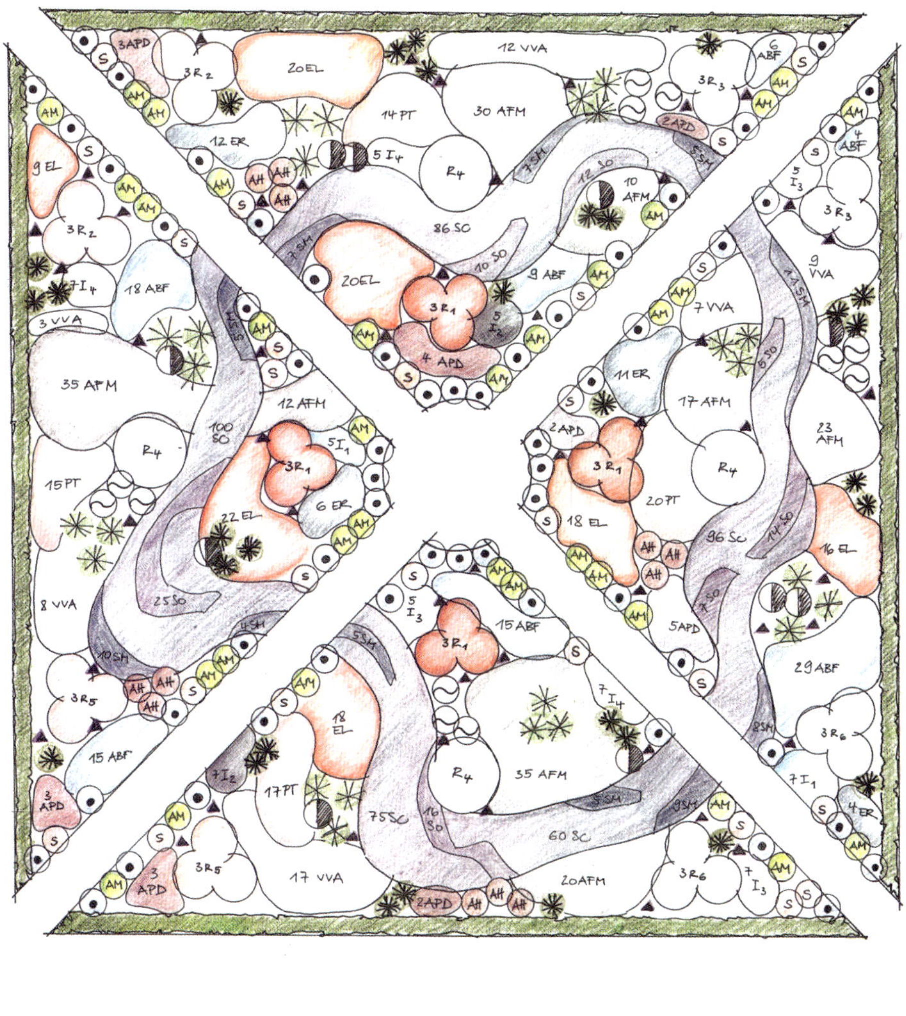

Stauden/Gräser

- ABF *Agastache* 'Blue Fortune'
- AM *Alchemilla mollis*
- AFM *Aster frikartii* 'Mönch'
- AH *Aster lateriflorus* var. *horizontalis* 'Lady in Black'
- APD *Aster* 'Purple Dome'
- *Calamagrostis brachytricha*
- *Crambe cordifolia*
- EL *Echinacea* 'Leuchtstern'
- ER *Echinops ritro* 'Veitch's Blue'
- I1 *Iris* 'Caribbean Dream'
- I2 *Iris* 'Interpol'
- I3 *Iris* 'Lady Snowflake'
- I4 *Iris* 'Dentelle Rose'
- *Nepeta* 'Walker's Low'
- *Panicum virg.* 'Cloud Nine'
- *Papaver* 'Karine'
- PT *Phlomis tuberosa* 'Amazone'
- SC *Salvia* 'Caradonna'
- SM *Salvia* 'Mainacht'
- SO *Salvia* 'Ostfriesland'
- S *Sedum* 'Matrona'
- VVA *Veronicastrum virg.* 'Alba'
- *Verbena bonariensis*

Rosen

- R1 *Rosa* 'Darcey Bussell'
- R2 *Rosa* 'Harlow Car'
- R3 *Rosa* 'Margaret Merril'
- R4 *Rosa* 'Sally Holmes'
- R5 *Rosa* 'Wild Edric'
- R6 *Rosa* 'Crocus Rose'

Pflanzplan für ein Halbschattenbeet

Im Randbereich des Gartens befindet sich oft eine grüne Pufferzone zum Nachbargrundstück. Es handelt sich meist um eine Hecke oder einen Streifen aus gemischten Gehölzen.

Egal welcher Puffer es ist, er dient als Sichtschutz zum Nachbarn, absorbiert teilweise den Lärm und kreiert einen grünen Hintergrund für Ihre Pflanzen. Die Nachteile solcher Bepflanzungen sind, dass sie mit ihren hungrigen Wurzeln meistens hart um Wasser und Nährstoffe zu kämpfen haben und auch weniger Licht bekommen.

Wenn genügend Platz vorhanden ist, sollten Sie versuchen, die Bepflanzung in Stufen zu gestalten, sodass keine horizontale Ebene hart auf eine vertikale stößt. Ein Rasen, der direkt an die Hecke angrenzt, erzeugt eine sehr strenge Wirkung.

Wenn am Wegesrand dagegen niedrigere Stauden, wie Funkien, Kaukasusvergissmeinnicht, Wolfsmilch und Astern, wachsen, dahinter die etwas höheren Herbstanemonen, Geißbart, Knöterich und kleinere Sträucher, wie die Yakushimanum-Rhododendren oder Hortensien, und erst dann die hohen Gehölze, verschwindet die Grenze, und damit der Nachbar.

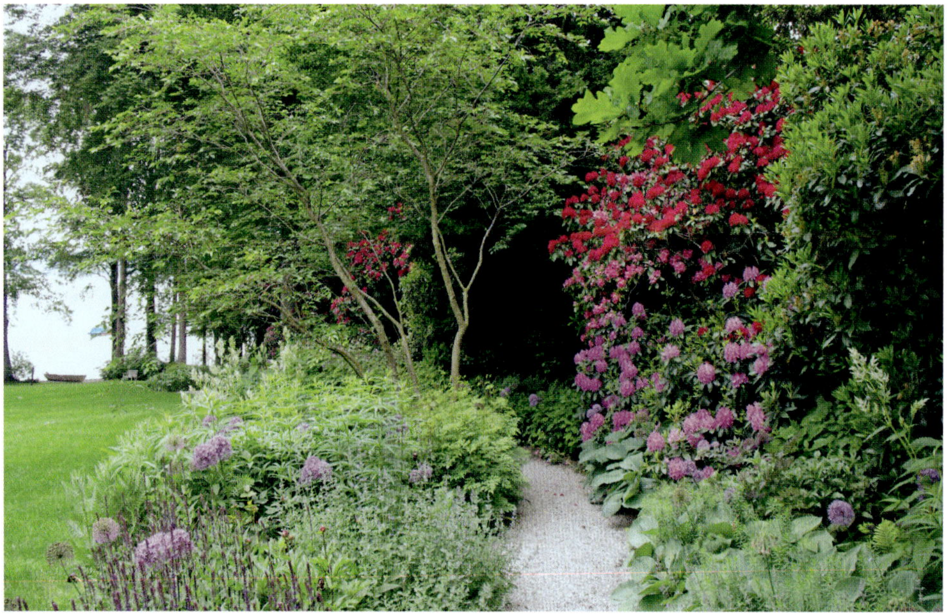

► Große Rhododendren schaffen Hintergrundkulissen für Funkien und andere Halbschatten liebende Stauden, die den Wegesrand zieren.

Für solche Standorte ist es wichtig, Stauden auszusuchen, die Halbschatten oder sogar eine vollschattige Situation mögen. Denn sonst werden Sie mit der Zeit merken, dass Ihre Stauden nicht nur schwach, sondern auch schief in die Richtung des Lichtes wachsen und ohne Stützung nicht zurechtkommen.

Für den Schatten gibt es viele attraktive Blattstauden, wie Funkien, die mit ihren kleinen, unruhig wirkenden Blättern einen wunderbaren Kontrast zu den anderen Stauden, wie Storchschnabel, Herbstanemonen und Astern, bilden. Selbst wenn es einmal eine Lücke in der Blütenpracht geben sollte, ist das nicht weiter schlimm, denn die attraktiv kontrastierenden Blätter zeigen eine ausreichende Show, sodass man die Blüten nicht vermisst. Viele traumhafte frühe Zwiebeln und kleine Stauden gedeihen in Wäldern und eignen sich daher perfekt, um Ihren Gartenrand in ein buntes Frühlingserwachen zu verwandeln.

▼ Um einen ruhigen Effekt zu schaffen, sollten Stauden in größeren Drifts gepflanzt werden.

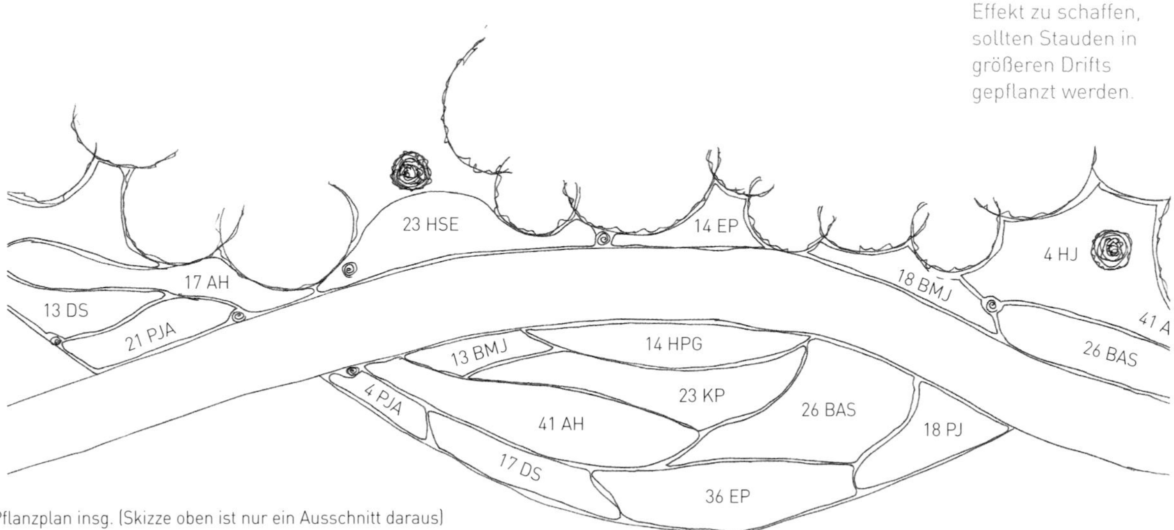

Pflanzplan insg. (Skizze oben ist nur ein Ausschnitt daraus)

AM	*Alchemilla mollis* TV
ABA	*Agastache* 'Black Adder'
AD	*Aster divaricatus*
AH	*Aruncus* 'Horatio'
AHJ	*Anemone* 'Honorine Jobert'
ASJ	*Aconogonon speciosum* 'Johanniswolke'
BAS	*Bistorta amplexicaule* 'Speciosum'
BMJ	*Brunnera macrophylla* 'Jack Frost'
CB	*Cimicifuga* 'Brunette'
DS	*Dicentra spectabilis* 'Alba'
EP	*Euphorbia polychroma*
HPG	*Hosta plantaginea* 'Grandiflora'
HSE	*Hosta sieboldiana* 'Elegans'
KP	*Kirengeshoma palmata*
L	*Lavandula* 'Hidcote' TV
*	*Molinia* 'Transparent' TV
NWL	*Nepeta* 'Walkers Low' TV
P1	*Paeonia* 'Duchesse de Nemours'
P2	*Paeonia* 'Sarah Bernhardt'
P3	*Paeonia* 'Karl Rosenfield'
PBS	*Perovskia atriplicifolia* 'Blue Spire'
@	*Polystichum setiferum* 'Dahlem'
PJ	*Primula japonica*
PJA	*Primula japonica* 'Alba'
RG	*Rudbeckia* 'Goldsturm'
SC	*Salvia nemorosa* 'Caradonna' TV
SM	*Sedum* 'Matrona'
VVL	*Veronicastrum virginicum* 'Lavendelturm'
R1	*Rosa* 'Darcey Bussel' TV
R2	*Rosa* 'Gertrude Jekyll' TV
R3	*Rosa* 'Harlow Carr' TV
R4	*Rosa* 'Queen of Sweden' TV
R5	*Rosa* 'Mudstead Wood'
	Prunus laurocerasus TV

TV = Pflanzen teils oder gänzlich vorhanden

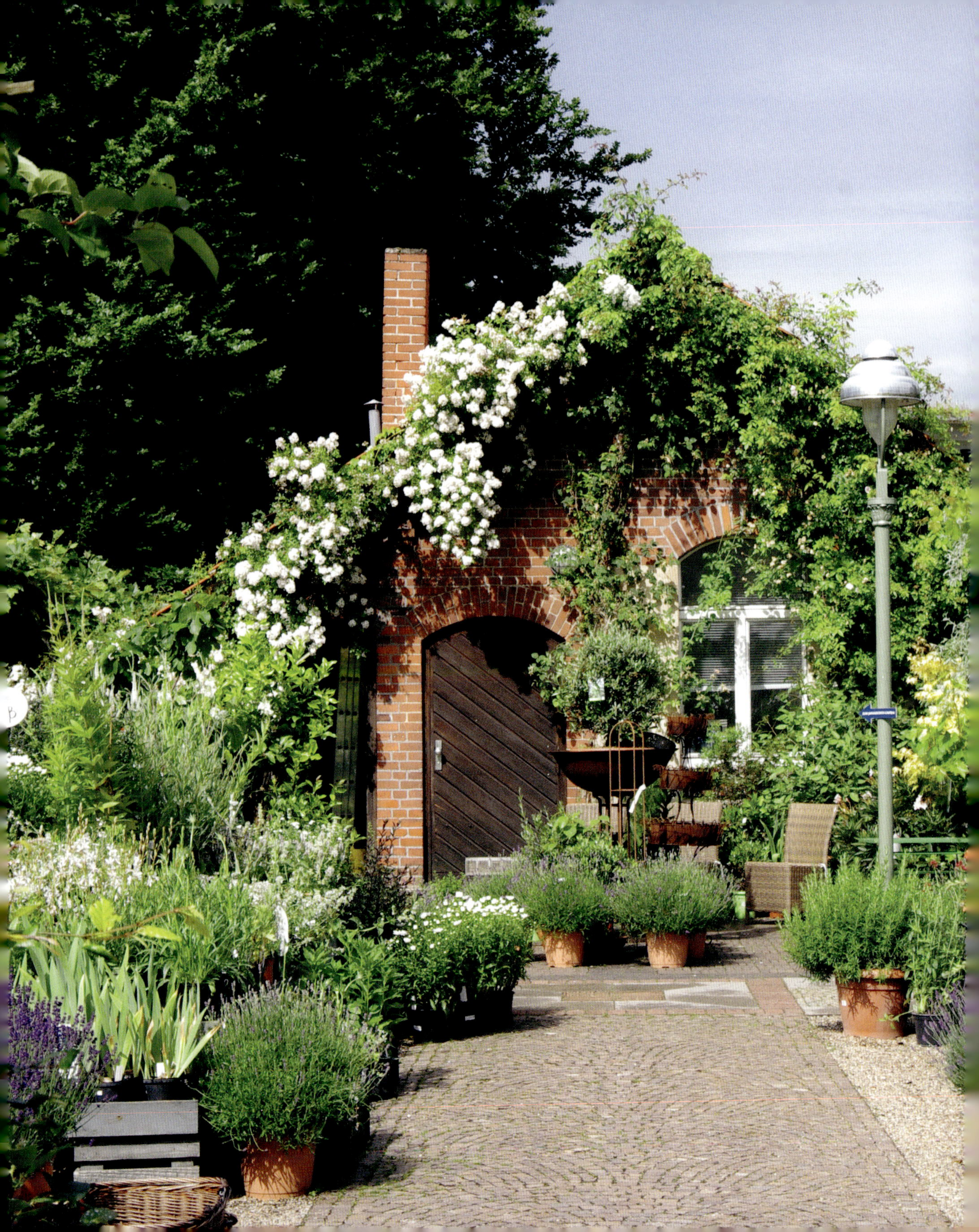

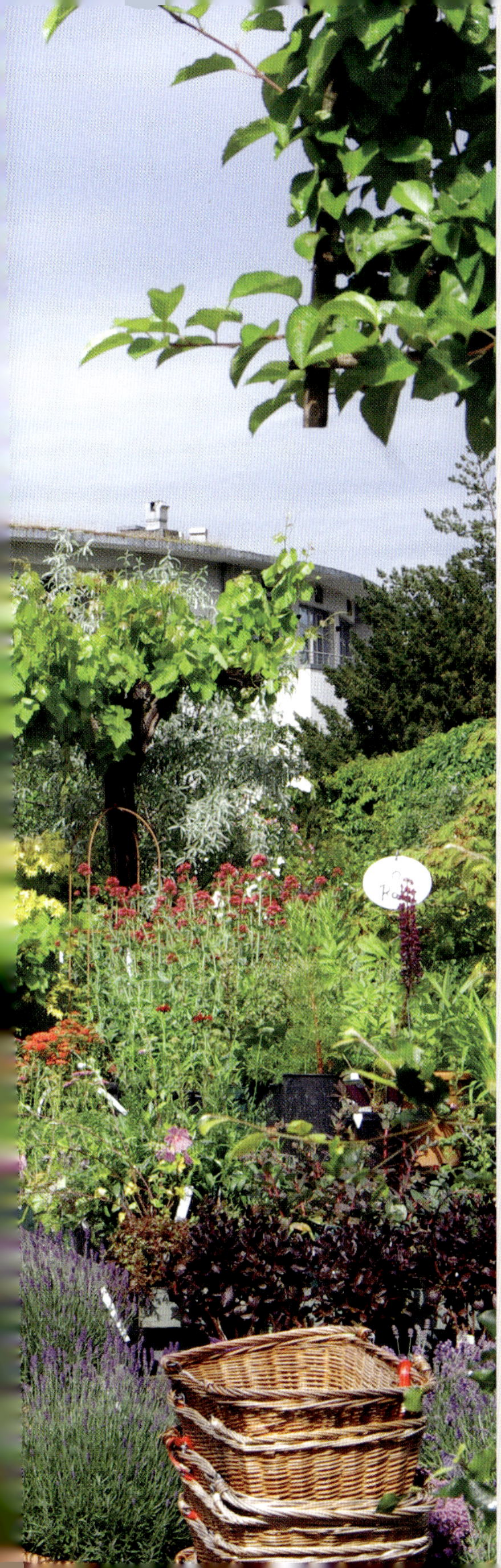

Anhang

Auf den folgenden Seiten finden Sie Platz für persönliche Eintragungen und den unausgefüllten Fragebogen von Seite 43–45. Wer auf der Suche nach weiteren Anregungen und Informationen ist, wird auf der Seite »Nützliche Adressen« fündig.

Mein Grundstück: Analyse und Bewertung

Auf diesen beiden Seiten können Sie die Ergebnisse Ihrer Grundstücksanalyse notieren.

Analyse

Bewertung

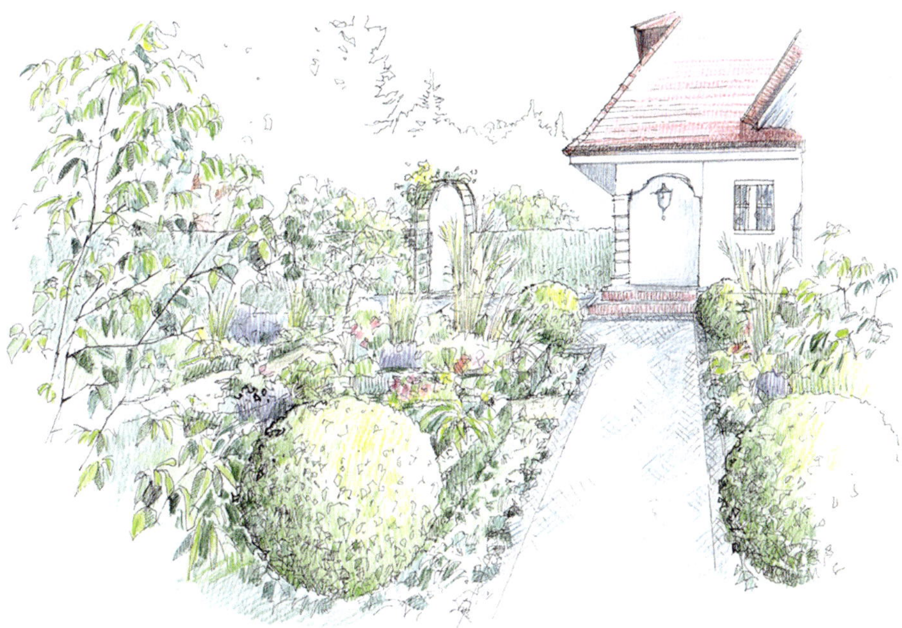

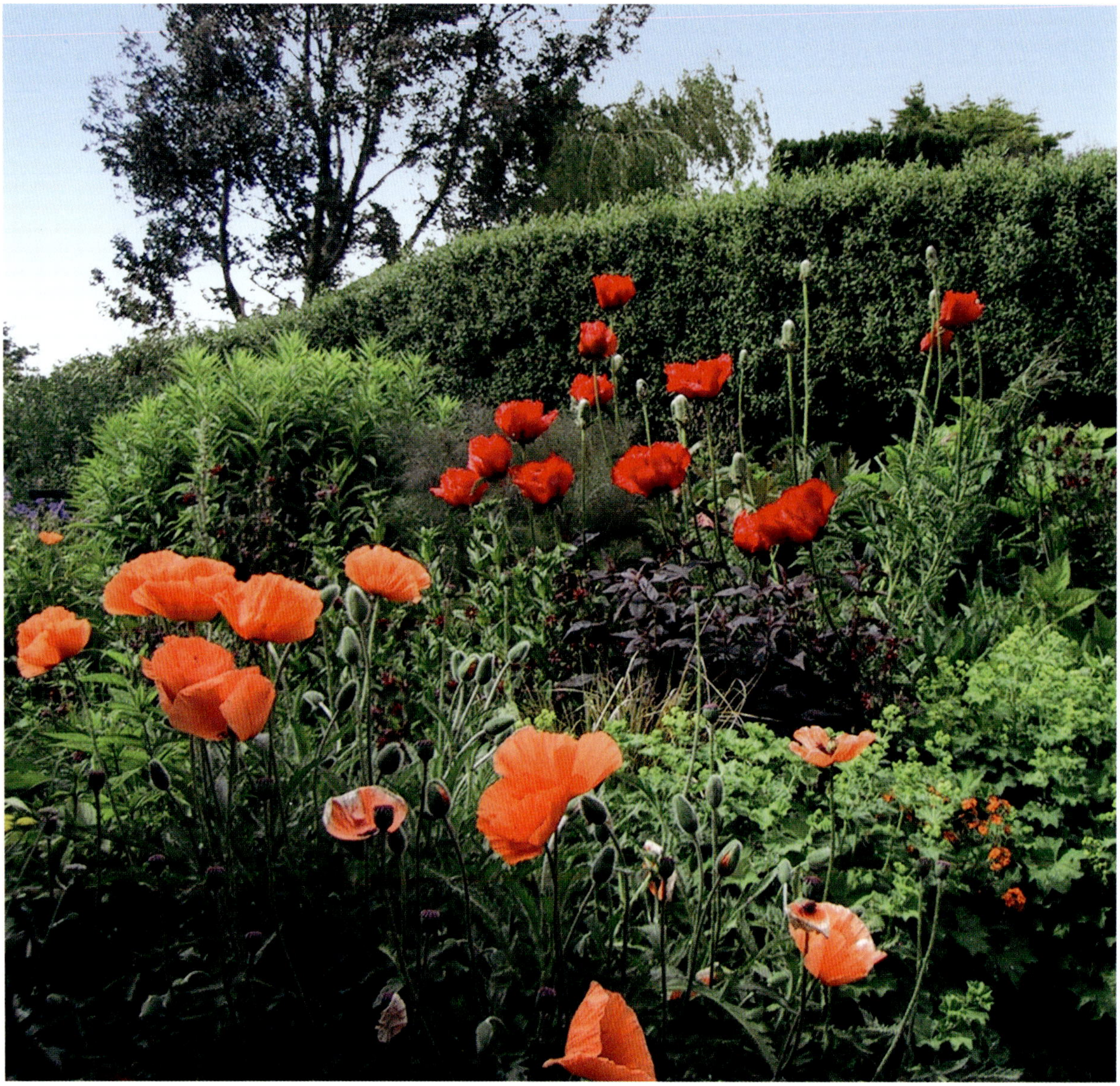

▲ Blühender Mohn *Papaver* 'Saffron' (orange) und *Papaver* 'Beauty of Livermere' im Privatgarten von Gabriella Pape und Isabelle Van Groeningen

Fragebogen

Was der neue Garten alles leisten sollte

1. Für wen ist der Garten?
   (Wer wohnt im Haus, einschließlich Haustiere?)

2. Absolute Notwendigkeiten für den Garten

3. Vorhandene Probleme (inkl. schwieriger Nachbarn)

4. Wichtige vorhandene Elemente, die zu erhalten sind

5. Wofür soll der Garten primär, sekundär, tertiär genutzt werden?

6. Haben Sie schon Ihren Gartenstil entdeckt oder möchten Sie sich von einem Designer beraten lassen?

7. Elemente, die der Garten zusätzlich möglichst enthalten sollte

8. Bevorzugte Baumaterialien für Mauern, Wege und Plätze

9. Sonderanlagen, die berücksichtigt werden müssen

Nützliche Adressen

Gärten

Die Königliche Gartenakademie
Altensteinstraße 15 a
14195 Berlin-Dahlem
030 83220900
www.koenigliche-gartenakademie.de

Foerster Garten
Am Raubfang 6
14469 Potsdam-Bornim
0331 520294
www.foerster-stauden.de

Schau- und Sichtungsgarten Hermannshof
Babostraße 5
69469 Weinheim
06201 13652
www.sichtungsgarten-hermannshof.de

Mien Ruys
Moerheimstraat 84
7701 CG Dedemsvaart
Niederlande
+31 523 614774
www.mienruys.nl

Sissinghurst Castle Gardens
Biddenden Road
Cranbrook
Kent TN17 2AB
Vereinigtes Königreich
+44 1580 710701
www.nationaltrust.org.uk/sissinghurst-castle

Stourhead
High Street, Stourton
Warminster
Wiltshire BA12 6QF
Vereinigtes Königreich
+44 1747 841152
www.nationaltrust.org.uk/stourhead

The Courts
Holt
Bradford on Avon
Wiltshire BA14 6RR
Vereinigtes Königreich
+44 1225 782875
www.nationaltrust.org.uk/courts-garden

Westwell Manor (Privatgarten)
Westwell, Burford
Oxfordshire OX18 4JT
Vereinigtes Königreich
+44 207 4998572
www.ngs.org.uk

The Laskett Gardens
Much Birch
Herefordshire HR2 8HZ
Vereinigtes Königreich
+44 1372 373962
www.thelaskettgardens.co.uk

Kiftsgate Court Gardens
Chipping Campden
Gloucestershire GL55 6LN
Vereinigtes Königreich
+44 1386 438777
www.kiftsgate.co.uk

Hidcote Manor Garden
Hidcote Bartrim, Chipping Campden
Gloucestershire GL55 6LR
Vereinigtes Königreich
+44 1386 438333
www.nationaltrust.org.uk/hidcote

Staudengärtnereien

Arends Maubach
Staudengärtnerei & Gartenkultur
Monschaustraße 76
42369 Wuppertal
0202 464610
www.arends-maubach.de

Die Staudengärtnerei
Beerfeldener Straße 28
69483 Affolterbach
06207 605845
www.der-staudenshop.com

Hortvs
Peter Janke Gartenkonzepte
Hochdahler Straße 350
40724 Hilden
02103 396556
www.peter-janke-gartenkonzepte.de

Staudengärtnerei Gaissmayer
Jungviehweide 3
89257 Illertissen
07303 608960
www.gaissmayer.de

Staudengärtnerei Gräfin von Zeppelin
Weinstraße 2
79295 Sulzburg-Laufen / Baden
07634 550390
www.staudengaertnerei.com

Jan Spruyt – Van der Jeugd
Mostenveld 30
9255 Buggenhout
Belgien
+32 5233 3776
www.vasteplant.be

Einjährige und Kübelpflanzen

Gärtnerei Hügin
Zähringer Straße 281
79108 Freiburg im Breisgau
0761 553725
www.ewaldhuegin.com

Blumenzwiebeln

Albrecht Hoch
Potsdamer Straße 40
14163 Berlin

030 8026251
www.albrechthoch-shop.de

Horst Gewiehs
Italienischer Weg 1
37287 Wehretal
05651 336249
www.gewiehs-blumenzwiebeln.de

Gehölze

Bruns Pflanzen-Export
Johann-Bruns-Allee 1
26160 Bad Zwischenahn
04403 601-0, www.bruns.de

Pflanzenhandel Lorenz von Ehren
Maldfeldstraße 4
21077 Hamburg
040 76108-0
www.lve-baumschule.de

H. Lorberg Baumschulerzeugnisse
Zachower Straße 4
14669 Ketzin / Tremmen
033 23384-0
www.lorberg.de

Gerhard Borchers Pflanzenhandel
Woldlinie 64
26160 Bad Zwischenahn
04486 919610
www.borchers-baumschulen.de

Rosen

Rosenhof Schultheis
Bad Nauheimer Straße 3
61231 Bad Nauheim
06032 925280
www.rosenhof-schultheis.de

W. Kordes' Söhne Rosenschulen
Rosenstraße 54
25365 Klein Offenseth-Sparrieshoop
04121 48700
www.kordes-rosen.com

David Austin Roses Ltd
Bowling Green Lane
Albrighton
Wolverhampton WV7 3HB
Vereinigtes Königreich
00800 77776737
www.davidaustinroses.com

Saatgut

Chiltern Seeds
Crowmarsh Battle Barns
114 Preston Crowmarsh
Wallingford OX10 6SL
Vereinigtes Königreich
+44 1491 824675
www.chilternseeds.co.uk

Thompson and Morgan
Poplar Lane
Ipswich
Suffolk IP8 3BU
Vereinigtes Königreich
+44 1473 806145
www.tandmworldwide.com

Kunstrasen

TigerTurf
Tingietersweg 6c
2031 ES Haarlem
Niederlande
+31 2330 40018
www.tigerturf.nl

Spielgeräte

Richter
Simsseestraße 29
83112 Frasdorf
08052 1798-0
www.richter-spielgeraete.de

SIK-Holzgestaltung
Langenlipsdorf 54a
14913 Niedergörsdorf
03374 2799-0
www.sik-holz.de

Weitere Adressen

Chelsea Flower Show
The Royal Horticultural Society
80 Vincent Square
London SW1P 2PE
www.rhs.org.uk

The National Trust
PO Box 574, Manvers
Rotherham S63 3FH
Vereinigtes Königreich
www.nationaltrust.org.uk

Magazine

Deutschland

Gartenpraxis
Verlag Eugen Ulmer
www.gartenpraxis.de

Mein schöner Garten
Hubert Burda Media
www.mein-schoener-garten.de

Vereinigtes Königreich

The Garden
The Royal Horticultural Society
www.rhs.org.uk

The Plantsman
The Royal Horticultural Society
www.rhs.org.uk

Gardens Illustrated
Immediate Media Company Ltd
www.gardensillustrated.com

Belgien

Les Jardins d'Eden
Acer & Maze bvba
www.tuinenvaneden.be

Niederlande

Onze Eigen Tuin
Amsterdam
www.onzeeigentuin.nl

Register

Texte Gabriella Pape, Isabelle Van Groeningen
Fotografien Isabelle Van Groeningen; außer: Seite 49, 69, 74, 81 unten rechts: Dorling Kindersley; Seite 48: iStockphoto.com/ma-k; Seite 77: iStockphoto.com/feuers; Seite 78-79: KGA (Königliche Gartenakademie GmbH & Co. KG)
Zeichnungen, Skizzen Seite 9, 13 (Planung: G. Pape), 21, 25 (Planung: G. Pape), 34 (Planung: G. Pape), 38, 39, 40, 43, 44, 45, 51, 53, 72–75, 76 (Planung: G. Pape), 119, Umschlagrückseite oben links: Polly Wickham; Seite 26: Andrew Miller; Seite 111: Gabriella Pape; Seite 113 (Planung: I. Van Groeningen): Ellen Richter; Seite 115: Isabelle Van Groeningen
Lektorat Sabine Drobik
Cover- und Innengestaltung, Typografie, Realisation Silke Klemt

Für den DK Verlag
Programmleitung Monika Schlitzer
Redaktionsleitung Dr. Kerstin Schlieker
Projektbetreuung Dr. Bettina Gratzki, Manuela Stern
Herstellungsleitung Dorothee Whittaker
Herstellungskoordination Arnika Marx
Herstellung Verena Marquart

ISBN 978-3-8310-4387-3

Repro Farbsatz, Neuried
Druck und Bindung Livonia Print, Lettland

www.dk-verlag.de

Hinweis
Die Informationen und Ratschläge in diesem Buch sind von den Autorinnen und vom Verlag sorgfältig erwogen und geprüft, dennoch kann eine Garantie nicht übernommen werden.
Eine Haftung der Autorinnen bzw. des Verlags und seiner Beauftragten für Personen-, Sach- und Vermögensschäden ist ausgeschlossen.

Cover vorne: Gartenweg aus Schiefersplittern (oben), Papaver orientale 'Manhatten' (unten rechts)